現代日本語文法の基礎

――『にっぽんご宮城版』とその理論――

奥田 靖雄 著

教育科学研究会国語部会 編

2021

むぎ書房

凡例

(1) 規定
- ・ 実線のかこみでしめした。
- ・ 規定番号，規定本文につづいて，末尾の（ ）内に出典の初出年を記載した。
- ・ 原典にしたがい，第Ⅰ部（形態論）ではていねい体，第Ⅱ部（構文論）ではふつう体をもちいた。

(2) 用例
- ・ 可能なかぎり「1998 年草稿版」に掲載された用例を使用したが，今回の版であらたにくわえたもの，さしかえたものもある。
- ・ 省略部分は 〈…〉 でしめした。

(3) 関連文献からの抜粋
- ・ ◇を付し，内容に応じたタイトルをつけた。
- ・ 規定の理解に必要と判断した文献から抜粋して記載した。
- ・ 文献の選定・抜粋とタイトル名は編者による。
- ・ 可能なかぎり奥田の文献をえらんだが，奥田以外の執筆者による文献もとりあげた。
- ・ 出典（著者名，出版年，論文タイトル，掲載誌）をしめした。
- ・ 掲載誌中『教育国語』はむぎ書房刊の教育科学研究会国語部会の機関誌。特にことわらないかぎり，数字は第1期（全100巻）の号数。第2期以降は，「3-5」（第3期5号）のようにしめした。

(4) 編者による補足
- ・ 【おぎない】を付し，補足内容を〈　　〉内に記載した。
- ・ 関連する資料があるばあい，点線のかこみでしめした。
- ・ 引用文内の編者補足は ［　］でしめした。
- ・ ※を付し，編注として本文中あるいは脚注内に記載したばあいもある。

公刊にあたって

　「先生，この勉強，たのしいね。」「そうかあ，日本語のしくみって，そんなふうになっていたんだ」「日本語のしくみがわかって，うれしかった」「日本語のひみつをきょうの授業ではじめておそわりました」。いつ，どこでおしえても，子どもたちからかならずこういう声がかえってくる。——これは，『にっぽんご宮城版』の考え方をとりいれたテキストで文法の授業をしてみた，小中学校の教師たちの実感である。

　『にっぽんご宮城版』の理論的な根幹と，その成立の経過がこのような形で公刊されることは，日本のこの先の言語学研究の発展にとっても，学校現場における日本語教育の実践の発展にとってもきわめて大きな意義がある。それは，1979 年のプリント版『にっぽんご —宮城版— 』をはじめて手にした現場の教師たちが，この 40 年間，たくさんの仲間たちとともに学習会をかさね，実践をつづけてきたことに対して，あらためてゆるぎない確信と理論を与えてくれるからである。そしてまた，このテキストから学んだ若い世代の人々やテキストの実践にとりくんでいる教師たちに対して，さらなる学問研究の方向性を教えてくれるからである。これまでの教育現場での教師たちの誠実な実践のつみかさねは，学問と教育の創造と発展の歴史のゆるぎない事実である。東北・北海道から九州・沖縄まで，教師たちは授業実践のていねいな記録を交流しあい，そして，その実践の工夫がさらなる実践の工夫をうみだしてきた。それらは，ときには学校の教室ごとの工夫のテキストであったり，各県の仲間ごとの工夫のテキストであったりするが，その内容は，いずれも，すでに刊行されている『にっぽんご』シリーズと，この『宮城版』のテキストからのものである。どうすれば，子どもたちが発見のよろこびをもって「にっぽんご」のゆたかな法則と体系を学んでいけるか，このテキストをつらぬいているものは，教室でまなぶ子どもたちへの真のやさしさと，おしえる教師へのあたたかい配慮である。これまでのたくさんの実践は，つねに，このテキストが世界の学問のレベルでの普遍的な理論にもとづいているという信頼と安心にささえられてきている。

　この文法テキストの内容は，小学校，中学校における教室の子どもたちばかりでなく，全国の現場の教師たちや大学生たちを対象にした学習会においても，つねに納得のいくものとしてうけとめられる。「まさに，目からうろこ！の世界でした。」「何十年も国語の教師をやってきたのに，こんなふうに教わったこともなかったし，日本語のしくみがこんなに簡単で，こんなにおもしろい秘密があるなんて考えたこともなかった。」これも，実際に研究会や学習会に参加した教師や学生たちから必ずきかれる生の声である。

　学問の発展は主観主義とのたたかいの歴史である。世界の学問の普遍性のもとで，客観的に日本語のしくみをとらえているかどうか，その理論のただしさは実践によってしか確かめられない。ほんとうに価値のある授業は，ほんとうに価値のある学問からしかうまれ

1

ない。そして，その価値のある学問を創造し，発展させていく真のにない手は，このような テキストで学んだ人たちである。ごまかすことなく，日本語の事実にまっすぐにむきあ い，真理を探究しようとする教師たちと若い世代の人々がいまも学問をつくりあげている。 目のまえの子どもたちの現実にまっすぐに目を向けて，その未来を真剣に考える教師たち とそれをささえる本ものの学者たちが歴史をつくっていることを，この本はあらためて教 えてくれる。それまでの『にっぽんご』シリーズのテキストとおなじく，『にっぽんご宮 城版』の作成のはじまりそれ自体が，子どもたちを目のまえにした誠実な現場教師たちか らの要求であったし，奥田靖雄はその彼らの声に真剣に耳をかたむけ，『教科書』として こたえるために，より正確な理論の構築をめざしてきた。そして，その理論は，つねに現 場教師の実践によってためされてきた。この本は，学問研究の発展と教育実践の創造との むすびつきの意義をあらためて具体的に教えてくれることは確かであるが，何よりも，奥 田自身の学問創造に対する誠実さと苦闘の歴史を克明に教えてくれるものでもある。そし て，子どもたちの現実にまっすぐに目をむける真のやさしさをもって，子どもたちの未来 のために，それぞれのもち場での実践に力をつくすことによってしか学問と教育の発展は ないということを，私たちにきびしく教えてくれる。

　この本の内容は 20 年もまえに佐藤里美がわれわれの学習会や研究会の場で発表し，発 刊がつよくのぞまれていたのだが，一部機関誌に掲載されたほかは，学習・指導の資料と して，将来の教科書作成のための基礎資料として，未公刊のままとどめおかれていたもの である。今回，このような形で公刊することをひきうけてくれ，原稿見なおしの労をとっ てくれた佐藤里美に対して，まずもって心から感謝している。そしてまた，それを後押し して発刊にこぎつけてくれたむぎ書房の社長の片貝茂之氏にも，あらためてお礼のことば をのべたい。おかげで，たかいこころざしをもって授業実践にとりくんでくれた教師なか またちも，世界の学問の普遍性のもとで研究するあたらしい世代の人たちも，自分たちの 仕事と学問に対して，さらに自信を誇りをもって前にすすむことができる。

　2021 年 7 月 23 日

村上　三寿

現代日本語文法の基礎　もくじ

（第Ⅲ部　あわせ文）

　　　第Ⅲ部について奥田は具体的な構想をしめしていないが，奥田自身のあわせ文に関する論考や，言語学研究会構文論グループによる一連の研究（本書、注 45, 46, 47 参照）があり，それらの成果にしたがうとすれば，当面，以下の文種から規定づくりにとりかかれる状況にある。なかどめあわせ文，条件的づけ的なつきそいあわせ文については，本書 第Ⅰ部 第５章　§８連用形，9接続形も参照。

1998 年草稿版への編者序文

　言語学研究会ならびに教育科学研究会国語部会の理論的指導者である奥田靖雄先生は，1978 年から 1993 年にかけて，宮城国語部会の教師たちとともに，日本語文法の教科書づくりにとりくまれた。1984 年までは勤務地の仙台を拠点に，その後は，川崎から宮城（白石，仙台，古川）まで月 1 回，ときには 2，3 回のペースであしをはこばれ，泊りがけで小，中，高校の現場の国語教師を指導しつつ，15 年にわたって，テキストづくりをすすめてこられた。このテキストを国語部会のなかでは『にっぽんご宮城版』とよんでいる。70 年代以後の日本語研究の進展にあわせて，あたらしいテキストがもとめられていたが，『宮城版』は，そうした要求にこたえるものであった。

　テキストの根幹をなす「規定」の原案はもっぱら奥田先生の手になるものであり，教師はその規定にそった用例づくり，指導案づくり，授業実践とその記録をうけもった。その成果は，国語部会研究集会に数次にわたって報告され，機関紙『教育国語』誌上にも発表された[1]。これにもとづく授業の実践記録もいくつか発表されている[2]。最近では，岩手国語部会の村上三寿が，この実践に精力的にとりくんでおり，すぐれたテキストと，いきとどいた指導による文法の授業が，いかに子供たちの言語への認識をたかめ，彼らの世界をひろげていくかを，みごとにしめしてくれている[3]。また，このテキストに展開されている理論，その背景にある，奥田先生をはじめとする言語学研究会の研究の成果は，読みの授業に生かされつつあり，読み方教育そのものがあたらしい段階をむかえるにいたっている[4]。

　私は，さいわいにして，このみのりおおいしごとに参加させていただき，たくさんのことを学ばせていただいた。15 年のあいだに，規定は奥田先生ご自身の手でなんどもかきかえられた。そのときどきの現場の要求に応じて，はじめは小学生むけのものを，ついで中高校生むけのものを，ふたたび小学生むけのものをと，編集方針もたびたび変更された。改訂につぐ改訂で，もとの原稿との関連がまったくわからなくなってしまったものもおおい。採用をみおくられた原稿のなかにも，すてがたいものがたくさんある。参加者の手もとには，『教育国語』に発表されたテキスト案のほかにも，ワープロ版や手がき版の多数の草稿がのこされた。奥田先生は，日本の言語学をあたらしい段階におしあげるすぐれた論文をつぎつぎに発表する一方で，子どもたちのためのテキストづくりに情熱をそそいでこられた。その後，並行してすすめておられた東京でのテキストづくり，日本語研究の進展にともなうよみの理論の再構築，海外の日本語研究者との交流の拡大などもあって，

---

[1] 『教育国語』59, 61, 62, 70, 78, 82, 83, 88 号参照。

[2] 『教育国語』上記各号のほかに，63, 74, 85 号等参照。

[3] 村上三寿「実践報告・日本語の文法　文の部分について」（『教育国語』2−10〜13 号），「同　文・単語・品詞について」（『教育国語』2−14〜18 号）

[4] たとえば，門真隆「文学作品の読みと文法・論文に学んで」（『教育国語』96 号），同「授業のための作品研究・『ひとつの花』をしらべる」（『教育国語』2−2 号），板垣昭一「読みのなかでの文法」（『教育国語』2−22 号），「私の考える二次読み」（『教育国語』2−23 号），大槻邦敏「新しい文法テキストと読み・『正義派』」（『教育国語』2−3 号），「文法を読みに(1)(2)」（『教育国語』2−23・24 号）ほか参照。

先生はますます多忙になり，93 年には『宮城版』の仕事にいちおうのくぎりをつけて，テキストづくりの主要な場を東京にうつすことになる。

このたび，島原の国語講座でおはなしする場をあたえていただいたことを機に，奥田先生のご了解をえて，のこされた草稿を整理し，一部なりとも記録にとどめておくことにした。これまでに公刊された規定もひとつにまとめることで，文法体系全体のなかでのそれぞれの規定の意味づけも明確になるだろう。歳月の経過とともに，テキストづくりに参加した当事者でさえ，各章の規定の，現時点での最終稿がどれで，いつかかれたのかさえあやしくなってきており，まして，外部の方がたには，断片的な報告をたよりに『宮城版』の全体像をつかむのは至難のわざであろうとおもわれる。作成の経緯もふくめて，いま記録しておかなければ，『宮城版』をめぐる奥田先生の仕事の意味をますますあいまいにしてしまうことになる。さいわい，宮城国語部会の大槻邦敏，菊田義治，三文字孝司各先生らによる，『教育国語』誌上の記録，手がき版や，ワープロ版の記録がある。これらをてがかりに，私なりにまとめてみたが，不正確，不適切な点も多々あろうかとおもう。お気づきの点はぜひご指摘いただきたい。

本稿は，もっともあたらしいとおもわれる版のテキストを基礎とし，それにくわえて，のこされた草稿のなかから，佐藤の判断で，重要とおもわれる規定，ならびに，奥田先生の論文を中心とする関連論文からの抜粋による解説をくわえて，初学者ための日本語文法概説ふうにくみなおし，それぞれの規定の理解のために参照してもらいたい論文の紹介や引用を付したものである。ひとつひとつの規定の背後には，奥田先生をはじめとする言語学研究会の会員の手になる，個別のテーマにささげられた先行研究の蓄積がある。本稿が原著への案内役をいくぶんかでもはたせればさいわいである。

規定の順序，全体の構成も，なるべく『教育国語』や教科研国語部会に発表された原稿の目次にしたがった。それによれば，テキスト全体は，《形態論編》，《ひとえ文編》，《あわせ文編》の三編からなり，それぞれに序説部分がつく，という構成になる。このおおわくのなかに，ことなる時期にかかれた，現時点での最新の規定を章ごとに配置することで，日本語文法の全体系がうかびあがる，というしくみになっている。序説部分にあたるのは，《形態論編》では，「第 1 章　文」「第 2 章　単語」「第 3 章　文のくみたて方」であり，《ひとえ文編》では，「第 1 章　言語活動」「第 2 章　言語」「第 3 章　単語」である。純粋に研究史的な観点から記録することを目的とするのであれば，すべての草稿を忠実に再現し，時系列にそって記述するという方法をとるべきであろうが，私の手元にある資料だけでは，それはもはや不可能である。それに，『宮城版』をはじめて目にする方も，本稿をとおして日本語文法体系の輪郭がつかめるようなかたちにしたいというねらいもあって，このような体裁をとることにした。できあがったものが奥田先生のえがいておられる構想にどれだけちかづきえているかはこころもとないが，不適切な点は今後あらためていきたい。

奥田先生は『宮城版』と並行して，各地の国語部会の先生方とともに，小学生むけのテキストづくりにとりくんでいる。『一年生のにっぽんご』（上・下 1987），『二年生のにっぽんご』(1990)（いずれもむぎ書房）がそれである。また，1994 年には，北京外国語学院の日本語教師のための教科書もかいている（われわれはこれを『北京版日本語教科書』とよびならわしている）。そして，ことしの 7 月末の教科研夏の合宿研究会では，奥田先生の指導のもとで作成された最新版のテキスト，『小学生のためのにっぽんご』（東京国語部会）が発表された。これらよっつのテキストは，た

がいにおぎないあう関係にあり，これらをあわせよむことによって，それぞれの規定の理解はいっそうふかまるはずである。

　『にっぽんご宮城版』のテキストづくりにかかわることがらを年表ふうにまとめて，経過をかんたんにふりかえっておく。作成作業は 1978 年からはじまり，その案が最初に発表されたのは，1979 年夏の合宿研究会においてである。「文，単語，文のくみたて」のもっとも基礎的な知識をあたえるテキストがいちおうの完成をみた 1982〜3 年までを第Ⅰ期とすれば，この時期は，あたらしいテキストの基本的な構想をととのえ，文法指導の諸原則を確立する時期であったといえるだろう。

1977.8 シンポジウム「わが文法指導の反省」開催（大子）。奥田「形態論への序説」（ガリ版，成立年未詳だが，このころにかかれたか。）

1979.6 （小原）「79 年夏の合宿研究会報告」教科研宮城国語部会（文責・大槻邦敏）（『教育国語 59』1979.12）；「第 1 章 文と単語，第 2 章 文の成分，第 3 章 品詞」のテキストが発表された。授業案集もあわせて報告されている。

1979.12 （瀬波）「79 年冬の合宿研究会報告」教科研宮城国語部会（文責・大槻邦敏）（『教育国語 61』1980.6）；「第 1 章 文，第 2 章 文の部分」を内容とする，79 年版の第二稿である。「のべ方」による文の分類，機能にもとづく文の部分のとらえ方が提案されている。

1980.6 （小原）「80 年夏の合宿研究会報告」教科研宮城国語部会（文責・大槻邦敏）（『教育国語 62』1980.9）；「第 3 章 品詞」の改訂稿である。このとき奥田先生は宮城国語部会名で「品詞指導論」（80.6）をかいている（プリント版）。奥田 1981「品詞のこと」（プリント版）がかかれたのもこの時期であり，品詞指導の原則，とりわけ，品詞分類における語彙的な意味のあつかいをめぐって討論がなされた。「品詞の指導−これまでのわたしたちの実践から−」（須田清・高木一彦・内藤哲彦《教育国語 63』1980.12〉）は，従来の品詞指導を総括し，その課題をあきらかにしたものである。

1982.6 （小原）「82 年夏の合宿研究会報告」教科研宮城国語部会（文責・大槻邦敏）（『教育国語 70』1982.9）；「第 1 章 文（§1 文，§2 単語，§3 文と単語），第 2 章 文のくみたて」の部分の指導体系が，基本的にはこのテキストでかたまった。段落のなかでの文の機能，体言と用言の概念による文の本質の提示，単語の語彙的な意味のとらえ方など，重要な考え方はすべて網羅されている。

1983.6 （東京）「83 年夏の合宿研究会報告　内藤哲彦（『教育国語 74』1983.9）；『宮城版』をつかっての，「文と単語」（須田清），「状況語」（内藤哲彦）の授業がおこなわれている。

　83 年に宮城教育大学を退官されたのち，奥田先生は本格的な構文論のテキストづくりにむかう。文の陳述的なタイプや構造的なタイプの研究と並行して，84 年の「ものがたり文」にはじまり，87 年の「たずねる文」にいたる規定づくりに精力的にとりくまれた。この時期を第Ⅱ期とみることができるだろう。奥田先生は，すでに 70 年代には文の研究方法を確立され，80 年代以降，それにもとづく具体的なテーマごとの実証的な研究が急速に進展した。下線を付したのは，本稿におさめた規定をふくむ版である。

1984. 6. （小原）「84 年夏の合宿研究会報告　教科研宮城国語部会（文責・大槻邦敏）（『教育国語 78』1984. 9.）；「5 章　文のさまざま，6 章　ものがたり文の特徴，7 章　ものがたり文の分類」の部分が発表された。このうち，第 5 章，第 6 章の§1〜§3，7 章の§3〜§7 が最新版である。それ以外の部分は，翌 85 年の 6 月合宿研究会の報告でかきかえられている。

1985. 6. （小原）6 月合宿研究会報告；「おしはかりの文の指導」大槻邦敏（『教育国語 82』1985. 9.），「まちのぞみ文の指導」菊田義治（『教育国語 82』1985. 9.），「説明の文と記述の文」内藤哲彦，「必然表現の文の指導」大槻邦敏（『教育国語 83』1985. 12.），「可能表現の文の指導」佐藤里美（『教育国語 85』1986. 6.）；まちのぞみ文の規定がはじめて登場する。それ以外の規定は 84 年版の改訂であり，これが最新版になる。

1986. 2.「1 章　言語活動，2 章　言語，3 章　単語」の解説（1・2 章）と規定（1〜3 章）（奥田靖雄）（プリント版）；『宮城版』の作成過程でかかれた解説（ガリ版）「1 章　言語活動と言語作品，2 章　言語」，およびその内容にそった規定であり，本稿 1 章〜3 章の最新版。

1986. 6. （小原）講義「にっぽんご・〔3 章　単語〕・解説」（鈴木重幸；プリント版）

1986. 12. （瀬波）報告「にっぽんご文法教科書案について—ひとえ文のくみたて—」（菊田義治）；「ひとえ文のくみたての指導」大槻邦敏（『教育国語 88』1987. 3.），「うけみ構造の文の指導」村上三寿（『教育国語 88』1987. 3.），「使役構造の文の指導」佐藤里美（『教育国語 88』1987. 3.）；「ひとえ文のくみたて」は，本格的な構文論としての最新版。「うけみ」と「使役」は，5 章「文の構造的なタイプ」の最新版。

1987. 12. （瀬波）報告「にっぽんご　第 11 章　たずねる文」（教科書案；プリント版）；「たずねる文」の初版にして，最新版。

　　第Ⅲ期は，蓄積された構文論の分野の研究を背景として，形態論の再構築にむかう時期である。この時期，奥田先生は，『動詞論』をかいている。1982 年版を改訂してこれを序説とし（「にっぽんご—小学生のための文法（序説）—」1989），1993 年には，名詞と動詞の章をくわえた再改訂をおこなったところで，『宮城版』の仕事にくぎりをつける。

1989. 12. （瀬波）報告「にっぽんご—小学生のための文法（序説）—」（プリント版）；「1 章　文，2 章　単語，3 章　品詞　4 章　文のくみたて方」

1990. 12. （瀬波）報告「にっぽんご　第 5 章　名詞」（プリント版）

1991. （新潟）「無題」（奥田靖雄；ワープロ原稿版；未発表）；テキスト作成の過程で，構文論序説（あるいは文法序説）としてかかれた論文。本稿にも規定の解説として引用させていただく。

1991. 12. （瀬波）講義「動詞論」（プリント版）

1991. 1.「にっぽんご　第 5 章　動詞」〈手がき版；初稿；未発表〉

1993. 3.「小学生のための文法」（手がき版；未発表）；「1 章　文，2 章　単語，3 章　文のくみたて方」からなる。1989「にっぽんご—小学生のための文法（序説）—」の改訂版

1993. 7〜11.「にっぽんご　第 4 章　名詞」〈手がき版；1990 版の§1，§2「で格」まで改訂；未発表〉

1994.『北京版日本語教科書』（奥田靖雄）

1994. 12.（瀬波）講義「北京版日本語教科書原稿《第1課　文と単語》（奥田靖雄1994）をよむ」
　　　（鈴木重幸）

　以上の経過からみるかぎり，それぞれの章のもっともあたらしい規定は，本稿で採用した章だて
にしたがって一覧表にすると，以下のようになる。『教育国語』に掲載ずみのものは，第Ⅱ部 4〜9
章である。第Ⅱ部についてはすべて教科研国語部会でも報告されている。

　　第Ⅰ部（形態論）
　　1章 文，2章 単語，3章 文のくみたて方
　　　　　→　1993. 3. 版（1982, 1989版からの改訂；手がき版）
　　4章 名詞
　　　　§1 名詞の一般的な特徴づけ，§2 「連用格の名詞の意味と機能」の「で格」まで
　　　　　　→　1993. 7〜11. 版（1990版からの改訂；手がき版）
　　　　§2「連用格の名詞の意味と機能」の「から格」〜§3 連体格の名詞の意味と機能
　　　　　　→　1990版（プリント）
　　5章 動詞　→　1991版（初稿；手がき版）

　　第Ⅱ部（構文論）
　　1章 言語活動，2章 言語，3章 単語　→　1986. 2. 版（プリント）
　　4章 ひとえ文のくみたて　→　1986. 12. 版（『教育国語88』1987. 3. 所収）
　　5章 文のさまざまⅠ（構造的なタイプ）→　1986. 12. 版（『教育国語88』1987. 3. 所収）
　　6章 文のさまざまⅡ（通達的なタイプ）→　1984版（『教育国語78』1984. 9. 所収）
　　7章「ものがたり文の特徴」
　　　　「§1 みとめ方，§2 時間，§3 人称」→　1984版（『教育国語78』1984. 9. 所収）
　　　　「§4 いいきりとおしはかり」　→　1985. 6版（『教育国語82』1985. 9. 所収）
　　　　「§5 記述と説明」　→　1985. 6版（プリント）
　　8章「ものがたり文の分類」
　　　　「§1 可能表現の文」　→　1985. 6版（『教育国語85』1986. 6. 追加規定あり）
　　　　「§2 必然表現の文」　→　1985. 6版（『教育国語83』1985. 12.）
　　　　「§3 現実表現の文，§4 し手の態度を表現する文」
　　　　　　　　　　　　　　→　1984版（『教育国語78』1984. 9. 所収）
　　9章　まちのぞみ文　→　1985版（『教育国語82』1985. 9. 所収）
　　11章　たずねる文　→　1987版（プリント）

　本稿には上記の版の規定にかぎっておさめてある。本文中の，かこみをつけた各規定の末尾に，
その規定をふくむ版のかかれた年号を付した。このさき，各規定の出典は上記の年別の一覧と章別
の一覧を参照することで確認していただきたい。たとえば，末尾に「(93)」とあれば，1993. 3.
「小学生のための文法」にある規定であることをしめしている。

このように,『にっぽんご宮城版』の履歴はかなりこみいっている。今後, 私の手元にある資料だけでなく, 他の参加者の方がたの資料ともつきあわせながら, 正確に検証されなくてはならない。また, 本稿で採用した三部構成で規定を配置すれば, 内容の類似した項目の重複はさけられない。おそらくは, 今後, 章立てや規定は集約され, 用例も補充・吟味され, もはや「宮城」の名を冠することもない, より完全な, あたらしいテキストにうまれかわっていくだろう。そのためにも,『宮城版』の到達点の確認は欠かせない作業なのである。

1998 年 8 月 1 日　長崎・島原国語講座にて

佐藤　里美

第Ⅰ部　形態論

第1章　文

規定1
　はなしたり　かいたり　する　わたしたちの　言語活動は，　ふつう　いくつかの　文から　くみたてられて　いて，　ひとまとまりの　できごとを　つたえて　います。　文は　ひとつひとつの　できごとを　つたえて　いて，　はなし，　かきの　いちばん　ちいさな　単位です。　はなす　ときには　文の　おわりで　間を　とります。　かく　ときには　「。」を　つけます。(93)

「さあ，もういちどやろう。」
　砂の上に腹ばいになって休んでいたコロクが，むっくりおきあがった。
「うん，やろう。」「やろう。」
　ススムもヤスオもタロウもヒロシも，いきおいよくとびおきた。まっさおに晴れた空から，こまかくくだいた銀のこなのように，きらきら光りながら太陽がふりそそぐ。海も青い。その青い海のはずれに，むくむくと白い雲の峰が立っている。
「さっきのつづきだから，ススム君の鬼だぜ。」
どなりながら，砂だらけのからだのままで，タロウがまっさきにかけだす。みんなもまけずに走りだした。
　コロクの思いつきで，きょうはじめてやってみたのだが，水のなかの鬼ごっこは，ひどくみんなの気にいった。（水のなかのおにごっこ）

　三，四年の組がさっさと教室へはいっていったあと，大石先生はしばらく両手をたたきながら，それにあわせて足ぶみをさせ，うしろむきのまま教室へみちびいた。はじめて自分にかえったようなゆとりが心にわいてきた。席におさまると，出席簿をもったまま教壇をおり，
「さ，みんな，自分の名まえをよばれたら，大きな声で返事するんですよ。岡田磯吉くん。」
　背の順にならんだので，いちばん前の席にいたちびの磯吉は，まっさきに自分が呼ばれたのも気おくれのしたもとであったが，生まれてはじめて「くん」と言われたこともびっくりして，返事がのどにつかえてしまった。
「岡田磯吉くん，いないんですか。」
　見まわすと，いちばんうしろの席，ずぬけて大きな男の子が，びっくりするほどの大声でこたえた。
「いる。」
「じゃあ，はいって返事するのよ。岡田磯吉くん。」
　返事した子の顔を見ながら，その子の席へ近づいていくと，二年生がどっとわらいだした。ほんものの岡田磯吉は，こまってつっ立っている。（二十四の瞳）

12

◇言語活動の単位としての文

　文は，はなし手が現実の世界の出来事を確認し，つたえる，ことば行為の基本的な単位である。はなし手がその出来事にたいする自分の評価や感情をつたえる，ことば行為の基本的な単位である。つまり，わたしたちは，はなしたり，かいたりすることで，現実の世界の出来事，それにたいする評価や感情をつたえあうのであるが，そのはなしたり，かいたりすることば行為の，もっともちいさな単位が文なのである。ふつうわれわれによって文章とかテキストとか段落とかよばれている，より上位の単位は，この文の連鎖をなしている。

　文章とか段落とかいう，これらの上位の単位は，そこに文が存在しているにしても，言語学の直接的な研究対象にはならない。つまり，これらの単位は，日本語という民族語の法則にしたがってくみたてられているわけではないのである。しかし，テキストが文ならびにその諸要素の存在の条件として，あるいは，はたらく場としてあらわれてくるかぎり，言語学はそのテキストのなかで文ならびにその諸要素の調査をおこなわないわけにはいかないだろう。なかんずくふたつの文のむすびつき方は，そのむすびつきのなかにくわわってくる文の文法的な意味と機能とのなかに表現されている。接続詞のような，文をくみたてている諸要素のなかに表現されているのである。しかし，言語的な諸手段によってくみたてられていて，言語の具体的な存在として，われわれの知覚のまえに直接的にあらわれてくるのは，文である。したがって，言語の研究，言語の学習指導は，文から出発しなければならない。言語は，なによりもまず，文として存在しているのである。(奥田靖雄1996「文のこと－その分類をめぐって－」;『教育国語』2-22号p.2)

規定2

　　はなし手や かき手は，ひとつひとつの 文の なかに さまざまな できごとを えがきだします。えがきだされる できごとは，現実の 世界で いま おこって いる できごとで あったり，これから おこる できごとで あったり，これまでに おこった できごとで あったり します。はなし手や かき手は，文を つかって，現実の 世界の できごとを 確認して います。(93)

　赤い 千光寺の 搭が 見える。山は さわやかな 若葉だ。緑色の 海向こうに，ドックの 赤い船が 帆ばしらを 空に 突きさして いる。

　女生徒たちは 音楽室で うたを 歌って います。
　男生徒たちは 校庭で サッカーを して います。

　きのうは，ぼくたちは 裏山に のぼった。
　そのころ，彼らは 校庭で 草取りを して いた。

　ぼくは たぶん あしたは 家で 原稿を 書いて いるだろう。
　明日，彼女たちは 町へ 出かける。

◇文のなかにえがきだされる出来事

13

文の意味的な内容にうつしとられた現実の世界の出来事のことを，それが《主体によってつくり
かえられた客体》であるという意味で，《対象的な内容》とよんでおこう。文がその対象的な内容
に《はなし手の意識のそとで，ある時間のなかにレアルに存在する出来事》をありのままにうつし
とっているとすれば，このことを実行しているのは，英語文法などにおける，いわゆる平叙文
declarative　sentence である。この種の文のことをここでは《ものがたり文》narrative
sentence とよんでおく。ものがたり文がありのままの現実の世界の出来事をできるだけ忠実に対
象的な内容のなかにうつしとっているとしても，その対象的な内容は主体的なレアリティーであっ
て，はなし手である《私》によって文のなかでつくりかえられた現実の世界の出来事である，とい
う事実をすこしも否定しはしない。(奥田靖雄 1984「文のこと」;『ことばの研究・序説』p.231)

規定3
　さらに，　文の　なかに　えがきだされる　できごとは，　はなし手自身の　意欲で　あった
り，　期待で　あったり，　決心で　あったり　します。　また，　はなし手の，　相手に　たい
する　命令で　あったり，　おねがいで　あったり，　さそいかけで　あったり　します。　文の
なかの　できごとは，　現実の　世界に　たいする　はなし手の　態度（確認　意欲　期待　決心
命令　お願い　さそいかけ）として　あらわれて　きます。　ですから，　文には　できごとと
はなし手の　態度との　ふたつの　意味が　ふくみこまれて　います。(93)

《意欲》
　おれは　疲れた。　これからは　じっくりと　いい　仕事を　したい。
　学校を　出たら　地元の　工場で　働きたい。
　あなたと　いっしょに　お母さんに　会いに　行きたいのです。　あなたが　いやなら，　わたし　一人で
も　行きたい。
　いちどで　いいから，　山の　向こうの　海を　見たいなあ。　海の　魚を　食いたいなあ。

《期待》
　桜も　何年と　見ないけれど，　早く　若芽が　ぐんぐん　もえて　くると　いい。
　雨が　どしゃぶりだ。　いい　気味だ。　もっと　ふれ，　もっと　ふれ，　花が　みんな　散って　しま
うと　いい。
　電報が　うまく　着いて　くれれば　いいんだが。

《決心》
　ぼく，　かえるくんちへ　いこう。　おちばを　かきあつめて　やるんだ。　かえるくん，　とても　よろ
こぶだろうなあ。
　わたしは，　今度こそ　ほんとうに　ひろこの　おかあさんに　なります。
　私　書くわ。　女の　いろんな　苦しみを　書くわ。　ねえ，　それでなければ，　私は　すくわれないも
の。　どんなに　たくさんの　女が　いろんな　ことで　苦しんで　いるのかも　しれないわ。　私　書くわ。

《命令》

さっきの　バッタを　もって　こい。
私を　なぐれ。　力いっぱいに　ほおを　なぐれ。
ついてこい！　フィロストラトス。
この　短刀で　何を　する　つもりだったか，　言え！
男の子の　くせに，　すぐに　しゃがんだり　して。　立って　いなさい。
江波さん，　江波さん，　まっすぐ　お向きなさい。

《お願い》
　次は　豊年踊りです。　おじいさんも　おばあさんも，　みんな　のこらず　参加して　ください。
　お日さん，　お日さん。　どうぞ　私を　あなたの　ところへ　連れてって　ください。　焼けて　死んでも　かまいません。

《さそいかけ》
　よし，　三十分　日光浴を　しよう。
　おじいさんも　いっしょに　食べようよ。
　よかったら　いっしょに　いこうよ。
　三時まで　昼寝を　しましょう。
　雨に　ならない　うちに，　いそいで　帰りましょう。
　いっしょに　うたいましょう。　「南国土佐」は　どう？

◇対象的な人間活動と文

　人間をとりまく自然あるいは社会が人間の生活に満足をあたえないとすれば，人間は満足をもとめて，その自然あるいは社会にみずからの活動によってはたらきかけていく，これを必要に応じてつくりかえていく。人間の，この積極的な対象的な活動は，自然や社会をつらぬく客観的な法則を媒介にしながら，なによりもまず，私が，あい手が，かれが，そしてみんなが実行しなければならない動作として，《私の志向》のなかに，《私のあい手へのさそいかけ》のなかに，《私のみんなへの願望》のなかにえがきだされる。そして，対象的な活動によって結果としてつくりだされる，あたらしい現実の世界は，《私のかくあってほしいと願う理想》のなかにえがきだされる。つまり，人間の対象的な活動はつねに意識的であって，その過程，その結果は，目的のなかにはいりこんでいく要求に，まえもってえがきだされているのである。人間活動のはたらきかけをうける客体の世界においては，未来の現実が対象的な活動によってつくりだされるとすれば，その未来の現実は，人間をその対象的な活動においたてる要求のなかに，まえもってえがきだされている。要求をうみだすのも，要求をみたすのも，主体が依存する現実の世界の出来事である。その現実の世界の出来事が，要求の内容として，まちのぞみ文，さそいかけ文の対象的な内容にあらわれてくる。（同p.233）

規定4
　できごとに　ついて　つたえて　いる　文は，　現実に　たいする　はなし手の　態度に　したがって　つぎの　ような　みっつの　タイプの　文に　分かれます。

1．はなし手が 事実を 確認して つたえて いる 文は， ものがたり文と いいます。
2．はなし手が 自分の 意欲や 期待や 決心を つたえて いる 文は， まちのぞみ文と
  いいます。
3．はなし手が 相手に 対して 命令や お願いや さそいかけを つたえて いる 文は さ
  そいかけ文と いいます。(93)

《ものがたり文》
　　おかあさんが くつを みがいて いる。
　　こうちゃんが 絵を かきました。
　　鴨川には 雑草が しげって いた。
　　晴れた 日で 四方の 山々が うつくしい。

《まちのぞみ文》
　　ああ， はやく 春が くれば いい。
　　すみません， おそくなって。 きょうは わたしも ここで 食べさせて くださいね。 おしゃべり
しながら 食べたいわ。
　　秋山君， お手紙 見たわ。 私も いろいろ お話ししたい ことが あるのよ。 もう 一度だけ
会いたいわ。
　　みんな でかけた。 ようし， おれも でかけよう。
　　あれを 人質と して ここへ おいて いこう。

《さそいかけ文》
　　中に 子どもが いるぞ、 助けろ。
　　さあ， 京子さん 立ちなさい。
　　ひろしは， あわてて 窓から 首を 出した。 「ぼくも 行くよ。 待って くれ。」
　　馬方の じん兵衛さん， お願いですから 助けて ください。
　　めし， まだじゃろう。 いっしょに 食おうや。
　　さあ， 外へ 行って 遊びましょう。

　　規定5
　　できごとに ついて 知らない こと， わからない ことを 相手に たずねたり， うたが
わしい こと， 確かめたい ことを 問いただしたり する 文も あります。 この ような
文は， たずね文と いいます。(93)

　　「きみちゃんは， はじめから あんなに 明るい すなおな 子だったんですか。」 ぶすっと 足立先
生は 答えた。

　　「鉄造ちゃんは おふろやさんへは ひとりで 行くの。」
　　「……。」

16

「おともだちと　行くの。」

「……。」

「鉄造ちゃんの　おともだちは　だれなの。」

「……。」

「先生は　おいくつですか。」

バクじいさんは，　とつぜん　そんなことを　きいた。

「二十二歳ですけど……なぜ。」

「奥さんの　おうちは　共かせぎですね。」

「はい。」

◇文の対象的な内容と modus

　文がその内容に出来事をえがいていることは，文にとってきわめてたいせつな，本質的な特徴である。ぼくは文の内容にとりこまれた出来事，意味的な内容としての出来事のことを《文の対象的な内容》とよんでいる。この対象的な内容としての出来事は，その相対的な独立性のために，現実の世界の出来事からきびしくくべつしなければならない。前者は後者の観念的な再生である。描写であり，記述である。

　しかし，この描写としての出来事は，現実の世界の出来事が文のなかに鏡のごとくうつしだされたものではない。はなし手が現実の世界から自分にとって意味のある出来事を積極的にきりとってきて，文のなかにえがきだしたものであって，自然発生的なものではない。それは，はなし手が積極的に，自分の立場から，文のなかに現実の世界の出来事を，なんらかの程度につくりかえながら，うつしとらなければ，存在しないものなのである。したがって，文の対象的な内容としての出来事には，はなし手の，現実にたいする関係のし方がつねにつきまとっている。そして，この，はなし手の，現実にたいする関係のし方は，はなし手の立場からとりむすばれる，文の対象的な内容と現実との関係のし方として，そのなかに表現されている。（奥田靖雄 1985「文のこと――文のさまざま（1）――」;『教育国語』80 号，p. 44）

　文の対象的な内容にとりいれられた現実の世界の出来事は，すでに対象的な内容としての出来事であって，現実の世界のそれとはことなる。つまり，客体のレアリティーは主体のレアリティーへ移行している。このときに，出来事はさまざまま modus のなかにあらわれてくるのである。modus という用語はここでは《存在のし方》という意味に理解しておけばいい。つまり，文の対象的な内容としての出来事は，あるときには《私が事実としてみとめる出来事》でもあるし，あるときには《私がまちのぞむ出来事》でもあるし，あるときには《私があい手からさそいだす出来事》でもある。文の内容においては，現実の世界の出来事がさまざまな modus のなかにえがきだされる。

　modus は対象的な内容が存在するための《形式》であって，文の内容はこれをかかすことができない。この modus がなければ，文の対象的な内容はみずからの存在の形式をうしなって，きえてなくなる。modus は対象的な内容にくいいるようにつきまとっていて，それからきりはなすことはできず，それらが全体としての文の意味的な内容をかたちづくっている。したがって，modus のこと

17

を《モーダルな意味》といいなおしてもいい。文はつねにモーダルな意味をそなえていて，それが対象的な意味をみずからのなかにつつみこんでいる。(奥田靖雄 1984「文のこと」;『ことばの研究・序説』p. 233)

第2章 単語

規定1
　文は 単語に よって くみたてられます。 ですから， 文を 分解する ことに よって，
単語を とりだす ことが できます。
　ひとつひとつの 単語は 人や 物を 名づけて います。 あるいは， それらの 動作や
変化や 状態， 特性や 関係を 名づけて います。(93)

　ふみえと よういちの 家には， 大きな 柿の 木が あります。
　茂吉の ねこは びくんと からだを 動かした。

《人・物》　父 母 かんごし さむらい えんぴつ 橋 空気 けやき ひばり しか なまず かまきり
《動作》　とぶ はしる こわす たべる よむ まわす たばねる
《変化》　かわく あたたまる くさる ふとる そだつ きえる
《状態》　いたむ かなしむ よろこぶ つらい ねむい はずかしい たいくつな おだやかな
《特性》　おもい するどい しんせつな 高価な
《関係》　ちがう ことなる にあう ひとしい とおい 上 下

【おぎない】〈89版には，このあとに，つぎの規定および用例がさしこまれている。〉

　ひとや 物や いき物を 名づけて いる 単語は 体言と いいます。 その 物の 存在， 動作，
変化， 状態， 特性， 関係を 名づけて いる 単語は 用言と いいます。 文は 体言と 用言とを
くみあわせて つくります。

　　体言 ——— 　用言
　花子が 　　　　ころんだ。
　いのししが 　　とびだした。
　ダイヤモンドは 　かたい。

　　体言 ——— 　体言 　・ 　用言
　ウィルバーは 　つなを 　　はなしました。
　子ぎつねは 　　戸を 　　　たたいた。
　人工衛星が 　　地球を 　　まわる。

　　用言 　・ 　体言 ——— 用言
　はげしい 　　風が 　　　ふきあれました。
　大きな 　　　さかなが 　つれた。

　　体言 　・ 　体言 ——— 用言
　よし三郎の 　　まゆは 　　　　ふるえた。

19

中国人の　　　　わかものは　　　びっくりした。
なみ木の　　　　やなぎが　　　　ゆれる。(89)

規定2
　単語は　それぞれが　音声と　意味とから　なりたって　います。　単語の　意味は，　その
単語が　名づけて　いる　ものに　ついて，　動作や　変化や　状態，　特性や　関係に　つい
て，　みんなが　知って　いる　ことです。　知ると　いう　行為は　ものの　もって　いる
特徴，　動作や　変化や　状態や　特性の　もって　いる　特徴を　いくつか　ぬきだす　ことで
す。　ですから，　単語の　意味は，　その　単語が　さししめす　もの，　動作や　変化や　状
態や　特性が　もって　いる　いくつかの　特徴の　たばです。(93)

［tyonan］
　「長男」と　いう　単語の　意味は　《　きょうだいの　なかで　いちばん　最初の　男子》です。

［hune］
　「ふね」と　いう　単語の　意味は　《　人や　物を　のせて　水の　上を　はしる　のりもの》です。

［oyogu］
　「およぐ」と　いう　単語の　意味は　《　動物が　自分の　力で　水の　うえ　または　水の　なかを
うごく　こと》　です。

［tokeru］
　「とける」と　いう　単語の　意味は　《　かたまって　いた　ものなどが　熱に　よって　または　液体
に　ひたされて，　液状に　なる　こと》　です。

［tanosii］
　「たのしい」と　いう　単語の　意味は　《　よろこびに　みちて，　明るく　ゆかいな　心の　ありさま
の　こと》です。

［otonasii］
　「おとなしい」と　いう　単語の　意味は　《　おちついて　おだやかな　性質の　こと》　です。

◇知る行為と単語の意味
　私たちが単語でさししめしている物は，私たちと関係して，存在している。つまり，直接的にし
ろ，間接的にしろ，私たちの物質的な，精神的な欲求を満足させることのできる物をめぐって，さ
ししめしの行為がなされている。したがって，私たちはさししめされる物とつねにつきあっている
のであって，そのつきあいのなかでその物についての知識をじょじょにふかめている。人間の，物
とのつきあいは，物にたいするはたらきかけであって，その物を自分の欲求にふさわしくつくりか
えていくことである。そのはたらきかけのなかで，人間は物についての知識をたくわえていく。そ

して，このようなはたらきかけのなかで，人間のさししめすという行為がおこってくるとすれば，その，物をさししめすという行為は，物を《しる》という行為からきりはなすことはできない。知識というのは，《しる》という行為の結果である。物に名前をあたえて，さししめすという行為の背景には，《しる》という認識活動がひかえているのである。〈…〉さししめされる物についての知識が，単語の意味として，単語の内容のなかに固定化されている。単語の語彙的な意味といわれるものは，それによってさししめされる物についての知識である。

　〈…〉私たちは，日常の生活のなかで，物とつきあっているわけだが，むしろ物の特徴とかかわっているという方がただしいだろう。物とのかかわりのなかで，その物のもっている特徴をとらえて，自分の欲求を満足させるために，それを有効に利用する。したがって，《しる》という認識活動は，自分に役だてるために，その物の特徴をとらえることである，といってもよいだろう。ひとつの物には，いくつかの特徴がそなわっているから，《しる》という活動の結果としての知識は，とりだされた諸特徴のセットである，ということになる。したがって，単語の語彙的な意味も諸特徴のセットである。(菅原厚子1985「単語，その語彙的な意味」《教育国語》80号 p.64〉)

規定3
　単語の　意味を　くみたてて　いる　特徴は，　意味特徴と　いいます。　この　意味特徴の　うちの　ある　ものには，　おなじ　種類の　いくつかの　ものを　ひとつに　まとめあげる　はたらきが　あります。　べつの　意味特徴には　ある　ひとつの　ものを　ほかの　ものから　区別する　はたらきが　あります。
　ですから，　単語の　意味は　まとめあげる　意味特徴と　区別する　意味特徴とから　なりたって　います。(93)

《父》		《母》
親	【まとめあげる意味特徴】	親
男	【くべつする意味特徴】	女

《ボート》		《ヨット》
人や物をのせて水上を渡航する船	【まとめあげる意味特徴】	人や物をのせて水上を渡航する船
オールですすむ	【くべつする意味特徴】	帆ですすむ

《にる》		《ゆでる》
食物に熱をくわえること	【まとめあげる意味特徴】	食物に熱をくわえること
味をつける。	【くべつする意味特徴】	味をつけない。

【おぎない】〈89版には，このあとに，つぎの規定がさしこまれている。〉

「辞典は，　ある　ひとつの　言語の　単語を，　ほとんど　すべて　あつめて　記録して　います。　日本語の　辞典では　日本語の　単語の　音声が　見出しに　つかわれて，　その　下に　意味が　規定してあります。
　規定は，　まとめあげる　意味特徴と　くべつする　意味特徴とから　なりたって　います。(89)」

「くわ（鍬）」；田や畑をたがやす道具。うすい鉄の板を長い柄の先につけたもの。
「くわ（桑）」；おもに畑でさいばいし，葉をかいこのえさにする木。実は食用になり，木は家具などの材料になる。
「かま（鎌）」；いねや草をかるための，三日月形の刃に柄をつけた道具。
「タンカー」；石油などを運ぶ船。
「くだく」；①こわして細かくする。②気をくばって考える。③むずかしいことをわかりやすくいいかえる。
「にらむ」；①こわい目つきで，じろりと見つめる。②けんとうをつける。あやしいと思う。

　「単語は　意味特徴に　したがって　グループを　つくって　います。　この　グループの　なかで　いちいちの　単語は　ほかの　単語と　おたがいに　関係しあって　います。　ひとつの　言語の　なかに　存在して　いる　単語の　すべては　語彙と　いいます。(89)」

　あに　あね　おとうと　いもうと（兄弟）
　ろうそく　ランプ　電灯　あんどん（あかり）
　あるく　はしる　とぶ　かける　はう（移動）
　にる　ゆでる　やく　ふかす　たく　やく　あぶる（食物の加工）
　すっぱい　あまい　からい　にがい（味）
　あかい　あおい　しろい　きいろい　くろい（色）
　すこし　わずか　ちょっぴり（すくない量）

　（英語）　　　　　　　　　　（日本語）
　o x　　　　　　　　　　　お牛
　c o w　　　　　　　　　　め牛
　r i c e　　　　　　　　　いね，もみ，こめ，ごはん
　c o l d　w a t e r　　　水
　h o t　w a t e r　　　　湯　　　　　　　　　　　　　　　　(89)

◇単語の意味にとりこまれる一般的な特徴

　花びんには，円筒形のものもあれば，つぼ形のものもある。金属製のものもあれば，木製のものもある。これらの花びんがすべて，「花びん」という単語でさししめされるとすれば，花びんには，「花びん」という単語の語彙的な意味のなかにとりこまれる特徴と，とりこまれない特徴があるということになる。つまり，いちいちの花びんにだけつきまとっている，個別的な特徴はきりすてられ，あらゆる花びんに共通な特徴がとりだされて，その特徴が「花びん」という単語の意味に固定化されているのである。それゆえに，「花びん」という単語は，そのクラスに属する，いろんな花びんをさししめす能力をもつことができる。つまり，「花びん」という単語の語彙的な意味は一般的なのである。私たちは，名づけ・さししめしの行為のなかで，おなじクラスに属する物から共通な特徴をとりだしている。そして，ある，ひとつの物を，その共通な特徴があるかないかによって，

22

単語の意味のわくのなかにはめこむ。(菅原厚子 1985「単語，その語彙的な意味」《教育国語》80 号 p. 65〉)

◇まとめあげる意味特徴・くべつする意味特徴

　物はさまざまな特徴をもっているが，その特徴のすべてが単語の意味のなかにはいりこんでいるわけではない。単語の意味のなかにはいりこんでくる特徴は，物を名づけ，さししめすのに必要な最小限のものにかぎられている。〈…〉意味のなかにとりあげられた，対象の特徴が《意味特徴》なのである。そして，この意味特徴のセットが単語の意味をなしている。ところで，意味特徴のセットのなかで，意味特徴は，ある物を他の物とくらべるとき，これらをひとつにまとめあげる，というはたらきをする。他方では，これらをくべつする，というはたらきをする。意味特徴のセットとしての単語の意味は，すくなくとも，はたらきのことなる，ふたつの意味特徴からなりたっているのである。〈…〉単語の意味が，このような，すくなくともふたつの，はたらきのことなる意味特徴のセットになっているおかげで，この単語をもちいてする，さししめしの行為が成立する。こうして，意味特徴は，そのはたらきから，まとめあげる意味特徴とくべつだてる意味特徴とにわかれる。これは単語の意味のもっている，基本的な構造である。(同 p.68)

規定4
　単語は 文の なかでは，ほかの 単語と むすびついて 文の 部分と して はたらきます。このとき，単語は 文の なかでの はたらき，ほかの 単語との むすびつき方に あわせて，くっつきを つけたり，語尾を とりかえたり して 変化します。変化して できあがった 単語の かたちは 単語の 文法的な かたちと いいます。文の なかでの 単語は いつでも 名づけ的な 意味と 文法的な かたちとを かねそなえて います。
　(93)

［語尾のとりかえ］
　太郎が パンを たべる。
　太郎は もう パンを たべた。
　太郎，パンを たべよう。
　太郎，はやく パンを たべろ。

たつ	およぐ	のむ	きる	ける	くる	する
たった	およいだ	のんだ	きた	けった	きた	した
たとう	およごう	のもう	きよう	けろう	こよう	しよう
たて	およげ	のめ	きろ	けろ	こい	しろ

［くっつきのとりつけ］
　畑に <u>なのはなが</u> さいた。
　妹が <u>なのはなを</u> つんだ。
　<u>なのはなで</u> しおりを つくった。

23

<u>なのはなの</u>　かおりが　ひろがった。
ちょうちょが　<u>なのはなから</u>　<u>なのはなへ</u>　とんでいく。

花が	手が	川が	台風が	家が	きのうが
花を	手を	川を	台風を	家を	＊
花に	手に	川に	台風に	家に	＊
花へ	手へ	川へ	台風へ	家へ	＊
花で	手で	川で	台風で	家で	＊
花と	手と	川と	台風と	家と	＊
花から	手から	川から	台風から	家から	きのうから
花まで	手まで	川まで	台風まで	家まで	きのうまで
花の	手の	川の	台風の	家の	きのうの

規定5
　単語は，名づけ的な　意味，変化の　し方，　文の　なかでの　はたらきに　したがって，名詞，　動詞，　形容詞，　副詞の　よっつの　おおきな　グループ（品詞）に　わかれて　います。(93)

品詞	名づけ的な意味	変化のし方	文のなかでのはたらき	例
名詞	人，もの，場所，時間	格助辞をくっつける	<u>だれが</u> <u>何を</u> どうする。 <u>何は</u> どんなだ。 <u>何は</u> <u>何だ</u>	こども，つくえ，体育館，朝
動詞	動作，変化，状態	語尾をとりかえる	だれ（何）が <u>どうする</u>。 だれが 何を <u>どうする</u>。	たべる，ふとる，いたむ
形容詞	性質，状態，関係	語尾をとりかえる	<u>どんな</u> 何は ……。 <u>どんな</u> 何を ……。 何は <u>どんなだ</u>。	きれいなおいしいひとしい
副詞	動作・変化・状態・性質・関係の　ようす・程度	変化しない	<u>どのように</u> どうする。（どんなだ。） <u>どのていど</u> どんなだ。	ゆっくりとても

規定6
　人や　もの，　場所や　時間を　さししめして　いる　単語は　名詞です。　名詞は　文の　なかで　ほかの　単語と　むすびつきながら，　いろんな　はたらきを　します。　この　とき，名詞は　文の　なかでの　はたらき，　ほかの　単語との　むすびつき方を　いいあらわす　ために　格の　くっつきを　ともなって　変化します。(93)

《人》	おじいさん	女	医者	資産家	国民
《物》	つくえ	水	ひのき	さる	こおろぎ

《場所》　　　公園　　　　　空　　　　駅　　　　街かど　　　インド
《時間》　　　昼　　　　　以前　　　立春　　　八月　　　　江戸時代

(1)　りんどうが　さきました。　　こいぬが　きゃんきゃん　ほえた。
(2)　がんが　えさを　あさる。　　小人が　戸を　しめました。
(3)　子どもたちは　がやがや　さわぎながら　海辺に　でた。
(4)　あかちゃんの　手は　やわらかい。　　からたちの　花が　さいたよ。

規定7
　　動詞は　文の　なかで　主として　名詞と　くみあわさりながら，　人や　ものの　動作や　変化や　状態などと　現実との　関係を　いいあらわす　ために，　語尾を　とりかえて，　さまざまな　かたちに　変化します。(93)

《動作》
　むすめは　あらしの　なかに　とびだしました。
　こぎつねは　おしえられた　とおり，　トントンと　戸を　たたきました。

《変化》
　せんたくものが　かわきました。
　春に　なって，　山の　雪が　きえた。

《状態》
　堂本さんは　ますます　赤い　顔を　して　ふるえて　います。
　まだ，　足首が　ずきんずきんと　いたんだ。
　伸一の　むねは　どきどきした。

[語尾のとりかえ]
　ぼくは　次郎君に　手紙を　かく。
　ぼくは　次郎君に　手紙を　かいた。
　さあ，　次郎君に　手紙を　かこう。
　　　　　次郎君に　手紙を　かけ。
　ぼくは　次郎君に　手紙を　かかない。

規定8
　　形容詞は　名詞と　くみあわさって，　名詞が　さししめす　人や　ものの　状態，　特性や　関係を　いいあらわします。　形容詞も　文の　なかで　つかわれるとき，　語尾を　とりかえて　変化します。(93)

25

おくびょうな　男は　急に　怒りだす。(特性)
少女は　子どもっぽく　若者の　たくましい　肩に　手を　かけた。(特性)
山奥で　見た　桜の　花が　実に　きれいだ。(状態)
先生は　きょうは　やさしい。(状態)

おだやかな　海が　広がって　いる。(状態)
春の　海は　おだやかだ。(特性)
ことしの　冬は　おだやかだった。(状態)

今，　席を　たつ　ことは，　彼に　反旗を　ひるがえすに　ひとしい。(関係)

【おぎない】〈89 版では，このあとに，つぎの規定がさしこまれている。〉

名詞の　あとに　「な」　あるいは　「的な」を　くっつけて　しきりに　形容詞が　つくりだされて　います。　現在の　日本語では　「い」で　おわる　形容詞は　生産的では　ありません。　また，　格助辞の「の」を　ともなう　名詞でも　形容詞への　移行の　過程が　進行して　います。

「い」の　つく　形容詞	重い　　遠い　　楽しい　　悲しい
「な」の　つく　形容詞	愉快な　熱心な　華やかな　鮮やかな
	スマートな　シャープな　クールな
（名詞＋「な」）	けちな　乱暴な　正直な
（名詞＋「的な」）	動物的な　科学的な　文化的な　精神的な
名詞から　移行しつつ　ある　形容詞	みどりの　牧場　辺境の　地　灼熱の　太陽

動詞や　形容詞は　名詞と　同じような　はたらきを　もたせて，　文の　なかで　使用する　ことが　できます。　この　とき，　その　動詞や　形容詞は　名詞に　つくりかえられて，　格助辞を　ともないます。　この　ような　名詞は　物の　もって　いる　動作や　変化，　状態や　特性を　物と　して　さしだして　います。

川の　流れが　岩に　ぶつかって　しぶきを　あげて　いる。
母の　危篤の　知らせを　聞いた。
今日の　走りは　抜群だった。
沼の　濁りは　ひどく　なって　いる。

ぼくは　廊下の　長さを　計った。
花壇の　花々が　美しさを　きそって　います。
地層の　重みは　海の　底を　押し下げます。
あの　ときの　痛みは　忘れられない。(89)

規定9

26

人や　物に　特徴が　ある　ように，　動作や　変化や　状態にも　特徴が　あります。　副詞は　動詞や　形容詞と　くみあわさって，　動作や　変化，　特性や　状態の　特徴を　いいあらわします。(93)

《動作の　特徴》
　一郎兄さんは，　げたを　ぽーんと　けりあげました。
　１０キロの　道のりを　けんめいに　走った。

《変化の　特徴》
　ロロたちの　住んで　いた　みすぼらしい　家は　すっかり　消えて　しまった。
　あの　ときの　お母さんの　顔が　まざまざと　うかびました。

《特性の　特徴》
　その　労働者は　いたって　ほがらかだった。
　信州の　山で　見た　しゃくなげの　赤い　花は　とても　うつくしかった。

《状態の　特徴》
　きのうは　ひどく　退屈な　一日だった。
　わたしたちの　足は　がくがく　震えて　いました。

【おぎない】〈89 版では，この規定の　なかに　つぎの　文が　つづき，例が　しめされて　いる。〉

　もともとの　副詞の　ほかに，　名詞や　動詞や　形容詞から　うつって　きた　ものが　たくさん　あります。
　　《名詞　→　副詞》　　　一度に　　一気に　　大声で　　はだしで
　　《動詞　→　副詞》　　　いそいで　　あわてて　　けっして　　たえず
　　《形容詞　→　副詞》　　すなおに　　そうぞうしく　　よく　　　　　　　　　　　　　　　(89)

規定 10
　名詞や　動詞や　形容詞や　副詞の　ほかに，　品詞には　陳述副詞，　接続詞，　後置詞，むすび（助動詞）が　あります。　これらの　品詞は，　それ　自身では　物や，　その　物の動作や　特性などを　名づける　ことは　しないで，　文の　内容の　たしかさを　いいあらわしたり，　他の　単語と　くみあわさって，　単語の　あいだの　関係，　文の　あいだの　関係をいいあらわしたり　します。　また，　品詞には　あい手に　なにかを　たずねる　ときに　つかう　疑問詞が　あります。(93)

　[陳述副詞]　おそらく，　どうやら，　きっと，　もしや，　よもや，　さだめし，
　[接続詞]　そして，　それから，　だから，　それで，　しかし，　けれども
　[後置詞]　（に）よって，　（に）対して，　（に）ついて，　（に）したがって，　（と）ともに，
　[むすび]　らしい，ようだ，そうだ，（で）ある，（では）ない，（かも）しれない，（に）ちがい　ない

［疑問詞］　なに，だれ，いつ，どれ，どこ，どう，どんな

◇単語の文法的なかたち

　文が単語でくみたてられているとすれば，単語は文のなかで他の単語と構造的にむすびつかなければならない。文の対象的な内容は単語のそれのくみあわせの結果であるからである。他方では，単語，なかんずく述語になる単語は，現実との陳述的なかかわりをたもたなければならない。単語のセットが文に移行するためには，文の対象的な内容が，はなし手主体の観点から，現実とかかわらなければならないのだが，そのことは，主として，述語になる単語の機能としてあらわれる。そして，単語は，かならず，この種の構造的なむすびつきと陳述的なかかわりのなかになければならないとすれば，このむすびつきとかかわりとは，単語にとっては《存在の形式》としてあらわれるだろう。単語がむすびつくのであるし，かかわるのであるから，それはまさにその単語のあり方なのである。

　単語はつねにその内容として語彙的な意味をもっていて，それが他と構造的にむすびつき，陳述的にかかわっている。そして，この種のむすびつきとかかわりは，語彙的な内容にたいして，文法的な形式としてあらわれる。文からとりだされて，文法的な形式をかなぐりすててたはだかの単語は，ふたたび文のなかにはいるとき，文法的な形式をあたえられなければならない。この作業は《かたちづけ》《かたちづける》とよぶことにする。

　ところで，単語が文のなかでもたされる《むすびつき》と《かかわり》とは，なんらかのし方で物質的に表現をうけていなければならない。この言語としてのむすびつきとかかわりは，表現手段のなかにつつまれていなければ，存在することも，信号されることもないのである。したがって，単語の文法的なかたちには，一方では内容としてのむすびつきとかかわりとがあって，他方ではこれを表現する形式がそなわっているということになるだろう。文法的な《形式》という用語の二重性に注意しなければならないだろう。

　単語のかたちづけの，もっとも原始的であり，かつ普遍的な手つづきは，語順あるいは distribution である。ある単語をどの位置に配置するかということは，その単語の，他の単語との意味的な，機能的なむすびつきを表現する。たとえば，副詞は語形変化をしない独立語であるが，それがつねに動詞のまえに配置されるということで，動詞との意味的な，機能的なむすびつきを表現する。形容詞の中止形と形容詞派生の副詞とが同音語であるとすれば，distribution こそ副詞の文法的なかたちとしてあらわれる。おなじことが，動詞の終止形と連体形とについてもいえる。

　〈…〉単語の文法的なかたちづけの手つづきのうちで，世界の諸言語においてもっとも普及しているのは，くっつけの手つづき affixation である。morpheme である affix（preffix, suffix）を語幹にくっつけて，単語の文法的なかたちをつくる affixation（preffixation, suffixation）は，fusion と agglutination との，ふたつのタイプにわかれるが，このちがいはいまは本質的ではない。

　ところで，このくっつけの手つづきは，せまい意味での，いわゆる単語の変化（曲用と活用），語形変化といわれるものであって，単語の文法的なかたちのうえで，形態論的なかたちの領域をなしている。さらに，単語の形態論的なかたちづくりには，付属語の手つづきがくわわる。ふつう，言語学はくっつけの手つづきのことを synthetic とよび，付属語の手つづきのことを analytic と

よんでいる。両者とも，ある単語の，他の単語へのむすびつき，あるいは現実へのかかわりを表現する形態論的なかたちづくりであることでは，ひとしい。

　単語の文法的なかたちづけの形態論的な手つづきによる，単語の文法的なかたちづくりは，文法的な現象において，相対的に独立した，特殊な領域をなしている。このことは，なによりもまず，単語の形態論的なかたちが語形 word form の体系として存在しているという事実にあらわれる。実際，ひとつの word form はすくなくとも，対立する，もうひとつの word form がなければ，つまり，すくなくともふたつの word form が対立しながらひとつにまとまっていなければ，存在しない。

（奥田靖雄 1977？「形態論への序説」未公刊）

◇単語の品詞性

　ある単語のグループが，ある同一の形態論的なかたちの体系をもっていて，ほかの単語のグループが，ほかの同一の形態論的なかたちの体系をもっているとすれば，単語がどのような形態論的なかたちの体系をもっているかという基準にしたがって，グループに分類することができる。つまり，形態論的な現象を発達させている言語では，それぞれの品詞にはそれぞれの形態論的なかたちの体系がそなわっている。したがって，品詞は形態論的な観点からの単語の文法的な分類であるとみられるようになるのである。たとえば，格変化の体系を所有している単語は名詞であるし，テンス，ムード，アスペクトの体系を所有している単語は動詞であるというぐあいに。

　しかし，実際には格変化の体系をもっているから名詞なのではなく，名詞だから格変化の体系をもっているのである。英語の名詞には格変化がかけているが，それでもやはり名詞であるという事実は，形態論的な変化の体系なるものは，単語の品詞への分類にとって，それほど重要ではないことをものがたる。形態論主義をおしとおそうとすれば，副詞のような，形態論的なかたちづけをうけとらない単語は，処理にこまってしまう。

　単語の品詞への分類は，文法書においては，形態論的な現象の説明がはじまるまえになされているのがふつうである。単語が形態論的なかたちの体系をもとうが，もつまいが，そのことにかかわらず，品詞性はもっていることを意味している。たとえば，英語の名詞は形態論的なかたちの体系はもたなくても，名詞にどくとくな，意味的な，機能的なむすびつきは実行して，文法的な特徴づけをうけとることができる。もしも，単語の品詞性をその文法的な特徴づけであるとすれば，では，品詞とはいったいなにだろうか？　それが単語の分類であることには異論はない。しかし，それがいかなる観点からなされるのかということになると，一致した見解はまだない。そして，品詞をもっぱら単語の文法的な特徴からする分類であるとみなす学者と，lexico-grammatical な分類であるとみなす学者とが，ここで対立している。ひとくちでいえば，品詞への分類にあたって，語彙的な意味をとりこむべきか，おしのけるべきか，ということで。(同)

◇単語における機能と意味と形式の統一

　形態論的な現象，つまり語形変化の体系は，語順とおなじように，その単語の構文論的な機能と意味との表現形式である。したがって，また単語の構文論的な機能の観点からの単語の分類と，形態論的な観点からの単語の分類とは，内容と形式との統一という原則から矛盾しないだろう。いくつかの単語は，構文論的な機能において，ひとしく主語や補語としてはたらくがゆえに，格変化の

体系をもたされる。また，述語としてはたらくがゆえに，テンス・ムードの活用の体系をもたされる。

　ところで，この品詞分類における構文論的な機能の観点は，意味論的な観点と矛盾するだろうか。二語文の成立が，機能的な分化をひきおこすと同時に，意味的な分化（構文論的な意味の分化）をひきおこすとすれば，構文論的な機能と，構文論的な意味とのあいだに矛盾があろうはずがない。たとえば，《のべられ》は属性のもちぬしとしての《物》をあらわすが，《のべ》は《うごき》をあらわすというかたちで，文の部分としての単語の機能と意味は，ひとつに統一されている。つまり，文のなかでは，単語の機能が単語に意味的な特徴をあたえているといえる。したがって，特定の構文論的な意味の特徴をもつことのできる単語は，文のなかで特定の機能をはたす。機能的な分化が意味的な分化をうみだしているといえよう。こうして，単語の構文論的な機能とその形態論的な表現形式とのあいだに矛盾がないばかりか，それらと構文論的な意味とのあいだにも矛盾がないのである。（宮城国語部会 1980.6.「品詞指導について」〈教科研国語部会講義プリント；未公刊〉。教科研・国語部会 1980「80年夏の合宿研究会報告」『教育国語』62号 むぎ書房 文責；大槻邦敏）も参照。）

◇構文論的な意味・機能のにない手としてのカテゴリカルな意味（＝文の構造のなかでの語彙的な意味）

　構文論的な意味は，単語のカテゴリカルな意味（文法のなかでの語彙的な意味の一般化）の現象形態である。つまり，カテゴリカルな意味が，他のそれとかかわるときに発揮するところの，構文論的な特性だといえるだろう。構文論的な機能と意味をになっているのはカテゴリカルな意味である。形態論的な変化の体系は，カテゴリカルな意味が，機能的に，意味的に，文のなかでどうはたらくかということを表現してみせる形式である。こうして，単語の構文論的な機能と意味，カテゴリカルな意味，形態論的な特徴は，きってもきりはなせなく，ひとつに統一しているといえるだろう。

　われわれは，単語の品詞への分類にあたって，語彙的な意味の観点といういいまわしをさかんにもちいるが，語彙的な意味というものの実体は，カテゴリカルな意味ではなかったか。したがって，われわれが，語彙的な意味というときには，《物》，《うごき》，《性質》，《状態》というタームで特徴づける。すくなくとも，品詞への分類で配慮しているのは，一般化された意味である。つまり，文の構文論的な構造のなかでの語彙的な意味である。

　ここまでくると，品詞を語彙・文法的なクラスわけと規定しようと，文法的なクラスわけと規定しようと，言葉上の問題にすぎない。カテゴリカルな意味を構文論的な機能と意味とのにない手としてみるなら，形態論的な現象をカテゴリカルな意味の存在形式であるとみるなら，カテゴリカルな意味を文法的な現象にくいこむ語彙的な意味としてみるなら，品詞への分類基準から，カテゴリカルな意味をはずすことはできないだろう。（同）

◇単語における機能と意味と形式との矛盾

　ところが，三者の統一は言語の発展の過程でこわされてくる。たとえば，「いうはやすく，おこなうはかたし」という文において，現実のうごき（言う，行う）なるものが，ある特徴をもっているとすれば，その事実を表現するために，うごきをあらわす単語，つまり動詞を主語の位置におくという異変がおこってくる。このばあい，最初の段階では，この動詞は形態論的なつくりかえをう

30

けながら，名詞へ移行することはないだろう。動詞から名詞への派生は，まだ進行していない。主語としてはたらいているというのは，語順がしめすのみである。しかし，いずれは，動詞のこのような名詞的な使用から，動詞から名詞が派生するという事態が生じてくる。このことから，名詞は，意味的に物をあらわすだけでなく，うごきや，状態や性質などもあらわすということになってくる。こうなるには，動詞や形容詞を名詞的に使用していたという段階が先行していたにちがいない。

　おなじことが，動詞を連体形として（つまり，規定語として）使用するばあいにも生じる。「はげた，いきた，ふとった，やせた」，これらの単語のかたちは，終止形として（つまり述語として）使用するばあいには，過程として，現実の現象をとらえているが，連体形として使用するばあいには，性質をしめす単語へ移行する。したがって，文法的な機能と語彙的な意味という観点からみれば，まさしく形容詞なのだが，終止形とかたちがひとしいということで，形態論的に動詞性を完全にうしなってしまったわけではない。

　こうして，品詞分類にあたって，どれかひとつの基準だけでわりきってしまうことが不可能になってくる。そして，こういうばあいには，三つの基準がどのようにくいちがっているか，わりきってしまうのではなく，具体的に説明することが必要である。名詞の語彙的な意味の複雑さは，言語の歴史的な発展から生ずるものであることを，授業の構造の中に反映してみせることがだいじである。たとえば，動詞を名詞の機能的なポジションのなかにいれることから，動詞派生の名詞がうまれてくること。動詞は，格助詞をともないながら，連用形の名詞に移行していく。このことから，名詞はたんに物をさししめすばかりでなく，物のうごき，物の性質や状態をもさししめすようになる。（同）

第3章　文の　くみたて方

　　単語は　文の　部分に　なって，　いろんな　はたらきを　もたされます。　この　はたらきに
あわせて，　単語は　主語で　あったり，　述語で　あったり　します。　補語や　修飾語で
あったり　します。　また、　状況語で　あったり　します。　この　章では，　文の　部分の
はたらきに　ついて　説明します。

【おぎない】〈89 版では，このあとにつぎの用例がさしこまれている。〉

さお竹が　しなる。
お湯が　ちんちん　わいて　います。

志乃ちゃんは　赤い　服を　着た。
しかは　足を　はやめた。

兵十は　物置で　縄を　なって　いました。
九時には　店が　開く。

おばあさんは　しか皮の　靴を　くれました。(主語)
村人は　おばあさんを　尊敬して　いました。(補語)
ロモは　山あいの　道で　しらがの　おばあさんに　会いました。(補語)
おばあさんの　目からは　なみだが　あふれて　きました。(連体修飾語)

規定1

　　文は　私たちの　話し　書きの　いちばん　ちいさな　単位です。　この　文を　つかって，
私たちは　人や　物の　動作，　変化，　状態を　えがきだします。　人や　物の　特性や　関係
を　あきらかに　します。　人や　物の　質を　さだめます。(93)

《出来事》をえがいている文[5]
　1．動作をえがいている文
　　　　きこりは　山で　木を　きって　いる。
　　　　雨にも　かかわらず，　きこりは　のこぎりを　ひいて　いる。
　2．変化をえがいている文
　　　　きこりも　木も　びっしょり　雨に　ぬれた。
　　　　木が　どさっと　たおれた。

---

[5] 以下，項だてと用例は奥田靖雄 1996「文のこと－その分類をめぐって－」(『教育国語』2-22 号 p.2)より。

3．状態をえがいている文

　　　きこりは　さむさに　ふるえて　いる。
　　　きりたおされた　木は　しずかに　よこたわって　いる。

《特徴》を表現している文
　1．特性を表現している文

　　　彼女は　背が　たかい。
　　　りんごは　すっぱくて，あまい。
　　　新潟は　雪が　おおい。
　　　彼女は　性格が　あかるい。
　　　繁子は　こどもの　ころは　やせて　いた。
　　　荒川の　水は　いつも　にごって　いた。

　2．関係を表現している文

　　　タラバガニは　カニとは　ちがって　いる。
　　　花子は　母親に　よく　にて　いる。

　3．質を表現している文

　　　クジラは　哺乳類に　属する　動物だ。
　　　日本は　島国だ。
　　　彼は　かつて　教師だった。
　　　彼女は　むかしは　なまけものだった。

規定2
　文の　この　ような　使命は，　人や　物を　さしだす　部分と　その　人や　物の　特徴を
のべて　いる　部分とを　くみあわせる　ことに　よって　達成する　ことが　できます。　人や
物を　さしだして　いる　部分の　ことを　主語と　いいます。　人や　物の　特徴を　のべて
いる　部分の　ことを　述語と　いいます。文は　何よりも　まず　主語と　述語を　くみあわ
せる　ことに　よって　なりたって　います。(93)

のら犬が　びしょぬれです。
ひろ子ちゃんは　しんせつです。

　夏には　めずらしい　風が　吹いて　いた。　風は　向かい風だった。　左右の　稲田の　穂を　出した
稲が，　うしろへ　うしろへ　なびいて　いく。　右肩に　かつぐ　ように　して，　ぎっしり　にぎって
いる　初太郎の　のぼり旗が，　からだごと　うしろへ　おし倒され　そうに　なる。　さお竹が　しなる。

【おぎない】〈89版では，この規定はつぎのように表現されている。〉

33

> 　文は　まず　物を　さしだして，　その　物の　うごきや　ありさまや　特徴などを　のべて
> います。　したがって，　文は　のべられる　物を　さしだして　いる　部分と，　その　物に
> ついて　のべて　いる　部分との　ふたつの　部分に　わかれます。　物を　さしだして　いる
> 部分を　主語と　いい，　それに　ついて　のべて　いる　部分は　述語と　いいます。(89)

〈また，89版では，このあとに，つぎの規定がさしこまれている。〉

> 　述語が　うごきを　あらわして　いる　ときには，　主語は　その　うごきの　し手を　あらわ
> して　います。　述語が　ありさまや　特徴を　あらわして　いる　ときには，　主語は　その
> ありさまや　特徴の　もち主を　あらわして　います。　主語と　述語とは，　文が　できごとや
> 物の　特徴を　いいあらわすに　あたって，　欠かす　ことの　できない　文の　部分です。
>
> | | ［主語］ | | ［述語］ |
> |---|---|---|---|
> | | おとうさんは | | うなずきました。 |
> | | 竹子は | なみだを | ぬぐいました。 |
> | | マアちゃんが | ガマ池で | およぎました。 |
> | | 小石が | ちゃぷんと　水の　上に | おちた。 |
> | 大きな | 黒犬が | とつぜん | ほえたてました。 |
> | この | 部屋は | | まっくらだ。 |
> | 先生の | 顔色が | | あおい。 |
> | 雪の | 道が | どこまでも　まっすぐに | つづいて　いる。 |
> | | ウィルバーは | | 注意深い。 |
> | | カラフト犬は | 寒さに | 強い。　　　　　(89) |

◇主語と述語

　今年の夏の岡山での研究集会[6]では，中西氏のうけみ構造の授業が印象的であった。主語が動作のし手・状態のもちぬしをあらわし，述語がその動作・状態をあらわすという，意味論的な規定は，うけみ構造の授業では完全に破綻してしまう。述語との関係において，動作の主体ばかりではなく，動作の客体も主語の位置にあらわれるという事実は，意味論的な規定では，主語は完全にはとらえられないということを意味している。

　しかし，主語が動作の主体をあらわそうと，客体をあらわそうと，やはり主語であるとすれば，主語という構文論的な要素がたんなる意味的な部分ではなく，機能的な部分でもあることに注意をしないわけにはいかない。能動文における主語とうけみ文における主語とでは，機能的な同一性をみないわけにはいかないのである。いいかえるなら，文の主題（テーマ）を提出しているということでは，意味論的に主語が動作の主体であろうと，客体であろうとひとしいのである。このような事実は，中西氏の授業では，文章のよみをともないながら，一体なにを主語の位置にすえるか，あ

---

[6] 1978年7月1～2日に開催された教科研国語部会・夏の合宿研究会をさす。教科研岡山国語部会1978「1978年教
科研国語部会・夏の合宿研報告」（『教育国語』54号 p.122）を参照。

る特定の物あるいは人をさししめす名詞がなぜ所与の文では主語としてあらわれるか，という課題をたてたときに，あきらかなすがたをとって，前面におしだされてくる。実際，文が現実の出来事，したがって，物の運動・状態・性質などについてしらせているとすれば，その現実の出来事をうつしださなければならないのだが，このことは文においては，なによりもまず，実体をあらわす要素とその属性をあらわす要素とをくみあわせることによって，分割できない現実を分割的に表現することで実現する。これは感性的な認識にたいして，言語＝思考的な認識の特徴である。出来事名詞のように物とその物の運動を同時にひとつの単語のなかに表現しているばあいは，この種の分割をかならずしも必要としない。したがって，ひとつの単語にテンスをあたえることで文に転化するが，これはむしろ特殊な場合であって，一方では客体を抽象化し，他方では客体の運動なり状態なりを抽象化しておいて，ふたつの単語をくみあわすという分割的表現がふつうである。これはかぎりのない現実をかぎりある言語が表現するためには，ぜひとも必要な表現方法であるとすれば，し手と動作，もちぬしと状態の意味的な構造は，文にとっては，その成立において，その生成において，かかすことができない。しかし，この種の意味的な構造の存在はかならずしも文を成立させるとはかぎらない。それはまだ出来事を名づけているにすぎないともいえる。

　ところで，はなし手主体による出来事の表現は，現実の対象をえらんでおいて，これをテーマにすえて，これをめぐって，その動作なり状態なり性質なりをのべるというかたちをとる。こうして分割的な言語的な表現は，のべられとのべとの構造をとってくる。のべられる物がまえにおかれて，それについてのべることでもっとも単純な通達，つまりもっとも単純な文が成立するのである。いいかえるなら，文はのべ・のべられの機能的な構造が必要であって，のべる部分とのべられる部分とがむすびつくことによりはじめて文が成立するといえる。ふつう主語といわれる文の部分は，のべられであって，述語は主語がさしだす物をめぐってのべる部分である。

　われわれが機能を問題にするとき，つねになにかトータルなものがまえにおかれていなければならない。そのトータルなものはつねにこれをとりまくものと相互作用のなかにあるわけだが，この相互作用のなかで，それの複雑さのゆえに，トータルなものは機能的に部分に分割してゆく。文は現実とかかわるわけだが，そのかかわりのなかで，実体をさしだす部分と，実体をめぐってその属性をのべる部分とに，機能的に分割してゆく。ここで文の機能的な構造ができあがる。

　ところで，文が現実の出来事を表現するとすれば，意味的に動作のし手・状態のもちぬしをあらわす文の部分が主語の位置にあらわれるし，動作や状態をあらわす文の部分が述語の位置にあらわれるのは当然のことである。圧倒的な大多数の文において，意味的には主語は主体をあらわし，述語はその属性をあらわしている。この事実から主語は主体をあらわす文の部分であり，述語はその属性をあらわす部分であるという，意味論的な規定の有効性がでてくる。出発点的な文において意味的な構造と機能的な構造との照応がある。したがって，出発点的な，エレメンタルな文をあつかうかぎり，『4の上』[7]にあたえられている規定は正当さをかくとはいえない。主語の，テーマをさしだすという機能を無視しても，それほどの不自由さは感じられない。しかし，うけみ文のなかでは，意味的な構造と機能的な構造とのあいだに矛盾がおこってくる。このことは，なによりもまず，文のテーマの設定が，はなし手の自由にまかされてはおらず，コンテキストに規定されているとい

---

[7] 明星学園・国語部著 1968『にっぽんご 4の上』(むぎ書房)

うことから生じる。物や人は動作の主体でもありうるし，客体でもありうるわけだが，コンテキストの指示にしたがってその客体＝物をテーマにすえることをよぎなくされる。それにおうじて，述語はうけみのかたちをとることをよぎなくされる。こうして，意味的な構造と機能的な構造との出発点的な照応はくずれていく。主語はかならずしも動作の主体をあらわさず，客体をもあらわすようになる。『4の上』の規定は不十分なものになるだろう。うけみ構造の文においても，テーマの機能をはたす主語は存在しているが，それはもはや意味的な構造における主体ではない。(奥田靖雄 1978「文の構造について」教科研国語部会講義プリント；未公刊)

規定3

　述語が　動作や　変化，　特性や　関係などを　のべて　いる　ときには，　この　述語を　おぎなう　部分が　しばしば　あらわれて　きます。　この　ような　文の　部分の　ことを　補語と　いいます。　補語は　動作や　変化、　状態、　特性や　関係などが　なりたつのに　必要なものを　さしだして　います。(93)

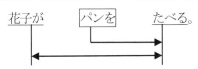

花子が　　パンを　　たべる。

　　たけし君が　窓ガラスを　わりました。
　　おじいさんが　庭に　桜の　木を　うえた。
　　女の子たちが　北山先生を　ゆすりおこした。
　　おばあさんが　妹に　おとぎ話を　きかせました。
　　太郎は　志乃ちゃんから　消しゴムを　借りた。
　　ロケットは　月に　着いた。
　　おかあさんの　留守に　ぼくは　弟と　けんかした。
　　船は　港を　離れた。
　　きつねは　穴から　出て　きた。
　　大工さんは　かんなで　板を　けずった。
　　光一が　パンを　たべた。
　　マイクが　かべを　ペンキで　塗る。
　　周作が　タオルを　水で　ぬらした。
　　おしんが　お米を　おかゆに　たいた。
　　甚助は　太郎兵衛と　なかよしだ。
　　太郎兵衛は　お菊に　優しい。
　　学校は　駅から　遠い。
　　１００は　１０の　１０倍に　ひとしい。

【おぎない】〈89 版では，この規定の前半は，「文の　部分に　動詞や　形容詞が　あらわれてくる　とき，　その　動詞や　形容詞の　意味を　おぎなって　いる　部分が　あります。」となっている。〉

36

◇対象語

　『4の上』は対象語についても，その名まえがしめすごとく，意味論的な規定をあたえている。《動作が成立するのに必要な対象》という規定は，《主体》をもふくんでいるということで，かなりはばがひろいが，意味的であることでは，主語の規定とかわらない。もし対象語を機能の観点からみるとすれば，述語でさしだされる動作あるいは状態の意味をいっそう具体的なものにしていくことであろう。動詞がさしだす意味のなかに動作の対象をもふくんでいるとすれば，対象語を必要としない。この事実は対象語の機能をおしえてくれる。

　対象語の機能が，述語にかかって，その意味をおぎなうことであるとすれば，対象語の範囲は《動作の成立に必要な対象》をのりこえて，はばひろくなる。たとえば，「東京にいく」とか「大阪からくる」という文における《いくさき》とか《でどころ》をしめす文の部分も，やはり述語＝動詞の意味をおぎなっていて，対象語だということになるだろう。「十時からぼくたちは運動場であそんでいた」という文のなかの「十時から」は状況語であるとしても，「ぼくたちは十時から勉強をはじめた」の「十時から」は対象語だということになるかもしれない。この事実から考えられることは，対象語といわれる文の部分は，述語の位置にあらわれる単語の valence のレアリゼーションだということである。述語になる単語の valence にしたがって，その単語の意味を補充する文の部分が対象語だということになるだろう。だとすれば，対象語という用語は適切ではなく，ヨーロッパの伝統的な文法が採用している《補語》にあらためるべきである。

　ところで，動詞の valence によって，動詞の意味を具体化していく単語のうち，意味的に動作の主体をあらわすものと客体をあらわすもののみが，主語の位置にあらわれることができる。この事実はなにによって説明したらよいだろうか？　つぎのような文の場合，動作をめぐる主体と客体は相対的な概念にすぎないことをものがたる。

　彼は彼女に金をかした。
　彼女は彼に金をかりた。

　彼は彼女にパンをやった。
　彼女は彼にパンをもらった。

　銀座で彼は彼女にあった。
　銀座で彼女は彼にあった。

　米国は日本とたたかった。
　日本は米国とたたかった。

　このような文の存在は，文のテーマとなって主語の位置にあらわれる物が，意味的に主体としてあらわれる，ということをおしえてくれる。他方では，つぎのような事実がある。

　彼には金がある。

彼は金がある。

「彼には」も「彼は」もいずれも意味的に所有の主体をあらわしているが，補語（対象語）から主語への移行が容易に進行するという事実は，主語は意味的に主体をあらわすという，出発点的な構造のつよさをおしえてくれる。あるいは，意味的な構造と機能的な構造との矛盾（背反）の解決がみせつけられる。つぎのような事実もそうなのだろう。

　ぼくはこの酒はのめる。
　この酒はのめる。

　ぼくはトラックに荷物をつんでいる。
　トラックは荷物をつんでいる。

　つぎの例は，主語が動作のうけ手でもあるし，状態のもちぬしでもあるというような，中間的なあるいは複合的な場合である。

　熊がころされている。
　木がたおされている。

　このようなことから，主体と客体とのあいだには絶対的な境界線はひけないということがわかる。運動は物のあいだの相互作用であって，積極的にはたらきかける物が主体としてとらえられる。しかし，主体は主体であるし，客体は客体である。それは能動構造をうけみ構造にうつしかえることで，主語と補語（対象語）が交替するとしても，主体と客体との交替は進行しないという事実によってあきらかである。主体と客体は正面から対立している。そして，文はいずれをもテーマにえらぶことができる。このことが可能なのは，主体と客体とがひとつの動作をめぐって直接的に対立しているからである。さらに，以上の事実は，文の意味的な構造と機能的な構造とが，文の構文論的な構造のふたつの側面をなしていて，かたくむすびついていることをものがたる。（同）

規定4

> 　名詞が　文の　部分に　なって　いる　ばあい，　その　名詞を　形容詞，　名詞，　動詞で修飾する　ことが　できます。　この　ような　文の　部分の　ことを　連体修飾語と　いいます。　連体修飾語は　修飾される　名詞の　意味に　あたらしい　意味特徴を　つけくわえながら名詞に　よって　さししめされる　ものを　規定します。(93)

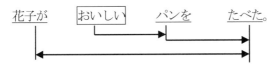

白い　ばらの　花が　よい　香りを　おくって　きました。

むかし　むかし　中国に　<u>大きな</u>　トラが　おりました。
たんぽぽは　<u>黄色い</u>　<u>きれいな</u>　花を　咲かせます。
道に　そって　<u>清い</u>　<u>小さな</u>　流れが　水音を　たてて　流れて　いました。

私は　<u>机の</u>　ひきだしを　開けた。
<u>芳三郎の</u>　まゆが　ぴりりと　ふるえた。
<u>清兵衛の</u>　母が　泣きだした。
<u>赤ちゃんの</u>　泣き声が　聞こえました。
昔むかし，　<u>うそつきの</u>　名人が　いました。

【おぎない】〈89 版では，この規定は，つぎのように　なっている。〉

名詞が　文の　部分に　なって　いて，　おなじ　物の　うち　どれを　さししめして　いる
か，　はっきり　きめる　必要が　ある　とき，　その　名詞の　まえに　形容詞や　名詞が　お
かれます。　この　ような　文の　部分の　ことを　連体修飾語と　いいます。

規定5

　動詞や　形容詞が　文の　部分に　なって，　動作や　変化や　状態を　さしだして　いる　と
き，　その　動作や　変化や　状態の　し方，　ありさま，　程度，　時間，　空間を　いっそう
くわしく　説明する　必要が　おこって　きます。　この　とき，　動詞や　形容詞の　まえに
副詞，　名詞，　動詞が　配置されます。　この　ような　文の　部分の　ことを　連用修飾語と
いいます。　連用修飾語は　修飾される　動詞や　形容詞の　意味に　あたらしい　意味特徴を
つけくわえながら，　あたえられた　動作や　変化や　状態が　ほかの　動作や　変化や　状態か
ら　し方，　ありさま，　程度，　時間，　空間に　おいて　ことなって　いる　ことを　あき
らかに　します。(93)

湯屋の　戸が　<u>カラカラと</u>　かるく　あいた。
昼ごろから　<u>サラサラと</u>　粉雪が　降って　きた。
鬼は　あきらめて，　<u>すごすごと</u>　山へ　帰って　いきました。
前夜の　雨に　木の　葉も　屋根も　<u>きれいに</u>　洗われて　いた。
若い　衆は　<u>つくり声で</u>　言いました。
沖には　いさり火が　<u>点々と</u>　見えはじめた。
遠くの　方に　ちょうちんが　<u>二つ</u>　見えた。
芳三郎は　<u>だまって</u>　土間へ　おりて　しまった。
からすの　声が　<u>だんだん</u>　遠く　なった。
小僧さんは　<u>いっしょうけんめい</u>　考えました。
女の子は　<u>よく</u>　眠って　いる。
彼の　心は　<u>ひどく</u>　乱された。
見物人は　<u>大声で</u>　笑った。

《空間の　状況語》
　兵十は　物置で　縄を　なって　いました。
　かあちゃんは　ヒロシマで　焼け死んだ。
　赤鬼は　座敷で　へたな　太鼓を　たたいて　いました。
　縁側では　おとうさんと　おかあさんが　話を　して　いる。

《場面の　状況語》
　1年生が　入学式で　歌を　うたった。
　雪の　中を　私達は　かに沢まで　歩いた。
　暑い　日差しの　下を　捨吉は　走る　ように　して　歩いて　いった。

《時間の　状況語》
　夕方,　けんぼうは　犬を　探しに　行った。
　鬼は　夜明けに　家を　出た。
　ぼくは　七月から　プールで　およぎます。
　あの　橋は　去年まで　土橋でした。

《原因の　状況語》
　風で　家が　たおれた。
　父は　戦争で　なくなりました。

《目的の　状況語》
　彼は　沖へ　つりに　でかけた。
　花子は　看護婦試験の　ために,　いっしょうけんめい　勉強した。

◇状況語
　状況語の問題にうつろう。この文の部分は,主語あるいは述語と直接にはかかわらず,これらを
とりまくように配置されている。このことは語順に直接的に現象している。さらに,このことは,
状況語が,意味的にみるなら,主語と述語と補語とで表現される出来事の,空間・時間的な補足で
あるということに対応している。
　あるいは,状況語は,主語と述語とがあらわす出来事とはべつのもうひとつの出来事を表現して
いて,それが主語と述語とがあらわす出来事と,条件・原因というし方でむすびついている。出来

事をあらわしながら，主語・述語のあらわす出来事の空間・時間的な状況を説明するというし方を
考えあわせるなら，状況語が主語・述語・補語のそとがわにあることはあきらかである。(同)

規定7
　主語や　述語，　補語や　状況語などに　直接　むすびついて　いない　文の　部分が　ありま
す。　この　ような　文の　部分の　ことを　挿入語と　いいます。　挿入語には，　文に　さし
だされて　いる　出来事に　対する，　話し手の　感情的な　態度，　確信の　度合いを　表現し
て　いる　ものが　あります。　出来事を　めぐっての　話題の　でどころ，　論理的な　順序立
てを　説明して　いる　ものも　あります。　また，　先行する　文に　さしだされて　いる　出
来事との　つながり方を　説明して　いる　ものもあります。(93)

《感情的な　態度，　確信の　度合い》
　こまった　ことに，　幸運にも，　おそらく，　きっと、……

《話題の　でどころ，　論理的な　順序だて，　先行する　文との　つながり》
　〜に　よれば，　はじめに，　それでは，　しかし，　だから，　そこで、……

【おぎない】〈「挿入語」という用語が，「独立語」にかわって登場するのは，この93版草稿あたり
から。奥田靖雄 1994『北京版日本語教科書』にも「挿入語」の用語がつかわれ，つぎのように説
明されている。〉

　文にさしだされる出来事にたいする，はなし手の感情・評価的な態度，確信の度合いを表現して
いる文の部分がある。出来事をめぐっての話題のでどころ，論理的な順序だてを説明している文の
部分がある。あるいは，あたえられた文にさしだされた出来事を，先行する文にさしだされた出来
事と論理的に関係づけている文の部分がある。これらの文の部分は，文の対象的な内容にくいこん
でいくことはなく，はなし手の《私》のたちばから，文の対象的な内容に論理的な秩序をあたえた
り，感情・評価的な態度，確信の度合いを表明したりしているということで，《挿入語》という用
語のもとにひとつにまとめることができるだろう。

1）感情・評価的な態度を表現している挿入語
　　残念ながら 太郎は チフスで 死にました。
　　さいわいにも いのちだけは たすかりました。
2）確信の度合いを表現している挿入語
　　おそらく 彼は 北京へ いくと おもいます。
　　きっと かえって くるわ。
3）話題の源泉をつたえている挿入語
　　斥候の 報告に よれば 敵は すでに 撤退して いる。
　　彼の 話では すでに 日本を さって いる。
4）論理的な順序だてを表現している挿入語

〈なお，79年版，82年6月版，82年10月草稿版の「独立語」の規定を参考までにあげておく。〉

主語や述語，補語や状況語などとちょくせつむすびついていない文の部分があります。このような部分のことを独立語といいます。独立語は，文の名づけ的な意味とちょくせつむすびつかないで，文ののべ方にかかわっています。(79，82.6，)

文の部分には，独立語といわれる特殊なものがあります。この独立語は，一次的な文の部分や，二次的な文の部分があらわしているできごとと直接かかわっておらず，はなし手のたちばからとりむすばれる文の内容と現実のできごととの関係をあらわしています。あるいは，文と文とのあいだのむすびつき方をあらわしています。(82.10)

〈日付はさだかではないが，82年と93年の中間に位置するとおもわれる規定もある。〉

主語や述語などとちょくせつむすびついていない文の部分があります。このような部分のことを独立語といいます。独立語には，文にさしだされているできごとやありさまにたいする話し手のきもちをあらわすものと，文のはじめにおかれて，まえの文にさしだされているできごととのつながりをあらわすものがあります。また，人のさけびやかけごえ，よびかけ，うけこたえ，あいさつなどをあらわすものがあります。

◇構造と機能

〈…〉どんな物でも，相互にむすびつく，いくつかの要素からなりたっている。したがって、物は要素と構造との統一物であって，体系をなしている。たとえば，有機物は要素としてあらわれる器官（オルガン）からなりたっている。そのオルガンの有機的なむすびつきは有機体の内部構造をなしている。このもっとも単純な事実は文のなかにもみることができる。

ところが，物の構造というものを発生的にみてみよう。構造がなぜ存在するかということは，物＝全体のなかにおける要素への分化がなぜおこるか，ということにほかならない。物＝全体は，これをとりまく環境との相互作用，作用にたいする反作用のなかで，部分あるいは側面が役わりを分担するようになる。たとえば，有機体において，光の刺激をうけて反作用する部分は，その部分の

はたらきにおうじて，それにふさわしい形態をとらされる。外的な環境のはたらきかけにたいする物の反作用こそ，物に構造をあたえるといえるだろう。

　この事実から，機能という概念なしには構造はありえない，ということになる。機能というのは，物＝全体が外界のはたらきかけにたいして反作用していく要素の運動にほかならない。機能は要素の運動、仕事であるから，構造と機能とはきりはなすことはできない。このことは，機能のにない手は要素であって，要素の形態（物質的な内容）が機能と相応しているという事実になってあらわれる。目とか胃とかの機能というのは，目や胃の形態からきりはなすことはできない。

　しかし，構造と機能との絶対的な照応関係をみとめるとすれば，ただちに困難にぶつかる。同一の機能がまったくことなる要素によって遂行されるばあいがあることは，有機体のある器官が破壊されるばあい，代用というかたちであらわれる。機能もない要素がありうる。物の発展の過程における分化と集約化とは，構造と機能との一義的な照応関係をこわしてしまう。こうして，物＝全体は，その物質的構造と機能的構造とにおいて分化していく。機能的構造における要素は機能である。物＝全体の構造は，要素の物質的な特徴にしたがってとらえることができるだろう。他方では，機能にしたがってとらえていくこともできる。(奥田靖雄 1977.12「構造と機能」言語学研究会村上集会講義プリント；未公刊)

第4章　名　詞[8]

§1　名詞の　一般的な　特徴づけ

規定1
　品詞と　しての　名詞は，　その　語彙的な　意味から　みれば，　《もの》を　さししめしています。　この　ような　名詞は，　文の　中では　主語と　して　はたらいたり，　状況語と　して　はたらいたり　します。　そして，　名詞に　よって　さしだされる　ものは，　動詞や　形容詞に　よって　さしだされる　動作や　変化や　状態と　さまざまな　関係を　とりむすびます。　この　さまざまな　関係を　表現する　ために，　名詞は　格の　くっつきを　くっつけて，　自分の　かたちを　さまざまに　かえます。　つまり，　名詞は　格の　変化の　体系を　もって　いるのです。(93)

<主語として　はたらく　場合>
　　ユミコが　バケツを　さしだしました。
　　かあさんは　母ヤギを　叱ります。

　　机の　上には　厚い　洋書が　ならんで　いた。
　　タンポポの　わたげが　風に　ふきとばされます。
　　ビーバーが　木の　幹を　かじって　います。

<補語として　はたらく　場合>
　　母親は　旅の　着物を　たたんで　いる。
　　沼田は　富永の　コップに　ビールを　ついだ。
　　操は　亡くなった　夫の　顔から　ハンケチを　とりのぞいた。
　　伏見先生が　紙の　マントに　木の　幹や　動物の　毛並みを　描いた。
　　かあさんは　ユミコに　だきつきました。
　　十日に　いっぺん　かあさんは　とうさんの　飯場に　いく。
　　私は　あのとき　水が　飲みたかった。

---

[8] 1990 年に教科研国語部会冬の合宿研究会(1990.12.27〜29 瀬波)で報告された「にっぽんご 第 4 章 名詞」宮城国語部会；プリント版は，一部であるが，1993 年に改訂がおこなわれている。1990 版の章立ては，「§1 文のなかでの名詞のはたらき，§2 名詞の語彙・文法的な分類，§3 格助辞，§4 連用格の名詞の意味と機能，§5 連体格の意味と機能，§6 名詞の格の指定のかたちととりたてのかたち」となっている。このうち，§1 から§3「で格」のところまでが改訂されている。ここにあげるのは，1993 年の手がきの改訂稿(未公刊)である。1990 版の§1〜§3 が，1993 版では「§1 名詞の一般的な特徴づけ」に統合されている。また，連用格，連体格の意味・機能の各規定の記述にふくめて，「は」の問題をとりあげており，それにともなって，1990 版の§6 の記述はことなってくるはずである。1章〜3章は，「にっぽんご−小学生のための文法−」(1989)の改訂版であり，学習者は小学生を想定しているが，4 章以降の品詞各論は本格的な形態論の記述になっていて，中高校生以上を対象にしているようである。

おとうさんは　お酒が　好きだ。
田崎先生は　針金で　筋を　つけた。
姉は　妹と　顔を　見合わせた。
ユミコは　母やぎを　小屋から　連れだしました。
重吉と　ひろ子は　駅まで　歩いた。

<状況語として　はたらく　場合>
　　共同井戸で　若い　女が　水を　くんで　いた。
　　春には　野原に　花が　いっぱい　さきます。
　　家が　大水で　流された。
　　うなぎの　つぐないに　まず　ひとつ　いいことを　したと　思いました。

規定2
　名詞は　その　語彙的な　意味に　よって，　人や　ものや　いきもの，　まとめて　いえば，<もの>を　うつしだして　います。　さらに，　名詞は　人びとの　あつまりで　ある　組織をも　さししめして　います。　この　ような　名詞は　具体名詞です。
　具体的な　<もの>の　うごきや　ありさまを　うつしだして　いる　単語も　名詞です。　この　ような　単語は　現象を　名づけて　いる　現象名詞です。　自然の　現象を　さししめす名詞の　うちの　ある　ものは，　空間名詞で　あったり，　時間名詞で　あったり　します。
　(93)

1．物名詞
　　a）物質　　　　　　　石　木　土　砂　鉄　銅　酸素　水
　　　　　　　　　　　　顔　手　足　頭　背中
　　b）生産物　　　　　　紙　豆腐　いす　テーブル　自動車
　　c）動物・植物　　　　犬　はと　せみ　あゆ
　　　　　　　　　　　　松　さくら　すみれ　たんぽぽ
　　c）人間　　　　　　　おばあさん　客　画家　青年　弁護士　教師　医者　運転手
2．組織　　　　　　　　　家　家族　学校　組合　○○党
3．現象名詞
　　a）自然のできごとを名づけている名詞
　　　　　　　　　　　　風　音　地震　かみなり　雪　雨
　　b）社会のできごとを名づけている名詞
　　　　　　　　　　　　まつり　運動会　遠足　ストライキ
　　a）空間名詞　　　　山　川　野原　海　沼　校庭　家　学校
　　b）時間名詞　　　　春　夏　朝　晩　夕方　正月　節分

規定3

動作や　変化や　状態，　特性や　関係も　具体的な　ものと　おなじ　ように　それ　自身の　特徴を　そなえて　います。　したがって，　これらを　さししめして　いる　単語も，　具体名詞と　おなじ　ように，　格助辞を　ともないながら，　主語や　補語の　位置に　あらわれてきて，　動作の　し手，　うけ手，　特徴や　関係の　もちぬしを　いいあらわします。　このような　単語は　抽象名詞です。(93)

抽象名詞
　　a）動作　　泳ぎ　　散歩　　宙がえり　　とびのり
　　b）変化　　誕生　　死　　乾燥　　のびちぢみ　　立ち消え
　　c）状態　　びしょぬれ　　いたみ　　頭痛　　退屈　　悲しみ　　寂しさ　　いらいら　　混雑　　貧乏
　　d）特性　　長さ　　固さ　　おしゃべり　　困難　　積極性　　やさしさ　　親切　　態度
　　e）関係
　　　　ⅰ）物・出来事のあいだの関係　　原因　　結果　　相似　　差異　　誤差
　　　　ⅱ）社会的な関係　　　　　　　　親戚　　親子　　兄弟　　敵　　味方
　　　　ⅲ）空間・時間的な関係　　上下　　あとさき　　しきり　　そば
　　　　　　　　　　　　　　　　同時　　最後　　まえ　　うしろ
　　　　　　　　　　　　　　　　おもて　　うら　　なか　　はじ　　東西南北
　　　　　　　　　　　　　　　　きのう　　あした　　来年　　来月　　過去　　未来　　現在　　昔
　　f）人間活動
　　　　ⅰ）社会的な活動　　　労働　　奉仕　　献血　　就職　　結婚
　　　　ⅱ）心理的な活動　　　愛情　　思考　　しっと　　憎しみ　　悲しみ

規定4
　人間は　あつまって　社会を　つくって　います。　この　社会は　具体的には　集団の　かたちを　とって　あらわれて　きますが，　この　集団を　名づけて　いる　単語も　名詞です。集団の　活動や　状態や　変化も，　特性や　関係も　名詞で　あらわす　ことが　できます。(93)

社会現象をあらわす名詞
　　a）社会的な集団　　　　国家　　会社　　組合　　学校
　　b）社会的な活動　　　　統治　　支配　　革命　　ストライキ　　解放
　　c）社会的な状態　　　　平和　　戦争　　自由　　抑圧
　　d）社会的な関係　　　　労使　　師弟　　敵対　　反目　　協力

規定5
　名詞は　文の　なかで　主語に　なったり，　補語に　なったり，　状況語に　なったり　します。　そればかりで　なく，　述語に　なったり，　連体修飾語に　なったり　します。　このばあいでは　名詞は　もはや　＜もの＞を　いいあらわす　ことを　やめて，　＜もの＞の　特性や　関係，　質を　いいあらわす　ように　なります。(93)

お百姓さんが　畑を　たがやして　います。
あの　人は　お百姓さんです。
コペル君は　中学校の　2年生です。
春川きみは　明るい　子だった。
お医者さんの　おとうさんが　庭で　そうじを　して　います。
わたしは　はじめて　灰色の　パンを　たべた。
ライ麦の　パンは　おいしいよ。

規定6
　名詞は　文の　なかに　つかわれて，　一定の　はたらき（なんらかの　機能）を　もたされます。　また，　ほかの　単語と　意味的に　むすびつきます。　この　ような　文の　なかでの　はたらき，　ほかの　単語との　意味的な　むすびつきは，　主と　して　名詞が　格助辞を　ともなう　ことで　表現されて　います。(93)

	〔はたらき〕	〔意味〕
ねこが　ねずみを　おいかける。	主語（さしだし）	動作のし手
太郎が　ねこを　なでる。	補語（おぎない）	動作のうけ手
ねずみが　ねこに　すずを　つける。	〃（〃）	くっつくところ
花子は　ねこと　あそぶ。	〃（〃）	動作のなかま
ねこの　ひげを　花子が　ひっぱる。	連体修飾語（きめつけ）	部分のもち主としての全体
川が　流れて　いる。	主語（さしだし）	状態のもち主
仁は　川へ　つりに　行った。	補語（おぎない）	いきさき
恵子は　川から　水を　ひいた。	〃（〃）	とりはずすところ
守は　川まで　歩いた。	〃（〃）	移動動作の空間的な範囲
まり子が　川で　泳ぐ。	状況語（とりまき）	動作がおこなわれる場所

規定7
　格助辞の　ついた　名詞の　ことを　名詞の　格の　かたちと　いいます。　名詞には　いくつかの　格助辞が　ついて，　格の　かたちを　さまざまに　かえます。　この　ことを　名詞の　格変化，　あるいは　曲用と　いいます。
　名詞は，　用言と　むすびつく　ときには　連用格の　かたちを，　体言と　むすびつく　ときには　連体格の　かたちを　とります。(93)

〔連用格〕　　　　　　　　　〔連体格〕
　が　　主格
　　　　　　　　　　｝　→　の　　　生格
　を　　対格

47

```
に    与格  ⎫
              ⎬  →  への    方向格
へ    方向格 ⎭
と    共格      →  との    共格
で    造格      →  での    造格
から   奪格      →  からの   奪格
まで   到達格    →  までの   到達格
```

規定8

　さらに　名詞は　文の　なかに　あらわれる　ときには，　　しばしば　とりたて助辞と　くみあわさります。　この　とりたて助辞は，　格助辞と　くみあわさって，　＜には＞，＜では＞，＜へは＞，＜とは＞，＜からは＞，＜までは＞の　ような，　複合の　接尾辞を　つくって　います。(93)

　店には　一人の　客も　いない。
　広間では　客が　みんな　席に　ついて　いた。
　役所からは　何の　連絡も　なかった。
　月までは　そう　遠くない。
　小学校へは　行った　ことが　ある。
　彼とは　はなした　ことが　ない。
　私の　家は　学校からは　とおい。
　この　ロープでは　地上までは　とどかない。

【おぎない】〈参考までに，1990版の，名詞の章のここまでにあたる部分を，以下にかかげておく。〉

---

§1　文の　なかでの　名詞の　はたらき

　規定1　；名詞は　物を　あらわしながら，　文の　なかでは　主語と　して，あるいは　補語と　して　はたらきます。(90)

　規定2　；また，　名詞は　述語と　しても　はたらきます。　連体修飾語に　なったり，連用修飾語に　なったりも　します。　このとき，　名詞は　体言で　ある　ことを　やめて，　用言化します。(90)

　　　＜述語と　して　はたらく　場合＞
　　　わたしの　父は　弁護士です。
　　　ユミ子は　三年生です。
　　＜連体修飾語と　して　はたらく　場合＞
　　　赤ちゃんの　手は　やわらかく　かわいい。

48

草むらに ノギクの 花が さきました。
＜連用修飾語 として はたらく 場合＞
朝早く 砂浜を はだしで 歩いた。
隊長は 日本刀を つるし，軍服姿で 村道を 歩きまわった。

規定3 ; また，名詞は 状況語と しても はたらきます。(90)

規定4 ; この ような 名詞の はたらきは，名詞に 格助辞(格の くっつき)を つける ことに
よって，あるいは 後置詞を くみあわせる ことに よって，また，むすび (むすびの くっ
つき)を つける ことに よって 表現されて います。(90)

＜格助辞で 表現する 場合＞
兵十が 赤い 井戸の ところで 麦を といで いました。
メロスは 腕に うなりを つけて セリネヌンティウスの ほほを なぐった。
おばあさんは 白い 手ぬぐいを えりに まいた。
少女が 玉ねぎを 油で いためて いる。
白い 馬は ずい分 長い 間 おおかみと たたかった。
バターは 牛乳から つくる。
おじいさんが キワを 馬車で 駅まで おくった。
さるは 少年の 頭から ぼうしを ひったくった。
メロスは 大声で 刑場の 群衆に むかって さけんだ。
お母さんは 台所で 茶わんを ふいて いた。
豆太は 真夜中に ひょっと 目を さました。
小石が 風で とばされる。

＜後置詞で 表現する 場合＞
お父さんは 子どもの ために はたらいて いる。
彼は 学生の くせに 勉強しない。
政治家に とって 政府機関の 移転先は 最大の 関心事である。
事務局長に 対して 貿易交渉を 再招請する よう 求めた。
英雄 オデッセウスは アイアス，アンティロコスと ともに 競争に 参加した。

＜むすび(むすびのくっつき)をつけて 表現する 場合＞
残雪と いうのは いちわの がんに つけられた 名前です。
彼は 大学生だ。
太郎は 乱暴者で ある。

§2 名詞の 語彙・文法的な 分類

規定5；名詞は　現実の　世界の　人や　物や　生きもの，これらの　動作や　変化や　状態、特性
や　関係，自然や　社会の　現象，空間や　時間などを　さししめして　います。これらの　名詞は　その
文法的な　性質に　したがって，物名詞，現象名詞，特徴名詞，関係名詞，空間・時間名詞に　お
おきく　わける　ことが　できます。
　　いちいちの　人や　物に　つけられた　なまえは，固有名詞と　よばれて，普通の　名詞から　区別され
ます。(90)

※「§3 格助辞」の規定6・7は1993 版の規定6・7とおなじ。

◇格と格助詞

　　名詞が無機能な単語であるという考えは，事実に反する。現代日本語の名詞も，格助詞をともな
わずに，文のなかでりっぱにはたらいている。主語として，述語として，対象語として，あるいは
時間の状況語として。もし，名詞が格助詞をともなわずには文のなかにあらわれないとしたら，名
詞にとって格助詞はその存在形式である。名詞であることを保証するものである。たとえば，動詞
からの派生名詞，あるいは動名詞。とすれば，名詞から格助詞をとりのぞくことはできない。この
ことが格助詞を格の後置詞から格の接尾辞へ移行させて，名詞の一部分にくりいれるのである。
　　日本語の，いわゆる格助詞は語彙的な意味をうしないながら，構文論上の独立的な単位であるこ
とをやめて，接尾辞へ移行している。おおくの国語学者は，日本語が膠着語であるということを理
由にして，格助詞が単語であると主張するが，膠着という用語は，一般言語学において，
affixation のひとつのタイプをさしている。名詞と格助詞とのむすびつき方が膠着的であるとす
れば，格助詞はすでに接尾辞なのである。
　　格の接尾辞をともなわない，はだかの名詞を格変化の体系のなかにいれることによって，はじめ
て名詞の機能はあますところなくとらえられる。はだか格（あるいは名まえ格）を格変化の体系か
らはずすのは，日本語文法の欠点のひとつなのだが，それは格の接尾辞を後置詞とみなして，それ
に単語性をあたえることからおこってくる。
　　名詞が無機能なのではない。名詞が機能するがゆえに，格変化という形態論的なかたちづけをう
けるのである。名詞の構文論的な機能が形態論的な格変化のなかにやきつけられる。したがって，
格変化は名詞の機能の表現者であるといえるだろう。名詞が無機能であるとすれば，格変化を必要
としない。《あまがさ》の《あま》がそうであるように。この論理は「格変化」という用語を「格
助詞」におきかえても，かわらない。格助詞は名詞の機能の表現者である。格助詞があるというこ
とは，名詞が機能していることの証拠なのである。（奥田靖雄 1972「語彙的なものと文法的なもの」宮
城教育大学『国語・国文』3 号, 奥田靖雄 1984『ことばの研究・序説』所収 p. 24〜25）

　　単語は，その語彙的な意味をとおして，一方では名づけ的な機能を，他方では構文論的な機能を
はたしている。ところが，単語は，文のなかで文法的にどのようにはたらくかということによって，
なにを名づけるか，なにをさししめすか，ということがきまってくる。したがって，名づけの行為
によって生じてくる単語の語彙的な意味は，その単語の構文論的な機能につよく規定されているの
である。たとえば，述語，あるいは連体修飾としてはたらく名詞の語彙的な意味。現実の世界の出
来事は分割できない，まるごとのものであるとしても，文は単語の語彙的な意味のなかに出来事を

断片に分解して，その単語をくみあわせることで，分割的にえがきだす。そのとき，それぞれの単語には構文論的な機能がさずけられる。その構文論的な機能に応じて，現実の世界の断片を名づけているとすれば，ふたつの，方向のことなる機能はきってもきれない関係にある，といえる。同時にはたらく，ひとつの単語のふたつの機能である。単語から構文論的な機能をはぎとると，その名づけの機能もきえてなくなる。（奥田靖雄 1984『ことばの研究・序説』あとがき p. 307）

　渡辺実君は文の成分のなかでの名詞と格助詞との関係を相互依存的であるといっているが，この相互依存性はけっして対等な関係ではない。形式的にも内容的にも，それは格助詞が名詞にくっつくというかたちをとっている。このことは，名詞が文の成分の内容的な側面をになっていて，格助詞はその内容が他とむすびついていく形式的な側面にかかわっているという事情からおこってくる。
　文の成分の内部においては，名詞と格助詞との結合は，語彙的な意味と文法的な形式との関係をなしていて，その統一性はうたがえない。名詞が存在するためには，日本語においては，格助詞という文法的な形式のなかにつつまれていなければならないのである。
　格助詞が名詞の文法的な形式であるとすれば，格助詞の問題は，単語としての名詞の問題であって，形態論の領域に属する。しかし，渡辺実君の文法論では，形態論がかけていて，文法論すなわち構文論であるため，名詞と格助詞との結合も，構文論の領域であつかわなければならなくなる。
　しかし，格助詞が名詞の文法的な形式であるとしても，まだ，格助詞が単語であるか，膠着的な接尾辞であるか，という問題は解決されたわけではない。単語の文法的な形式は analytical でもありうるし，synthetical でもありうる。
　〈…〉ヨーロッパ語の名詞の格変化の語尾が語幹とかたくとけあっていて，屈折的であるとすれば，日本語の名詞の格変化が，とりはずしのかなり自由な膠着的な接尾辞でつくられているということ以外に，本質的なことでどんなちがいがあるだろうか？　しかし，もし格助詞を単語とみるか，接尾辞とみるかということが，ただたんに言葉のうえのことで，研究実践の問題にならないとすれば，まえどおり格助詞を単語としておいて，なんらさしつかえがないだろう。名詞が名詞あるいは動詞などとくみあわさって，つくる機能的な，意味的なむすびつきを，格助詞の語彙的な意味の記述ということで，すべて説明できるとすれば，格助詞を単語とみることからなんの矛盾もおこってこないだろう。たぶん，どちらをえらぶかということは，構文論的な現象をどのふかさでとらえているかということにかかわっているのだろう。（奥田靖雄 1978「格助詞─渡辺実君の構文論をめぐって─」宮城教育大学『国語・国文』9 号, 奥田靖雄 1984『ことばの研究・序説』所収 p. 156～157）

§2　連用格の　名詞の　意味と　機能

1)　が格の　ばあい

規定1
　格助辞の　「が」を　ともなう　名詞は，　主格の　名詞と　いいます。　主格の　名詞の　とりたての　かたちは，　はだか格の　名詞に　とりたて助辞の　「は」を　くっつけて　つくります。　主格の　名詞は　文の　なかでは　主語と　して　はたらきます。(93.11)

　子どもたちが　元気よく　山道を　かけのぼる。

飛行機が　滑走路から　まっすぐに　とびたった。
コイが　池の　なかで　しずかに　およいで　いる。
木の　枝が　風に　ゆれる。

かあさんは　母ヤギを　しかります。
メロスは　激怒した。
よだかは　どこまでも　どこまでも　まっすぐに　そらへ　のぼって　いきました。
ごんは　ぐったり　目を　つぶった　まま　うなずきました。

規定2
　ふつう，述語が　人や　ものの　質，特性，関係を　さしだして　いる　ときには，主語は　とりたての　かたち（「…は」）を　とります。述語が　現象（具体的な　動作，変化，状態）を　さしだして　いる　ときには，指定の　かたち（「…が」）を　とります。したがって，述語が　名詞で　ある　ときには，主語は　とりたての　かたちを　とるし，述語が　動詞で　ある　ときには　指定の　かたちを　とります。(93. 11.)

<述語が　質，特性，関係を　さしだして　いる　ばあい>
　ダイヤモンドは　鉄より　かたい。
　つきたての　もちは　やわらかい。
　わたしの　父は　弁護士です。

<述語が　動作，変化，状態を　さしだして　いる　ばあい>
　共同井戸で　若い　女が　水を　くんで　いた。
　信号が　赤から　青に　かわった。
　ろうそくの　火が　きえた。
　せんたくものが　ようやく　かわいた。
　氷が　とけた。
　やねに　雪が　つもって　いる。
　部屋に　あかりが　ついて　いる。
　きょうは　波が　おだやかだ。

規定3
　しかし，動詞が　述語で　ある　ばあいでも，その　動詞が　一般的な　あるいは　恒常的な　動作，変化，習慣や　能力を　さしだして　いる　ときには，名詞述語文と　おなじ　ように　主語は　とりたての　かたちを　とります。形容詞で　ある　ときには，主語は　指定の　かたちを　とったり，とりたての　かたちを　とったり　します。(93. 11)

鮎は　川を　さかのぼる。
白鳥は　春には　シベリアに　かえる。

地球は　太陽の　まわりを　まわる。
太陽は　東から　のぼる。
氷は　100度で　ふっとうする。
けやきの　葉は　秋には　おちる。
太郎は　毎日　学校へ　いく。
漁師は　朝はやく　海に　でる。
弘樹は　英語が　しゃべれる。
三郎は　100メートルを　13秒で　はしれる。

冬の　星座は　うつくしい。
北国の　秋は　はやい。

今年は　柿が　赤い。
星が　きれいだ。

規定4

　主語が　文の　なかで　テーマと　して　はたらく　ときには，　とりたての　かたち（「…は」）を　とります。　レーマと　して　はたらく　ときには，　指定の　かたち（「…が」）を　とります。　テーマは　それに　ついて　のべられる　文の　部分です。　レーマは　ニュース（あたらしい　こと）を　つたえて　いる　文の　部分です。　文の　全体が　つたえたい　ことで　ある　ときには，　規定2に　のべて　ある　きまりに　したがいます。(93. 11.) [9]

規定5

　主格の　名詞は，　ふつう，　動作，　変化，　状態の　にない手，　質や　関係の　もちぬしを　さしだして　いますが，　述語の　動詞が　存在動詞の　「ある」の　ばあいでは，　主格の　名詞は，　存在する　物，　所有物，　構成要素，　特性を　さしだします。　人や　物の　状態が　部分に　おいて　生じて　いる　場合では，　その　部分は　主格の　名詞で　さしだされます。　人や　ものの　特性が　側面に　かかわって　いる　ときには，　その　側面は　主格の　名詞で　しめされます。　評価・感情が　むけられる　対象は，　主格の　名詞で　さしだされます。(93. 11)

《存在する　物》
　　たなの　うえに　ちゃわんが　ある。
　　八合目に　山小屋が　ある。
《所有物》
　　おじいちゃんには　財産が　ある。

---

[9] この規定に関する用例は，1990版プリント　第4章　§4「名詞の格の指定のかたちととりたてのかたち」（本書 p.72）にあげてある。

源じいは　十八の　むすめが　ある。

《構成要素》

　　時計には　ねじが　ある。

　　カメラには　レンズが　ある。

《特性》

　　みかんには　酸味が　ある。

　　ゴムには　弾性が　ある。

《部分で進行する人の状態》

　　初は　手が　しびれた。

　　花子は　足が　つめたかった。

《部分で進行する物の状態》

　　この　いすは　足が　こわれて　いる。

　　正面の　ビルは　まどが　ひかって　いる。

《側面における人の特性》

　　あきらは　計算力が　すぐれて　いる。

　　朝子は　背が　たかい。

　　矢野は　力が　強い。

《側面における物の特性》

　　この　絵は　色が　やわらかい。

　　こけしは　形が　素朴だ。

《側面における場所（組織・集団）の特性》

　　日本は　人工密度が　たかい。

《評価・感情がむけられる対象》

　　わたしは　バナナが　だいすきだ。

　　順子は　ふるさとが　こいしかった。

　　彼女は　医者の　息子が　ほこりだ。

　　ぼくは　友達の　やさしさが　うれしい。

【おぎない】〈1990 版では，つぎのようになっていて，「は」は，節をあらためて「指定のかたち
ととりたてのかたち」のなかであつかわれている。〉

　名詞が　格助辞の　「が」を　ともなう　ときは，　その　名詞は　述語に　よって　さしだ
される　動作や　変化や　状態の　にない手と　しての　意味を　もたされて，　主語と　して
はたらきます。

　また、　動作や　変化や　状態が　部分に　おいて　進行して　いる　とき，　あるいは，　特
徴の　ありかが　部分，　あるいは側面に　かぎられて　いる　とき，　その　部分は　名詞の
「が」格の　かたちで　いいあらわされます。

　また，ものに　内在する　部分も，　ものが　もって　いる　特性も，　人が　所有して　い
る　ものも　名詞の　「が」格の　かたちで　あらわされます。

心理的な　態度や　状態の　むけられる　対象も，　欲求の　むけられる　対象も　「が」格の　名詞で　あらわされます。
　　1．にない手の　が格
　　2．部分・側面の　が格
　　3．内在物・所有物・特性の　が格
　　4．対象の　が格 (90)

　　1．にない手の　が格
　　たんぽぽの　わたげが　かぜに　ふきとばされて　います。
　　ユミ子が　バケツを　さしだしました。
　　兵十が　井戸の　ところで　麦を　といで　いました。
　　ビーバーが　木の　みきを　かじって　います。
　　机の　うえに　あつい　洋書が　ならんで　いた。

　　2．部分・側面の　が格
　　初は　手が　しびれた。
　　ぼくは　頭が　ふらふらする。
　　花子は　足が　つめたかった。
　　矢野は　背が　ひくくて　ずんぐりして　力が　強かった。
　　ぼくは　変に　胸が　どきどきして，　二，三度　前を　ゆききしました。

　　3．内在物・所有物・特性の　が格
　　あの　時計は　ねじが　ある。
　　きれいな　ばらには　とげが　ある。
　　太郎は　十八の　娘が　ある。
　　みかんは　酸味が　ある。
　　ゴムは　弾性が　ある。

　　4．対象の　が格
　　わたしは　バナナが　だいすきだ。
　　冬に　なると　雪国が　こいしく　なる。
　　ぼくは　友だちの　やさしさが　うれしかった。

2）　を格の　ばあい[10]

---

[10] 奥田靖雄 1968〜1972「を格の名詞と動詞とのくみあわせ」（『教育国語』12〜28 号, 言語学研究会編 1983『日本語文法連語論・資料編』所収）参照。

沼田は　富永の　コップに　ビールを　ついだ。
操は　なくなった　夫の　顔から　ハンケチを　とりのぞいた。
ぼくは　ごはんは　たべなかったが、　おかずは　たべた。
雨が　ふりそうだったので，　かさは　もって　きた。

1．直接　はたらきかけを　うけて，　変化する　対象
a）を格の　名詞が　物名詞で　ある　ばあい
　①さまがわりする　物
　　おれは　新聞を　まるめて，　庭へ　なげつけた。
　　炉辺では　山家らしい　くるみを　割る　音が　して　いた。

　②とりつけられる　物
　　人びとは　喪の　しるしの　黒い　布を　胸に　つけて　歩いた。
　　トロッコ　いっぱいに　石炭を　つんだ。

　③とりはずされる　物
　　ほした　川魚を　くしから　ぬいた。
　　おれは　筒っぽうを　着た　男の　手から　カバンを　ひったくって，　のそのそ　歩いた。
　　枝から　ひとふさの　ぶどうを　もぎとった。

　④うつしかえられる　物
　　岸本は　井戸ばたに　金だらいを　もちだした。
　　客の　ところへ　茶を　はこんで　きた。

⑤ふれられる　物
　　両手で　自分の　ほほを　赤く　なる　ほど　こすった。
　　富永は　顔を　しかめて　頭を　ぼりぼり　かいた。

⑥つくりだされる　物
　　夜は　せまい　台所で　おそくまで　なわを　なった。
　　出窓で　ぐらぐら　ご飯を　たいて　いると……。
　　大工たちが　庭で　小屋を　たてて　いた。

b）を格の　名詞が　人名詞で　ある　ばあい
　①空間的な　移動を　おこなう　人
　　代助は　旧友を　座敷へ　あげた。
　　いか銀が　難くせを　つけて　おれを　追い出すかと　思った。

　②生理的な　状態に　変化を　おこす　人
　　じょうだんが　二人の　友だちを　笑わせた。
　　米子が　床を　しいて　不二子を　ねかせようと　して　いる。

　③心理的な　状態に　変化を　おこす　人
　　かなり　大きい　刀傷が　ゆき子を　ぞっと　させる。
　　青々と　した　ぼうず頭で　岸本が　たずねて　きたと　いう　ことは，　ひどく　住職を　おどろかした。

　④活動への　さそいかけを　うける　人
　　巡査が　木下を　うながした。
　　太夫は　しじゅう　四人を　せきたてて，　家を　でた。

　⑤社会的な　状態に　変化を　おこす　人
　　おれなら　すぐに　寮生を　ぜんぶ　退学させる。
　　彼は　自分の　息子を　軍人に　育てた。
　　昭子の　父は　娘を　嫁に　やった。

c）を格の　名詞が　現象名詞で　ある　ばあい
　　火を　おこす。　　　火を　消す。　　　火を　強く　する。
　　梅雨前線が　大雨を　ふらせた。

d）を格の　名詞が、特徴名詞、関係名詞であるばあい。
　　ボートの　動揺を　しずめるのに　夢中だった。
　　現代の　社会は　人間性を　ゆがめる　ように　なった。

　　　　極端な　反共政策が　国内の　対立を　激化し，……

2．やりもらいの　対象
　　　木綿を　一反　買って　あげよう。
　　　雪子は　くすくす　笑って　豆手帳を　返した。

3．心理活動の　対象
　a）知覚活動の　対象
　　　　わたしは　窓を　いっぱいに　あけて　上野の　鐘を　きいた。
　　　　岸本は　だまって　自分の　手を　ながめて　いる。

　b）思考活動の　対象
　　　　父も　母も　この　かなしい　絵に　よって　家庭生活を　反省しなくては　ならないのだ。
　　　　人間　それ自身の　弱点を　考慮に　入れなくては　なりません。

　c）判断の　対象
　　　　文章を　たんに　小説の　一技術と　みなす　風潮が　ある。
　　　　お前は　人生を　あまく　みて　いる。

　d）感情の　対象
　　　　残酷に　ふりきった　自分の　行為を　宗珠は　にくんだ。
　　　　松寿は　蛇を　すこしも　おそれなかった。

4．人間活動の　対象
　　　　元弘二年，　新田義貞を　たすけて　鎌倉を　せめ，……
　　　　その夜，　良太は　根岸の　家に　あによめを　たずねた。

5．空間＝対象
　a）移動動作の　おこなわれる　場所
　　　　水夫や　漁夫は　ほほを　おさえながら　甲板を　走った。
　　　　そこから　谷底を　ながれる　千曲川も　みえる。

　b）移動動作の　通過点
　　　　その　間，　峠を　四つ　越して，　関所を　ふたつも　とおらなければ　ならない。
　　　　敬二は　次平さんと　まっくらな　相国寺の　やぶを　ぬけて，　鞍間口　ちかくの　寺町通りに　でた。

　c）移動動作の　出発点
　　　　六時五分前に　健一郎は　教育会館の　事務所を　でた。

ぷうと　いって　汽船が　とまると，　はしけが　岸を　はなれて，　こぎよせた。

　3）　に格の　ばあい[11]

```
規定8
　格助辞の　「に」を　ともなう　名詞は，　ありか・あい手格の　名詞と　いいます。　ありか・あい手格の　名詞の　とりたての　かたちは，　格助辞の　「に」に　とりたて助辞の　「は」を　くみあわせて　つくります。　この　ありか・あい手格の　名詞は，　動詞と　くみあわさって，　文の　なかでは　補語と　して　はたらきます。(93.10)
```

```
規定9
　この　ありか・あい手格の　名詞は，　動詞と　くみあわさりながら，　つぎに　あげる　いろんな　文法的な　意味を　いいあらわします。
　1．ありか
　2．移動動作の　いくさき　・　目的　・　結果　・　資格
　3．配置の　場所（物が　くっつく　ところ）
　4．あい手　・　態度の　対象　・　比較の　対象
　5．手段　・　し手（うけみ，使役の　動作主体）
　6．みなもと　・　原因
　7．時間
　この　ような　さまざまな　ありか・あい手格の　文法的な　意味は，　くみあわさる　動詞の　語彙的な　意味の　タイプ，　ありか・あい手格の　名詞　それ　自身が　もって　いる　語彙的な　意味の　タイプに　よって　つくりだされます。(93.10)
```

　1．ありか
　　a）物の　ありか
　　　　庭に　おおきな　びわの木が　あった。
　　　　矢鍋新田の　村に　巳之助と　いう　十三の　少年が　いた。

　　b）現象の　ありか
　　　　たたみ　一畳分の　空に　星が　またたいて　いたっけ。
　　　　しばらく　すると，　廊下に　かるい　足音が　して，　障子が　すうっと　ひらいて，……

　　c）発見物の　ありか
　　　　それが　三十五年に　わたる　古事記の　研究とも　なり，　健全な　国民性を　古代に　発見する　端緒とも　なった。

---

[11]　奥田靖雄 1967「に格の名詞と動詞とのくみあわせ」（言語学研究会 1983『日本語文法連語論・資料編』）参照。

59

流行歌に　世相を　見いだした。

　d）もち主
　　　しかし，　あなたには　信一君が　いる。
　　　家には　多少の　田地も　あります。

　e）特性の　ありか
　　　白い　雲には　かがやきが　あった。
　　　でも，　藤子さんには，　夫や　子どもに　満足しないでも，　生きて　いける　能力が　あるでしょ
　　　う。

2．移動動作の　いくさき・目的・結果・資格
　a）いくさき
　　　それじゃ，　山に　いくのは　土曜日に　しましょうか。
　　　五時までには　社に　かえります。

　b）目的
　　　墓まいりに　いった　人たちが　かえって　きた。
　　　橋の　たもとに，　河原へ　せんたくに　おりる　者の　かよう　道が　ある。

　c）結果と　して　生じる　もの
　　　どうか　すると，　お光は　髪を　きれいに　いちょうがえしに　ゆって……。
　　　ねえ，　いまの　お米を　ご飯に　たいて　いって　くれないか。
　　　おおきな　樹の　枝を　まきに　わって，……

　b）資格（用途）
　　　米国夫人を　家庭教師に　やとって，……
　　　下島監督が　きみを　コメディアンに　つかって　みようって　こころみ，　非常に　大胆でも　ある
　　　が、……

3．配置の　場所（くっつく　ところ）
　　　やがて，　あまえる　ように　ひざに　よりかかる。
　　　夜風は　かみそりの　ように　ほおに　あたる。
　　　あかい　受話器を　耳に　あてがって，……
　　　お孝が　えりに　白い　手ぬぐいを　かけて，　水を　くんで　いる　ことも　ある。

4．あい手・態度の対象・比較の対象
　a）やりもらいの　あい手
　　　そして　首尾よく　ねぎる　ことが　できたら，　それだけの　お金は　おまえに　くれて　やる。

60

現在の　親が　ひとり娘に　身代を　ゆずらずに……

　b）はなしあいの　あい手
　　　主人は　最上の　愛敬の　よさで　佐伯に　礼を　いって　いた。
　　　身体検査を　しながら，　子どもたちに　はなしかけた。

　c）接触の　あい手
　　　　戸川は　その日　ホテルの　ロビーで　先方の　専務に　あっている。
　　　　彼女の　車は　見とおしの　よい　道路で　縁石に　のりあげ，　電柱に　ぶつかった。

　d）態度の　対象
　　　あの　夜，　夫に　さからって，　ほおを　うたれた　ことを　おもいだし，　心が　いたんだ。
　　　あの　ひとが　旦那に　そむいたに　ちがい　ないんだ。

　e）比較の　対象
　　　お三輪に　くらべて，　どこかに　品が　ある。
　　　この　行動は　軍の　指令に　もとづいた　ものだった。
　　　なるほど，　六代目に　似た　男まえだった。

5. 手段・し手
　a）手段
　　　はばの　ひろい，　みじかい　爪の　指さきに　ちいさい　ブローチを　つまんで　みせた。
　　　あおい　麻の　和服を　着，　みかん色の　帯を　うしろ手に　むすびながら，　藤子は　鏡に　うつ
　　る　自分の　立ちすがたに　咲ききった　花の　匂いの　多さを　みた。

　b）し手
　　　たぶん　制服の　警官に　てんやものを　とって，　たべさしたり　するのは，　なんとかと　いう
　　名の　つく　いけない　こと　なのだろうか。
　　　この　報知を　うけとった　三吉夫婦は、　子どもに　きものを　かえさせて，　停車場を　さして
　　いそいだ。

6. みなもと・原因
　a）感情の　みなもと
　　　秋子は　今の　境遇に　満足して　いる。
　　　明は　宇宙飛行士に　あこがれて　いる。
　　　あなたの　親切に　感謝して　います。

　b）原因
　　　横しぶきの　雨に　びしょぬれに　ぬれながらも，　若い　細君の　ことを　考えながら　あるいた。

勤は　毎夜　子の　<u>泣きごえに</u>　起こされて，　　はだけた　ねまきを　あわせる　ひまも　なく，　夜
の　<u>さむさに</u>　ふるえながら，　　まくらもとの　鉄びんの　湯で　ミルクを　こしらえて　いた。

7．時間
　　<u>六時には</u>　店が　しまりますね。
　　<u>土曜日に</u>　でかけて，　　月曜日に　東京に　もどるのが　ここ　二，三年の　土居の　習慣に　なって
いる。

4）　へ格の　ばあい[12]

規定10
　　格助辞の　「へ」を　ともなう　名詞は，　方向格の　名詞と　いいます。　この　方向格の
名詞も　補語と　して　はたらきながら，　　つぎの　ような　文法的な　意味を　もって　いま
す。
　　1．移動動作の　いくさき
　　2．はなしあいの　あい手
　　3．やりもらいの　あい手
　　この　方向格の　名詞は，　ありか・あい手格の　名詞に　とりかえる　ことが　できます。
ありか・あい手格の　名詞は，　移動動作の　いくさき，　はなしあい，　やりもらいの　あい手
を　いいあらわして　いる　かぎり，　方向格の　名詞と　とりかえる　ことが　できます。　つ
まり，　ありか・あい手格の　名詞を　文の　なかに　2回　つかう　ことを　さける　ために，
方向格の　名詞が　つかわれるのです。　方向格の　とりたての　かたちは　格助辞の　「へ」に
とりたて助辞の　「は」を　くっつけて　つくります。(93.10)

1．移動動作の　いくさき
　　少年は　すぐさま　<u>船へ</u>　引き上げられました。
　　春に　なったら，　<u>京都へ</u>　夜桜を　見に　いきましょうか。
　　<u>東京へ</u>　帰ってからの　お島から，　ときどき　葉書などを　受け取って　いた　浜屋の　主人は…
　　成功したら，　一度　<u>山へ</u>　いって，　あの　人にも　会って　みたい。

2．やりもらい・はなしあいの　あい手
　　　国民は　みんな　自分の　宗教の　いかんに　かかわらず，　<u>教会へ</u>　税を　納めて　いた　わけで
しょう。
　　ある　とき，　ヘロン王は，　<u>神様へ</u>　献上する　ために，　純金を　たくさん　わたして……
　　「あなた，　ちっとは　落ち着きなさいましたか。」　おゆうは　<u>お島の　ほうへも</u>　言葉を　かけた。
　　<u>事務所へは</u>　頭痛が　するからと　いって，　その　日は　一日　休んだ。

---

[12] 渡辺友左 1963「へ格の名詞と動詞のくみあわせ」(言語学研究会 1983『日本語文法連語論・資料編』)参照。

5)　と格の　ばあい

規定11
　格助辞の　「と」を　ともなう　名詞は　共格の　名詞と　いいます。　この　名詞も　動詞と
くみあわさりながら，　補語と　して　はたらきます。　そして　相互動作の　あい手を　いいあ
らわします。　ときには，　ひとつの　動作を　いっしょに　おこなう　仲間を　あらわします。
また，　共格の　名詞は　比較の　対象をも　いいあらわします。
　1．あい手
　2．なかま
　3．比較の　対象(93.10)

1．あい手
　　　姉は　妹と　顔を　みあわせた。
　　　善太は　三平と　すもうを　とって　いた。
　　　あしたの　遠足の　ことを　わたしは　お母さんと　相談した。

2．なかま
　　　ぼくは　さっちゃんと　学校へ　いった。
　　　ぼくは　公園で　てっちゃんと　あそんだ。

3．比較の　対象
　　　三太は　なくなった　おじいさんと　そっくりだ。
　　　自由は　わがままと　ことなる。

6)　で格の　ばあい[13]

規定12
　格助辞の　「で」を　ともなう　名詞は，　造格の　名詞と　いいます。　造格の　名詞が　空
間を　さししめして　いる　ばあいには，　動作が　おこなわれる　場所を　いいあらわします。
そして，　文の　なかでは　空間の　状況語と　して　はたらきます。
　造格の　名詞が　物名詞で　ある　ときには，　その　動作の　手段を　いいあらわしながら，
補語と　して　はたらきます。　くみあわさる　動詞が　生産動詞で　ある　ときには，　造格の
名詞は　材料を　いいあらわす　ように　なります。
　しかし，　造格の　名詞が　現象を　さししめして　いて，　くみあわさる　動詞が　また　現
象を　さししめして　いる　ときには，　原因の　状況語と　して　はたらきます。
　造格の　名詞が，　ものの　状態や　動きの　側面を　さしだして　いる　ときには，　動詞と
くみあわさって，　動作の　ありかたを　いいあらわす　連用修飾語と　して　はたらきます。

---

[13]　奥田靖雄 1967「で格の名詞と動詞とのくみあわせ」(言語学研究会 1983『日本語文法連語論・資料編』)参照。

> 造格の 名詞が 自然や 社会の できごとを さししめして いて， くみあわさる 動詞が 自然発生的な できごとを さししめして いる ときには， この 造格の 名詞は 原因の 状況語と して はたらきます。(93.10)

1. 場所
   この 部落へ 野菜の 仲買いに 来た 二人の 青年が <u>辻堂で</u> 休んで いた。
   娘は じいっと <u>カゴの なかで</u>， ちいさく なって いました。

2. 道具・手段
   部下たちは 隊長を <u>担架で</u> 野戦病院に 運ぶ ことに した。
   長者は 家族の もの みんなに 毎朝 その <u>手ぬぐいで</u> 顔を ふかせました。

3. 材料
   かず子は <u>ちよがみで</u> かざぐるまを つくった。
   おじいさんは <u>わらで</u> ぞうりを あむ。
   おとうとは <u>つみ木で</u> おしろを くみたてた。

4. 原因
   きのうの <u>豪雨で</u> 山の 水源地が 氾濫した。
   おかみさんは <u>病気で</u> 二階に ふせて いた。
   娘は <u>結婚の ことで</u> なやんで いる。

5. 動作の ありかた・しかた
   三千代は 手ぬぐいを 姉さんかぶりに して， <u>たすきがけで</u> 荷物の 世話を やいて いた。
   かごかきどもは あびる ほど 酒を のんで <u>大いびきで</u> 眠りこけて いた。
   長者どんは <u>手さぐりで</u> カゴの なかの 娘っこを そとへ だそうと しました。
   セリヌンティウスは <u>無言で</u> うなずき， メロスを ひしと 抱きしめた。
   となりの かみさんは いつも <u>和服姿で</u> 通りを あるいている。[14]

7) から格の ばあい[15]

---

[14] 1993 年におこなわれた, 1990 版「にっぽんご 第 4 章 名詞」(教科研国語部会冬の合宿研究会報告 1990.12.27)の改訂作業は, ここまででおわっている。このあとの規定は, 1990 版からのものである。1990 版から 1993 版への改訂におけるもっともおおきなちがいは, 1993 版では, (1)格の機能は, かざり名詞とかざられの単語との語彙的な意味がつくりだすむすびつきの表現であるという視点を前面におしだしていること, (2)格と「は」のとりたてを機械的にきりはなすことなく, 統一的にとらえようとしていることである。「が」のかたちをとっていても, 「は」のかたちをとっていても, はなし, かきのなかでじっさいにはたらいている文においては, 構文＝意味的関係のうえに, 陳述的な意味がおおいかぶさってくる。

64

規定13
　　格助辞の　「から」を　ともなう　ばあいには，　その　名詞は　移動動作の　出発点，　通過
点を　あらわします。　また，　格助辞の　「まで」を　ともなう　名詞と　くみあわさって，
ある　状態や　動作が　存在する　空間的な，　時間的な　範囲を　あらわします。
　　から格の　名詞と　くみあわさる　動詞が　生産動詞で　ある　ときには，　この　名詞は　原
料を　あらわして　います。　この　から格の　名詞は　に格の　名詞と　おなじ　ように，　や
りもらいの　あい手，　はなしあいの　あい手を　あらわして　いる　ことも　あります。　ま
た，　とりはずされる　ものの　ありかも　あらわします。(90)

1．出発点
　a）主体の　移動の　出発点
　　　棟次郎の　弟の　与十が，　帰還者と　して　<u>シベリアから</u>　帰って　くる　ことに　なった。
　　　いつの　間に，　どこに　足場を　見つけたのか，　<u>川上から</u>　衛生兵が　泳いで　きた。

　b）客体の　移動の　出発点
　　　少年の　ことばで，　自分の　あやまちを　さとった　とのさまは，　さっそく　<u>島から</u>　おくがたを
　よびよせました。
　　　兵たちが　<u>やぐらから</u>　矢を　射って　いる。

2．通過点
　　　橋本屋も　新宅も，　辻堂と　道を　へだてて　向こう側に　ならんで　いる。　すぐに　両家の　<u>土
間口から</u>　それぞれ　優さんと　松の字が　かけだして　きた。
　　　やわらかな　春の　空に　くっきり　並ぶ　五岳を　遠くから　ながめながら　さかずきを　あけて
おりますと，　桜の　<u>花の　あいだから</u>　小さな　一匹の　白蛇が　するすると　おりて　きて，　黒姫
の　そば近くに　すすみ，　じっと　うごきません。

3．空間的・時間的な　範囲
　　　小さい　田舎の　駅でしか　ない　三原は，　構内の　<u>広場から</u>　往来まで　旅客で　あふれ，……
　　　あがりがまちの　<u>三畳から</u>　六畳の　茶の間まで　荷作りした　家具が　おいて　あって，……
　　　文教委員会は　この日　朝の　<u>十時四十一分から</u>　夜の　八時四十分まで　質問が　つづけられた。
　　　八月十五日の　<u>正午から</u>　午後一時まで　日本中が　森閑と　して　声を　のんで　いる　間に，　歴
史は　その　巨大な　頁を　音も　なく　めくったので　あった。

4．材料
　　　あわもりは　タイの　<u>米から</u>　つくられる。

---

[15]　渡辺義夫1966「カラ格の名詞と動詞とのくみあわせ」, 荒正子1975「から格の名詞と動詞とのくみあわせ」(言語学研究
会1983『日本語文法連語論・資料編』)参照。

あらゆる　物質は　<u>分子から</u>　構成されて　いる。

5．とりはずされる　もの
　　篭を　つるして　ある　麻糸を　<u>釘から</u>　はずした。
　　チョークを　ボードの　すそに　置くと，　白い　粉を　<u>指先から</u>　はたきおとしながら、……

6．あい手
　　a）やりもらいの　あい手
　　机の　上には　<u>生徒から</u>　あずかった　作文が　のせて　あった。
　　大久保の　<u>植木屋から</u>　手紙を　受けとった。

　　b）はなしあいの　あい手
　　<u>宗さんから</u>　代数を　教わった。
　　<u>細君から</u>　わけを　ききだした。

8）　まで格の　ばあい[16]

> 規定１４
> 　名詞が　格助辞の　「まで」を　ともなう　ばあいには，　その　名詞は　動作の　到達点を
> あらわして　います。　また，　この　まで格の　名詞は　から格の　名詞と　くみあわさって，
> 状態や　動作が　存在する　空間的な　範囲を　あらわします。(90)

1．到達点
　　a）主体の　到達点
　　　客を　見送りながら，　三吉は　<u>停車場まで</u>　ついて　いった。
　　　兄さん，　<u>医者まで</u>　行くのは　急いでも　時間が　かかりますから……。
　　b）客体の　到達点
　　　三郎君は　友達を　<u>家まで</u>　おくった。
　　　夜中，　車夫を　<u>病院まで</u>　取りに　やる。

2．範囲
　　　砂浜から　<u>海の中まで</u>　人間の　群れで　うずまって　いる。
　　　夕方の　6時から　朝の　<u>6時まで</u>　電灯を　つけます。
　　　朝から　<u>晩まで</u>　働いて，　六十銭の　労働の　代償を　もらって……。

---

[16] 井上拡子 1963「格助詞「まで」の研究」, 荒正子 1977「まで格の名詞と動詞とのくみあわせ」(言語学研究会編 1983『日本語文法連語論・資料編』)参照。

§3 連体格の 名詞の 意味と 機能

規定1

　名詞が 名詞と くみあわさる ときには， まえに おかれる 名詞は 連体格の かたちを とります。 連体格の 名詞は 文の なかでは 名詞と くみあわさって， さまざまな 文法的な 意味を もたされて います。(90)

　　　<u>カントの</u> 批判 (し手[カントに よる 批判]／対象[カントに 対する 批判])
　　　<u>私の</u> 愛 (し手)　　　　<u>祖国への</u> 愛 (対象)　　　　<u>上海での</u> 愛 (場所)
　　　<u>太郎の</u> 手紙 (書き手)　　<u>太郎からの</u> 手紙 (発信者)　　<u>太郎への</u> 手紙 (受信者)
　　　<u>上海からの</u> 手紙 (発信地)
　　　<u>ドガの</u> 絵 (かき手)　　　ドガの <u>おどり子の</u> 絵 (対象)　　<u>すみの</u> 絵 (道具)

1）の格の ばあい[17]

規定2

　の格の 名詞は， あとに つづく もう ひとつの 名詞と くみあわさって， 規定的に はたらきながら， さまざまな 意味を 実現して います。
　　1．関係規定的な　の格
　　2．特徴規定的な　の格
　　3．主体 客体規定的な　の格
　　4．内容規定的な　の格
　　5．状況規定的な　の格
　　6．質規定的な　の格
　　7．量規定的な　の格(90)

1．関係規定的な　の格
　a）の格の 名詞が全体としての人，あるいは物をさしだしながら，《その人，その物に所属するところの》という意味をあらわしているばあい
　　　　さるの しっぽ　　　親指の つめ　　　　別荘の 屋根　　工場の 煙突
　　　　鹿の 横っぱら　　　テレビの ブラウン管　犬の まぶた　　うなぎの 頭
　b）の格の 名詞が人をさしだしながら，《その人の所有物であるところの》という意味をあらわしているばあい。
　　　　太郎の 家　　　　　先生の カバン　　　花子の さいふ
　c）の格の 名詞が組織をさしだしながら，《その組織に所属するところの》という意味をあらわしているばあい。

---

[17] 鈴木康之 1978〜1979「ノ格の名詞と名詞とのくみあわせ」(1)〜(4)(『教育国語』55・56・58・59 号)参照。

農家の　若者　　　　病院の　事務員　　　　旅宿屋の　番頭　　　　　会社の　受付
　　　組合の　書記長
　d）の格の名詞が物をさしだしながら，《その物を材料にするところの》という意味をあらわしているばあい。
　　　金の　指輪　　　　ガラスの　糸　　　プラスチックの　膜
　e）の格の名詞が物をさしだしながら，《その物をなかみにするところの》という意味をあらわしているばあい。
　　　しょうゆの　びん　　　薬の　箱　　　うどんの　たば　　　じゃがいもの　ふくろ
　f）の格の名詞が人をさしだしながら，《その人と人間関係にあるところの》という意味をあらわしているばあい。
　　　兵十の　おっかあ　　　楊の　父親　　　　　大尉の　娘
　g）の格の名詞が人をさしだしながら，《その人が指導的な役割をはたしているところの》という意味をあらわしているばあい。
　　　ヒットラーの　ナチ党　　　東条の　陸軍　　　狼王ロボの　一党
　h）の格の名詞が人をさしだしながら，《その人が製作したところの》という意味をあらわしているばあい。
　　　ドガの　絵　　　トルストイの　小説
　i）の格の名詞が人や物をさしだしながら，《その人や物が対象になっているところの》という意味をあらわしているばあい。
　　　（ドガの）　おどり子の　絵　　　花の　写真

2．特徴規定的な　の格
　a）の格の名詞が特性をさしだしながら，《その特性をもっているところの》という意味をあらわしているばあい。
　　　所斑の　化粧　　　厚唇の　長蔵さん　　　五分刈りの　頭　　　みどりの　園
　　　情熱の　男　　　鉄の　意志
　b）の格の名詞がなりふりや姿勢をさしだしながら，《そのなりふりや姿勢をとっているところの》という意味をあらわしているばあい。
　　　しりはしょりの　男　　　猫背の　男　　　仁王立ちの　仏　　　あぐらの　飯場頭
　　　たすきがけの　おかみさん

3．主体客体規定的な　の格
　a）の格の名詞が人をさしだしながら，《その人がし手になっておこなうところの》という意味をあらわしているばあい
　　　ベーブルースの　ホームラン　　　小僧の　食い方　　　釈迦の　説法　　　親爺の　運転
　b）の格の名詞が物あるいは人をさしだしながら，《その物あるいはその人をうけ手として》という意味をあらわしているばあい。
　　　あかちゃんの　子守り　　　病人の　看護　　　豚の　せわ
　c）の格の名詞が物をさしだしながら，《その物にそなわっているところの》という意味をあらわしているばあい。
　　　りんごの　あまさ　　　だいこんの　からさ　　　人間の　弱さ　　　こしひかりの　ねばりけ

　　　　ひぐまの　獰猛さ　　　　蚊の　習性

4．内容規定的な　の格
　　の格の名詞ができごとをさしだしながら，《そのできごとを内容にするところの》という意味をあらわして
　いるばあい。
　　　　すもうの　はなし　　　　退学の　決心　　　東京行きの　くわだて　　　　のたれ死にの　覚悟
　　　　別れの　ことば　　　　飲酒の　ゆるし

5．状況規定的な　の格
　a）の格の名詞が空間をさしだしながら，《その空間のなかに存在するところの》という意味をあらわしてい
　　るばあい。
　　　　仕事場の　片すみ　　　　東京の　料理屋　　　足もとの　水がめ　　　山あいの　農家
　　　　川べりの　すすき
　b）の格の名詞が時間をさしだしながら，《その時間のなかにおこなわれているところの》という意味をあら
　　わしているばあい
　　　　三時の　おやつ　　　きのうの　電話　　　真昼間の　酒もり　　　昨夜の　大雨
　　　　当時の　世相　　　未来の　戦争
　c）の格の名詞ができごとをさしだしながら，《そのできごとを原因とするところの》という意味をあらわし
　　ているばあい。
　　　　戦争の　被害　　　台風の　傷跡　　　交通事故の　後遺症　　　長旅の　つかれ
　d）の格の名詞ができごとをさしだしながら，《そのできごとを目的とするところの》という意味をあらわし
　　ているばあい
　　　　ハイキングの　したく　　　帰国の　荷作り　　　昼食の　あいず　　　旅行の　準備
　　　　発車の　ベル　　　　別れの　サイン

6．質規定的な　の格
　　の格の名詞が職業や身分をさしだしながら，《その職業や身分であるところの》という意味をあらわしてい
　るばあい。
　　　　どんびゃくしょうの　ごん兵衛　　　　妻の　幸子　　　弁護士の　兄

7．量規定的な　の格
　　の格の名詞が数量をさしだしながら，《その数量であるところの》という意味をあらわしているばあい。
　　　　一ぱいの　かけそば　　　三枚の　おふだ　　　三度の　食事　　　一輪の　コスモス
　　　　二人の　紳士　　　一つだけの　にぎり飯

2）　への格の　ばあい

規定3
　への格の　名詞も　つづく　もう　ひとつの　名詞と　くみあわさって　規定的に　はたらきな
がら　さまざまな　意味を　あらわします。(90)

1. 相手規定的な　への格
    a）動作規定的な　相手
       店への　支払い　　　　幕府への　贈与
    b）物規定的な　相手
       彼への　手紙　　　　彼女への　プレゼント

2. 対象規定的な　への格
    a）感情的な　対象
       祖国への　愛　　　　彼への　憎悪　　　　ロシアへの　批判　　　　彼女への　敬慕
       未来への　確信
    b）動作的な　態度の　対象
       行政への　介入　　　文学への　関心　　　父への　復讐　　　　幕府への　攻撃

3. 空間規定的な　への格
    北海道への　旅　　　　横浜への　移住
    北海道への　旅行者　　横浜への　移住者
    東京への　道　　　　　二階への　階段　　　　運動場への　入り口
    島への　渡し船　　　　ロスアンゼルスへの　便

4. 目的規定的な　への格
    栄光への　道　　　　合格への　努力

3）　との格の　ばあい

> 規定4
> との格の　名詞も，　つづく　べつの　名詞と　くみあわさって，　規定的に　はたらきながら　さまざまな　意味を　いいあらわします。(90)

    対象規定的な　との格
    a）相手の　対象
       アメリカとの　戦争　　　彼との　約束
    b）仲間の　対象
       彼との　共同研究　　　　彼との　散歩
    c）物の　対象（材料）
       きのことの　まぜあわせ　　野菜との　くみあわせ
    d）人の　ありさまの　対象
       彼との　身長の　差異　　　彼との　意見の　くいちがい　　　前の　ランナーとの　距離

4）　での格の　ばあい

規定5
　での格の　名詞も，　つづく　べつの　名詞と　くみあわさって，　規定的に　はたらきながら　さまざまな　意味を　いいあらわします。(90)

1．空間規定的な　での格
　　　九里ケ浜での　会見　　　　大学での　研究　　　　仙台での　講演
2．場面規定的な　での格
　　　酒の　席での　失敗　　　雪の　なかでの　ダンス　　　　職員会議での　発言
3．手段規定的な　での格
　　　電話での　話し合い　　　バスでの　輸送　　　果物ナイフでの　皮むき　　　飛行機での　旅
　　　トラクターでの　耕作　　　鍬での　耕作
4．様態規定的な　での格
　　　はだしでの　行進　　　浴衣姿での　散歩　　　一人での　散歩　　　ひさしぶりでの　食事
　　　泣き声での　告発　　　大声での　バナナ売り

5）　からの格の　ばあい

規定6
　からの格の　名詞も，　つづく　べつの　名詞と　くみあわさって，　規定的に　はたらきながら　さまざまな　意味を　いいあらわします。(90)

1．空間規定的な　からの格
　　　東京からの　出発　　　成田空港からの　離陸　　　窓からの　脱出　　　玄関からの　出入り
　　　中国からの　旅行者　　　宇宙からの　帰還者　　　日本橋からの　道　　　山からの　流れ
　　　ガンからの　生還　　　法則からの　逸脱　　　貧困からの　解放
2．対象規定的な　からの格
　　　死体からの　摘出　　　　　　　かべからの　とりはずし
3．時間規定的な　からの格
　　　朝からの　アルバイト　　　　　子どもの　ときからの　くせ
　　　去年からの　研究
4．相手規定的な　からの格
　　　銀行からの　借金　　　大衆からの　収奪　　　姉からの　お土産　　　彼からの　プレゼント
　　　彼からの　申し入れ　　　おじさんからの　おはなし　　　ジュネーブからの　報道
　　　彼からの　手紙
5．原因規定的な　からの格
　　　過労からの　病気　　　緊張からの　疲れ　　　空腹からの　盗み　　　正義感からの　行動

6）　までの格の　ばあい

規定7

までの　格の　名詞も，　つづく　べつの　名詞と　くみあわさって，　規定的に　はたらきなが
ら　さまざまな　意味を　いいあらわします。(90)

1．空間規定的な　までの格
　　　東京までの　旅　　　羽田までの　京浜国道　　　千葉までの　電車　　　妻篭までの　旅人
2．時間規定的な　までの格
　　　今日までの　生き方　　　昨年までの　経験　　　八時までの　研究会　　　披露宴までの　待ち時間
3．様態規定的な　までの格
　　　肩までの　髪　　　　　　ひざまでの　ズボン

§4　名詞の　格の　指定の　かたちと　とりたての　かたち[18]

規定1
　名詞の　格には，　指定の　かたちと　とりたての　かたちとが　あります。　名詞の　格の
とりたての　かたちを　つくる　ためには，　格助辞の　「―が」「―を」の　かわりに，　とり
たて助辞の　「―は」を　つかいます。　あるいは　格助辞の　あとに　とりたて助辞の　「―
は」を　つけます。(90)

	〈指定の　かたち〉		〈とりたての　かたち〉
―が	山が	―は	山は
―を	山を	―は	山は
―に	山に	―には	山には
―へ	山へ	―へは	山へは
―で	山で	―では	山では
―から	山から	―からは	山からは
―まで	山まで	―までは	山までは

規定2
　述語が　名詞で　ある　ときには，　主語の　位置に　あらわれる　名詞は，　「―は」の　か
たちを　とります。　述語が　動詞で　ある　ときには，　主語の　位置に　あらわれて　くる
名詞は　「―が」の　かたちを　とります。　述語が　形容詞で　ある　ときには，　主語の　位
置に　あらわれる　名詞は　「―は」で　あったり，　「―が」で　あったり　します。[19](90)

---

[18] 1990 版の「§6名詞の格の指定のかたちととりたてのかたち」は，1993 版の「§2連用格の名詞の意味と機能」の記述
にあわせて改訂，もしくは§2に統合されるはずのものであるが，ここでは，1990 版のものをそのままかかげておく。
[19] 大槻邦敏 1987「「は」と「が」のつかいわけ」(『教育国語』91 号)参照

<述語が　名詞>
　　　次郎助は　やさしくて　正直な　子どもでした。
　　　シャクナゲは　常緑樹だ。
<述語が　動詞>
　　　さっき　ポケットに　入れて　おいた　春三の　手紙が　床に　落ちた。
　　　じっと　見つめて　いる　岸田の　前に，　順子が　手を　さしのべた。
<述語が　形容詞>
　　　北国の　秋は　早い。　とくに　今年は　早い　ようで　ある。
　　　北の　空が　白い。　それは　無数の　鳥の　色で，　しだいに　島の　方向に　近づいて　くる。

規定3
　ふつう，　動詞述語文は　人や　物の　具体的な　動作，　変化，　状態に　ついて　のべて　います。　これに　対して，　名詞述語文は　物の　もって　いる，　恒常的な　質や　特性に　ついて　のべて　います。
　この　ような　根拠に　したがって，　動詞述語文で　あっても，　文が　物の　恒常的な　特性に　ついて　のべて　いる　ときには，　名詞述語文と　おなじ　ように，　主語の　位置に　あらわれて　くる　名詞は，　「－は」の　かたちを　とります。
　したがって　また，　形容詞述語文は　物に　そなわって　いる　恒常的な　特性に　ついて　のべて　いる　ばあいでは，　主語の　位置に　あらわれて　くる　名詞は，　「－は」の　かたちを　とります。　反対に，　形容詞述語文が　物の　一時的な　状態に　ついて　のべて　いる　ときには，　主語の　位置に　あらわれて　くる　名詞は，　「－が」の　かたちを　とります。
(90)

<動詞述語文……うごきや　変化や　状態>
　　　カラカラと　軽く　格子が　開いて，　老女が　帰って　きた。
　　　ぱっと　白い　羽毛が　暁の　空に　光って　散りました。
　　　梅の　花が　咲き匂って　いる。

<名詞述語文……恒常的な　物の　質や　特性>
　　　高瀬舟は　京都の　高瀬川を　上下する　小舟で　ある。
　　　剃刀を　使う　ことに　かけては　芳三郎は　実に　名人だった。

<動詞述語文……恒常的な　物の　質や　特性>
　　　鳥は　飛ぶ。（←→　鳥が　飛ぶ。）
　　　三面川は　朝日連峰から　流れ出る　何本かの　川を　集め，　日本海に　そそぐ。
　　　霜は，　晴れて　風の　ない　夜に　よく　降りる。

<形容詞述語文……恒常的な　物の　特性>
　　　柿は　あかい。

家康は　巧妙だった

＜形容詞述語文…一時的な　物の　状態＞
　　　柿が　あかい。
　　　晴れた　日で　四方の　山々が　美しい。
　　　顔色が　悪いわ。
　　　すみわたった　青空に　もずの　声が　するどかった。

規定4
　おおくの　ばあい，　文は　テーマと　して　はたらいて　いる　部分と，　レーマと　して
はたらいて　いる　部分とに　わかれて　います。　テーマと　して　はたらいて　いる　部分
は，　先行する　文の　なかに　すでに　あたえられて　いて，　すでに　知って　いる　こと
です。　レーマと　して　はたらいて　いる　部分は，　その　文で　つたえたい　こと，　まだ
知られて　いない　あたらしい　ことです。　また，　テーマと　レーマとに　わかれて　いない
文も　あります。　この　ような　文は　全体が　つたえたい　こと，　まだ　知られて　いない
あたらしい　ことです。(90)

---

　①現場では，　菅野覚兵衛が　水兵と　対峙して　いる。　②胸もとに　銃が　ある。　③菅野は　相手の
目を　にらみすえた　まま，　微動も　して　いない。　④動けないのである。　⑤水兵は　一歩　しりぞい
た。

　①と②の文　＝　文全体が，つたえたいこと，まだ知られていないこと
　「菅野は」「水兵は」　＝　テーマとしてはたらいている部分
　「相手の目をにらみすえたまま，微動もしていない」「一歩しりぞいた」　＝　レーマとしてはたらいてい
　る部分

規定5
　主語が　テーマと　して　はたらいて　いる　ときには，　動詞述語文で　あっても，　その
主語の　位置に　あらわれて　くる　名詞は　「－は」の　かたちを　とって　います。　はんた
いに，　主語が　レーマと　して　はたらいて　いる　ときには，　名詞述語文で　あっても，
その　主語の　位置に　あらわれて　くる　名詞は　「－が」の　かたちを　とって　います。
(90)

・　押し入れの　前で　帯を　締めながら　こんな　ことを　考えて　いると，　祖母が　入ってきた。　祖
　母は　こっちを　見ない　ように　して，　乱雑に　して　ある　夜具の　まわりを　まわって，　押し入
　れを　開けに　来た。

・　「今日は　だれが　当番？」
　　「太郎が　当番です。」

　つきそい文の　なかでは，たいていの　ばあい　主語の　位置に　ある　名詞は　「ーが」の　かたちを　とります。(90)

　論文が　ドイツに　送られたのは，　二月の　終わりで　あった。
　彼は　受話器が　ちょっと　耳から　はずれる　ほどに　驚いた。

　主語以外の　部分で　あっても，　テーマと　して　あらわれて　きます。　この　ときも，テーマと　して　あらわれて　くる　名詞は　「ーは」の　かたちを　とります。(90)

　パンは　太郎が　食べた。
　店には　一人の　客も　ない。
　広間では　客が　みんな　席に　ついて　いた。
　役所からは　何の　連絡も　なかった。
　月までは　そう　遠くない。
　小学校へは　行った　ことが　ある。

　ふつうは　名詞は　レーマの　かたちを　とって　文の　なかに　あらわれて　くる　わけですが，　この　レーマの　かたちを　テーマの　かたちに　とりかえると，　ほかの　ものから　ある　ひとつの　ものを　とりたてる　意味が　うまれて　きます。(90)

　彼は　家では　おとなしいが，　学校では　ひょうきんだ。
　小僧さんには　なかなか　食べきれませんよ。
　橋からは　いくらか　下りに　なって　いるから，　巻く　ブレーキでは　容易に　止まらなかった。

75

第5章　　動　詞[20]

§1　動詞の　意味と　文法的な　機能

> **規定1**
> 　品詞と　しての　動詞は，　動作，変化，状態，存在，関係，活動を　さししめして　います。一般的に　いえば，　時間の　ながれの　なかで　変化して　いく　過程を　さししめして　います。(91)

　動作1　　あるく　はしる　たつ　すわる
　動作2　　切る　わる　折る　煮る　炊く
　変化　　　死ぬ　はげる　やせる　ふとる　いく
　状態　　　しびれる　つかれる　ふえる　いたむ
　関係　　　似る　したがう　ふくむ
　存在　　　ある　いる
　活動　　　はたらく　かせぐ　攻める　守る
　現象　　　(雨が)ふる　しける　ふぶく

◇品詞としての動詞
　品詞としての動詞は，(1)語彙的な意味，(2)構文論的な機能，(3)形態論的なかたちの特殊な性格にしたがって，ひとつのグループにまとめあげられる，単語の集合である。動詞の語彙的な意味は，動作，変化，状態，ひとくちにいえば人や物の運動をとらえているものとして規定することができる。〈…〉いずれにしても，かぎられた時間帯のなかに成立し，展開し，きえてゆく，いちいちの具体的な動的な現象をその語彙的な意味にうつしだしている。〈…〉
　しかし，動詞の語彙的な意味をこんなふうに単純化してとらえるだけでは，まずい。動詞のなかには，おなじひとつの目的あるいは意図によって，ひとつの人間の活動にまとめられる，いくつかの動作をその意味のなかにとらえているものがある。言語的な意味としての《活動》では，それが，具体的な動作から成立していることを暗示しているとしても，その動作の具体性はきりすてられていて，いくつかの動作をひとつにまとめあげる目的志向性が前面にあらわれてくる。したがって，具体的な場面のなかでの使用においては，具体的な動作をその側面から特徴づけている，ともいえる。たとえば，**はたらく，あそぶ，あきなう，つかえる，そだてる，やしなう，まなぶ**のような動詞。ここでは，これらの動詞を《活動動詞》とよぶことにする。活動動詞は，社会的な規範の観点

---

[20] 奥田先生は，1991年5月の北京外国語学院での講義，同年12月の教科研国語部会冬の合宿研究会に，宮城国語部会名で「日本語動詞の研究・動詞論」を発表され，以後，動詞をめぐる論文をつぎつぎに発表していくが，それにさきだつ，1991年の1月(1.12 古川)から，『宮城版』テキストに動詞の章の規定をかいている。このあとにかかげるのがそれである。手がき(ワープロ)版であって，教科研国語部会にも，『教育国語』にも発表されていない。この章のすべてが1991年にかかれたものであるかどうかはさだかでないが，いちおうこの章の全規定を1991版とみなしておく。

から動作を活動に一般化して，意味づけている，あるいは評価している。さらに，**生産する，輸出する，支配する，管理する，統制する，経営する**のような，人間集団の社会的な活動をとらえている，たくさんの漢語動詞が日本語にはあるが，それらについてはまだしらべられていないので，動詞のさしだす意味の世界のなかに位置づけることができない。

　また，**信じる，心配する，軽蔑する，尊敬する，うらむ，にくむ，あこがれる，ほれる**のような動詞も，具体的な場面のなかにあらわれてくる，心理的な現象としての状態をその意味のなかにとらえているわけではない。場面からきりはなされて，固定化して，しばらくのあいだ持続する，物や人にたいする人間の感情的な態度をとらえている。それは，あたかも人間にそなわっている，恒常的な，ポテンシャルな特性のごとく文のなかにあらわれて，感情的な態度の観点から人間を特徴づけている。この種の動詞をいまは《態度動詞》とよんでおこう。**考える，おもう**のような動詞も，使用によっては態度動詞としてはたらく。それはともかく，この態度動詞は，まえにあげた活動動詞とともに，物理的な，心理的な現象としての動作あるいは状態を恒常的な特性にとらえなおすところの，特性にまでたかめるところの，動詞のグループをつくっているのではないか，というような疑問が生じてくる。テンス・アスペクト・ムードの観点からはまちがいなく特殊なグループをなしているのだが。

　しかし，過程性（動作性あるいは状態性）をきりすてて，《特性》や《関係》をいいあらわしている動詞のグループもある。この種の動詞は形式的にはなおも動詞にみえるが，語彙的な意味や構文論的な機能からみて，語形変化のし方からみて，形容詞にちかづいている。形容詞は主として物や人に恒常的にそなわっている特性，関係をとらえていて，動詞に特徴的なテンス・ムードの体系をもたない。そういうことで，**すぐれている，ひいでている，きわだっている，そびえている，ことなっている**のような動詞は，むしろ形容詞への移行を完成させている，といってさしつかえない。しかし，**やせている，ふとっている，まがっている，はげている，あかちゃけている**のような動詞は，使用によってはまだ変化性をもっている。

　このように，動詞のさしだす意味の世界は，さししめす領域のことなる，抽象化のレベルのことなる，とらえられる側面のことなる，さまざまな下位グループをなして，構造化している。しかし，今日の研究段階では，動詞をこのような下位グループに整理して，それらの構造的なむすびつきをしらべあげているわけではない。むしろ，われわれの視野のなかにあるのは，具体的な現象としての動作，変化，状態をさしだすものにかぎられている。それにもかかわらず，動詞論をすすめることができるし，そうすることが必要であるのは，この種の動詞がもっとも動詞らしい動詞として，本質的な特徴をそなえながら，その中心部分をしめているからである。研究の進展とともに周辺にある動詞をまきこみながら，動詞論を完成させてゆくとすれば，対象をこのような動詞に限定する研究も，初期の段階として意味をもつことになる。こうすることによって，動作をポテンシャルなものとしてとらえてゆく動詞の用法もよくみえてくる。(奥田靖雄 1997「動詞（その一）―その一般的な特徴づけ―」；『教育国語』2・25)

◇文の対象的な内容と動詞述語文

　〈…〉内容のなかに出来事がえがきだされることは，それがレアルなものであれ，ポテンシャルなものであれ，文にとってかかすことのできない，基本的な特徴としてあらわれてくるだろう。文

のなかにあらわれてくる出来事のことを《文の対象的な内容》とよんでおく。つぎのような文が，その対象的な内容に出来事をえがきだしている。

1. 動作をえがいている文
   きこりが山で木をきっている
   雨にもかかわらず，きこりはのこぎりをひいている。
2. 変化をえがいている文
   きこりも木もびっしょり雨にぬれた。
   木がどさっとたおれた。
3. 状態をえがいている文
   きこりはさむさにふるえている。
   きりたおされた木はしずかによこたわっている。

　つまり，わたしたちは，具体的な現象としての，人や物の動作，変化，状態を《出来事》とみている。しかし，文の対象的な内容を出来事に限定するのは，それをせまくとらえることになるだろう。文は出来事をえがきだすばかりでなく，人や物に恒常的にそなわっている特徴をも表現している。この特徴を表現している文では，人や物の，そのときそのときの具体的な存在のし方がきりすてられていて，その人や物の特性や関係が，具体的な場面からぬきとられて，抽象的なかたちでさしだされている。したがって，この種の文は，人や物の具体的な現象形態の記述にとどまっている文とはちがって，人や物を一般的に特徴づけているということになるだろう。

1. 特性を表現している文
   彼女は背がたかい。　　　　　　　りんごはすっぱくて，あまい。
   新潟は雪がおおい。　　　　　　　彼女は性格があかるい。
   繁子は子どものころはやせていた。　荒川の水はいつもにごっていた。
2. 関係を表現している文
   タラバガニはカニとはちがっている。
   花子は母親によくにている。
3. 質を表現している文
   クジラは哺乳類に属する動物だ。
   日本は島国だ。
   彼はかつて教師だった。
   彼女はむかしはなまけものだった。

　こうして，ことば行為のもっともちいさな単位としての文は，その対象的な内容の観点から，(a) 出来事，つまり物の具体的な運動（動作，変化，状態）をえがきだしているものと，(b) 物の質，特性，関係を表現しているものとの，ふたつの意味的なタイプに分けることができるだろう。この分類は，動詞述語文とか形容詞述語文とか名詞述語文とかいう，述語の品詞別による形式的な分類にほぼ照応しているわけだが，かならずしも一致しない。動詞述語文であっても，人や物の恒

常的な特性をさしだしているばあいもある。たとえば，「あの人はやせている」「この道はまがっている」。形容詞述語文は特性や状態をさしだしたりする。たとえば，「北極はさむい」「きょうはさむい」。このことを承知のうえであるならば，文の対象的な内容の観点からの文の分類のために，これらの用語を使用しても，さしつかえないだろう。

　存在を表現しているところの文は，たしかに特殊な領域をつくっているだろう。この種の文は，時間の具体的なありか限定をうけとらないということから，意味的なタイプの（b）のグループ（質，特性，関係）にふくみこませることができるだろう。それにたいして，一時的な滞在（配置の空間的な関係）は，意味的なタイプの（a）のグループ（動作，変化，状態）にふくみこませることができる。たとえば，つぎのような文のうち，まえの4例が存在文，あとの4例が一時的な滞在・配置をえがきだしている文。所有をあらわす文は，存在をあらわす文の特殊な形態としてみていいだろう。

> 東京の上野にはおおきな公園がある。
> その公園には西郷隆盛の銅像がたっている。
> 水は酸素と水素をふくんでいる。
> 彼は軽井沢に別荘をもっている。
>
> きのうの12時には，ぼくは学校にいた。
> そのとき彼女は山の頂上にたっていた。
> こどものほっぺたにはごはんつぶがくっついている。
> やねのうえには雪がつもっている。

（奥田靖雄 1996「文のこと―その分類をめぐって―」；『教育国語』2−22 号）

規定2

　動詞は　文の　なかでは　さまざまな　機能を　もたされて　いて，　それぞれの　機能は　その　文法的な　かたちの　なかに　表現されて　います。　終止形，　連体形，　連用形，　接続形と　よばれる　動詞の　文法的な　かたちは，　主として　動詞の　文の　なかでの　はたらきを　表現して　います。

　文の　述語の　位置に　あらわれて　くる　動詞は，　終止の　かたちを　採用します。　連体修飾語の　位置に　あらわれる　動詞は　連体の　かたちを　採用します。　ひとえ文の　なかでふたつの　動詞を　ならべる　ときは，　副次的な　動作を　あらわす　動詞は　まえに　配置されて，　連用の　かたちを　採用します。　つきそい文が　条件を　さしだして　いる　ばあいには，　その　つきそい文の　述語は　接続の　かたちを　採用します。(91)

母は　ゆうべ　ねむらなかった。
太郎は　花子が　手渡した　ジュースを　のんだ。
一郎は　あたまを　かいて　わらった。
情に　さおさせば，　ながされる。

> **規定3**
>   機能を 表現して いる これらの かたちは， それぞれが みずからの 機能に ふさわし
> い 活用の 体系を そなえて います。
>
>   終止形　はなす　はなした　はなそう　はなせ
>   連体形　はなす　はなした
>   連用形　はなし　はなして　はなしながら　はなしたり
>   接続形　はなせば　はなしたら　はなすと[21]　(91)

◇文のなかでの単語の位置・むすびつき・はたらき——distributional な特徴

　〈…〉伝統的な文法理論において，動詞の活用表のなかには形態論的なかたちが連用，終止，連体……とならんでいるが，そこには日本語の動詞の構文論的な特徴がみごとに反映している。つまり，古代日本語の動詞は，文のなかに構文論的な要素としてあらわれながら，(1) どの位置におかれるか，(2) ほかのどのような要素とくみあわさって，どのようなむすびつきをつくっているか，(3) このむすびつきのなかでどのような役わりをはたしているか，という構文論的な観点から，なによりもまず連用，終止，連体……という形態論的なかたちに分かれているが，伝統的な文法理論はこの事実を正確にとらえているのである。

　一般的に，構文論的な要素の，このような構文論的な特徴は distributional な特徴とよんでおこう。古代日本語の動詞の連用形，終止形，連体形……は，構文論的な要素としての動詞の distributional な特徴の形態論的な表現なのである。現代日本語では，終止形と連体形とがまったくの homonym になっていて，形態論的なかたちに直接的な表現をうけていないが，このことは終止と連体との distributional な対立の存在そのものを否定しはしない。〈…〉

　現代日本語の動詞において，条件形といわれるものに，kakeba のほか，kakunara, kaitanara, kaitara, kakuto というかたちがある。さらに，ぎゃく条件のかたちがいくつかあって，条件形は機能的に統一されている，いくつかの形態論的なかたちの体系をなしている。それぞれのかたちの文法的な意味がこの体系のなかでのみあきらかになるとすれば，この種の体系を確認することが重要な意味をもってくる。

　いわゆる終止形の kaku は，命令形の kake や意志形の kakō とは distributional な特徴においては共通であっても，mood の観点からは対立しながら，これらとともに体系をなしている。さらに，この終止形は kaita とは tense において対立しながら，tense の体系をつくっている。したがって，終止形というのは，機能的に統一している，tense と mood との体系であるとみなければならない。kaku という形態論的なかたちは体系としての終止形をくみたてている部分のひとつであって，こ

---

[21] この規定では，「(する)から，ので，のに」は，つきそい接続詞(補助的な単語)としてあつかい，「動詞の接続形」のなかにはふくめていない。そのばあい，これらのついたかたちは，第Ⅲ部《あわせ文》でくわしくとりあつかわれることになる。「はなすなら，はなしたなら」のかたちもここにはあげていないが，《あわせ文》の学習のなかでは当然とりあげられるべきものである。なお，「条件形」という用語は，「接続形」の下位の種類をさすものとみなしておいていいだろう。解説(◇)にあげた記述では，ここにいう「接続形」を，「条件形」で代表させている。

の体系のなかで mood においては indicative であるし，tense においては future である。終止形の体系をくみたてている，それぞれの形態論的なかたちの tense と mood とは，この終止形という体系のなかであたえられているとすれば，その体系のなかでしかあきらかにすることはできないだろう。伝統的な文法理論において，kaku という形態論的なかたちの tense と mood とがみえないのは，このかたちを終止形の体系のなかに位置づけないからである。〈…〉

　文法的な機能という用語では，ここでは，文の構造的なむすびつきのなかにおける構文論的な要素のふるまいをしめすことにする。構文論的なむすびつきからはなれたところに，構文論的な要素の文法的な機能はありえない。はんたいに，構文論的なむすびつきは，それをつくりだす構文論的な要素の機能を前提にしているだろう。構造と機能とはきりはなすことができないという，一般的な原則は文法現象にもあてはまる。

　〈…〉文法的な機能と文法的な意味とはくべつすることが必要であるとしても，これらがべつべつに，独立して存在しているとは考えられない。実際，単語の，ここでは動詞の形態論的なかたちは文法的な意味だけではなく，文法的な機能をも表現している。たとえば，kakiki, yomiki というかたちは，《過去》という文法的な意味を表現しているばかりではなく，《終止》という文法的な機能をも表現している。kakisi, yomisi というかたちのなかには，《連体》という文法的な機能と《過去》という文法的な意味とが同時にその内容にふくみこまれている。とすれば，文法的な機能と文法的な意味とは，動詞の形態論的なかたちの内容として，きりはなすことができないだろう。〈…〉

　文法的な機能と文法的な意味との相互作用は，なによりもまず，終止形が tense と mood の体系をもっているにもかかわらず，連体形は tense の体系しかもちあわしていないという事実のなかにあらわれている。しかも，連体形の tense は終止形のそれとはかならずしも一致してはおらず，どくとくである。まさに，構文論的な要素の文法的な機能のちがいが，その文法的な意味の体系をことなるものにしているのである。終止形におけるはなやかな mood の体系は，それが述語としてはたらくということから生じているとすれば，動詞の文法的な機能は，その形態論的な特質を規定しているといえるだろう。動詞の形態論的なかたちを，まず，distributional な特徴にしたがって整理しなければならないのは，このためである。

　終止形だからこそ《ていねい体》がそなわっている。そして終止形には終止形の，連体形には連体形の tense の体系があるとすれば，動詞の形態論的なかたちにおける機能と意味との統一性は，もはやうたがうことはできない。〈…〉（奥田靖雄 1975「連用，終止，連体……」『宮城教育大学国語国文』6 号／奥田靖雄 1984『ことばの研究・序説』所収）

◇動詞の構文論的な機能

　さて，動詞はその語彙的な意味に具体的な現象としての動作，変化，状態をとらえていると，規定することから出発しよう。このような動詞の語彙的な意味の本質的な特徴は，文の構文論的な構造において主として述語としてはたらく，という機能とからみあっている。つまり，動詞は述語の位置にあらわれて，主語のさしだす人や物の動作，変化，状態をあきらかにしながら，その主語とともに具体的な現象としての出来事をえがきだすのである。こうすることで動詞はテンス・アスペクト・ムードの形態論的な体系をもたされる。品詞としての動詞がテンス・アスペクト・ムードの

体系の所有者であると，規定できるとすれば，それが動作，変化，状態をさしだしながら，述語としてはたらく，ということの結果的な表現にほかならない。

しかし，動詞は，述語としてはたらくばかりではなく，連体修飾語の位置にもあらわれてきて，名詞にさしだされる人や物の特性の規定としてもはたらく。「君はたべる人，ぼくはつくる人」というような文における動詞は，具体的な，アクチュアルな動作をとらえているわけではなく，時間外的な使用のなかで人や物のポテンシャルな質的な特性をとらえている。動詞の形容詞化はここで進行する。しかし，規定的な従属文のなかに使用されるばあいでは，動詞は述語性をたもっていて，テンス・アスペクトをそなえている。このばあいでは，主文にさしだされる客体を，従属文にさしだされる出来事のなかにひきいれて，その客体を限定して，とりたてる，あるいは意味あいを説明する。

さらに，動詞は従属文の述語の位置にあらわれて，主文にさしだされる出来事の，さまざまな《条件づけられ性》をあきらかにする。そして，主文にさしだされる出来事の，《条件づけ》のし方に応じて，従属文の述語としてはたらく動詞はさまざまな形態論的なかたちを用意している。

こうして，動詞は文のなかでの構文論的なはたらきにあわせて，さまざまな文法的な形式，形態論的なかたちの体系をもつことになる。伝統的な文法にしたがって，主文の述語としてはたらく動詞のことを《終止形》とよび，連体修飾語としてはたらく動詞のことを《連体形》とよび，従属文の述語の位置にあらわれて，出来事の成立の条件づけをさしだす，動詞のことを《条件形》とよぶことにしよう。これらの構文論的な形式のほかに，さらに日本語には《連用形》という形式がある。この連用形は，おなじひとつの場面のなかにおこってくる，ふたつの動作のあいだの時間的な関係を表現している。こうして，動詞はその構文論的な機能にあわせて，終止，連体，条件，連用の，よっつの形式をもつことになるのだが，これらの形式はそれぞれがみずからの機能にふさわしい，形態論的なかたちの体系をなしている。（奥田靖雄 1997「動詞（その一）―その一般的な特徴づけ―」『教育国語』2・25)

§2 みとめと うちけし

規定1
日本語では 動詞は 動作や 変化が 進行して いる ときには， みとめの かたちを も
ちいるし， 進行して いない ときには， うちけしの かたちを もちいます。 したがっ
て， すべての 動詞は みとめと うちけしとの ふたつの かたちを もって いる ことに
なります。(91)

はなす   ⟷   はなさない
hanas−u   hanas−a−nai

おしえる   ⟷   おしえない
oshie−ru   oshie−nai

くる   ⟷   こない

```
kur-u                    ko-nai
```

§3　アスペクト

規定1
　　日本語では　動詞の　ほとんど　すべてが，　完成相と　継続相の　ふたつの　かたちを　もって　います。
　　動詞が　動作を　あらわして　いる　ばあいでは，　ひとまとまりの　動作，　限界に　到達した　動作を　いいあらわす　ためには　完成相を　もちいます。　それに　対して，　継続中の　動作を　いいあらわす　ためには　継続相を　もちいます。
　　動詞が　変化を　あらわして　いる　ばあいでは，　完成相は　変化の　達成を　あらわして　いますが，　継続相は　変化の　結果の　継続を　いいあらわして　います。
　　このような　動作や　変化を　時間的な　過程で　とらえて　いる　動詞の　かたちの　ことを　アスペクトと　いいます。　アスペクトの　観点から　すべての　動詞は　変化動詞と　動作動詞の　ふたつの　グループに　わかれます。(91)

《ひとまとまりの　動作，／　限界に　到達した　動作》
・　なにかしら　ものたりなく，　さびしかったので，　いきつけの　鮨屋の　まえに　車を　とめて，　ひとりで　一本の　ビールを　のみ，　鮨を　<u>たべた</u>。　かつおの　うまい　季節だった。
・　「こちらも　雪が　<u>降ったのです</u>。　吹雪で　たいへんでしたよ。」
・　紙屋町の　停留所に　<u>たどりついた</u>。

《継続中の　動作》
・　理枝は　おきごたつの　うえに　毛糸の　玉を　ころがして，　手袋を　<u>あんで　いた</u>。
・　松寿が　風呂の　たき口に　かがんで，　菜種の　殻を　<u>もやして　いた</u>。
・　しげ子は　なべの　どじょう汁を　わんに　<u>よそって　いた</u>。

《変化の　達成》
・　階下で　電話の　ベルが　<u>なりひびいた</u>。　六助は　おきなおって，　両腕で　ひざを　たたいた。
・　まもなく，　新子は　六助と　富永に　おくられて，　母の　家に　<u>かえった</u>。　富永は　あるきながらも，　本から　目を　はなさなかった。

《変化の　結果の　継続》
・　門の　小流の　菖蒲も　雨に　<u>しおれて　いる</u>。
・　相生橋の　たもとに　くると，　牛に　まえびきさせて　いた　荷車びきが，　牛と　ともに　電車道に　どっかり　すわったまま　<u>死んで　いた</u>。
・　無意識に　髪を　かきあげる。　まんなかに　わけて，　うまく　ウェーブを　かけた　髪が　<u>みだれて　いる</u>。

◇アスペクト対立としての完成相と継続相

　site-iru という文法的なかたちは，suru という文法的なかたちと対立的な関係をむすびながら，アスペクトの体系をなしていて，いまかりに，suru を《完成相》，site-iru を《継続相》と名づけておこう。動作の，ふたつのアスペクチュアルなかたちは，一方がなければ，他方もありえないという，きりはなすことのできない，有機的な関係のなかにある。

　この事実の承認は，研究の方法にとってきわめて重大である。たとえば，aru, iru のような動詞がsite-iru というアスペクチュアルなかたちをもたないとすれば，これらの動詞にはアスペクトがかけているのである。sobieru, arihureru のような動詞が，終止形において，site-iru というかたちでのみ使用されるとすれば，やはり，アスペクトの体系がかけているのである。また，sonzaisuru と sonzaisite-iru とのついのように，その対立がただ形式のうえでのことだけであって，内容からみればひとしいニセ・アスペクトのついをもっている動詞もある。

　終止形としてはたらく動詞のアスペクトのかたちの文法的な意味をもとめていくとき，ぼくたちは，まず，これらの動詞を研究の対象からはずさなければならない。のこりの動詞のみが，もっとも動詞のほとんどをとらえているが，suru と site-iru とのアスペクチュアルな対立をもっているのであって，ここでのみアスペクチュアルな意味の研究をすすめることができる。(奥田靖雄 1978「アスペクトの研究をめぐって」『教育国語』53・54 号、同 1984『ことばの研究・序説』所収 p. 107～108)

◇完成相・継続相の意味的なヴァリアント

　〈…〉site-iru という動詞のかたちが，あるときには《動作の継続》を，あるときには《結果の継続》をあらわしていることは，経験的な事実であって，金田一までの戦後の研究のなかですでに確認されていた。あるばあいには《動作の継続》であり，あるばあいには《結果の継続》であって，《継続》ということではひとつである。したがって，この site-iru というアスペクトのかたちを《継続相》と名づけて，これらのアスペクチュアルな意味を，ひとつのかたちがもっている，意味上の，ふたつのヴァリアントだとみなすことができる。なにの継続であるか，ということではことなっている。ふたつのアスペクチュアルな意味のちがいを強調して，これらの共通性をみないと，ふたつの形式のなかへの統一をみうしなってしまう。ふたつの意味のあいだには，絶対的な境界はない。

　しかし，いっそう深刻なのは，なんらかの理由で，あるいは結果として，アスペクチュアルな意味のあいだに，こわすことのできない壁をきずいてしまえば，(一)《動作の継続》と (二)《変化の結果の継続》とのあいだにある統一性，対立性，連続性，相対性が視野のなかにはいってこないことである。したがって，アスペクチュアルな意味の (一) と (二) との選択の現象，移行の現象，相対的な現象，対立の現象，複合的な現象は，理論的な解釈の対象にさえならない。このことは，金田一から吉川武時までのアスペクト研究の，ひとつの特徴をなしている。いずれの論文も，基本的なものと派生的なものとの確認をのぞくとすれば，site-iruのもっているアスペクチュアルな意味を列挙するにとどまっていて，意味の (一) と (二) とのあいだにある関係は，まずほとんど説明をうけていない。

　〈…〉suru とsite-iruとのアスペクチュアルな対立をもっている，どの動詞でも，site-iruというかたちをとりながら，これらの，ふたつのアスペクチュアルな意味のいずれかを自由に実現し

はしないとすれば，そのふたつの意味のうちのいずれを実現するかという観点から，動詞を分類することができるし，そうすることは，実際的にも理論的にも必要である。

　第一の意味を実現する動詞グループ

　　aruku, hasiru, asobu, odoru, kudaku, kiru, arau, taberu, yomu, hanasu, …

　第二の意味を実現する動詞グループ

　　sinu, nieru, kawaku, nureru, iku, kaeru, oreru, aku, suwaru, yogoreru, …

　第一の意味を実現する動詞グループに属しない動詞は，当然のこと，第二の意味を実現する動詞グループにはいっていく。反対もそうである。こうして，suru と site-iru とのアスペクチュアルな対立をもたない動詞，site-iru というかたちにおいて，第一の意味も第二の意味も実現することのない動詞は，ここでは分類の対象ではない。はじめから問題でないのである。〈…〉このような事実から，アスペクチュアルな意味の（一）と（二）とのちがいをつくりだすものは，動詞の語彙的な意味であることがはっきりする。〈…〉意味の（一）を実現する動詞と意味の（二）を実現する動詞とでは，その語彙的な意味の性格がことなっていて，それがいずれのアスペクチュアルな意味を実現するかをきめてかかるのである。意味の（一）をも（二）をも実現することのできる動詞，つまり二面的な動詞もあるが，このような動詞では，場面や文脈，文の構造がきめてかかる。しかし，条件にしたがって，いずれの意味をも実現することができるという，動詞の能力そのものは，その動詞の語彙的な意味の性格に規定されている。

　〈…〉動詞の語彙的な意味の共通な側面は，アスペクチュアルなかたちにとって，ベースをつとめている。このベースがアスペクチュアルなすがたをとって，アスペクチュアルなかたちのなかにあらわれてくるのである。とすれば，suru と site-iru，sita と site-ita との対比のなかで，アスペクチュアルな意味をきりすてながら，このベースをぬきとることができる。たとえば，suru と site-iru との対比のなかで，《ひとまとまりの動作》と《継続のなかにある動作》とをみわけることができる。とすれば，これらのアスペクチュアルなかたちにとって，ベースをつとめているのは，《動作》であって，けっして《継続性》でも《過程性》でもないことがはっきりする。suru というアスペクチュアルなかたちは，《継続性》とか《過程性》とかいう概念には無関心である。むしろ，suru というアスペクチュアルなかたちにとっては，《非過程性》こそ特徴的であるといえる。

　suru というアスペクチュアルなかたちが表現しているアスペクチュアルな意味は，基本的には，《分割をゆるさない globality のなかに動作をさしだすこと》である。このように理解しなければならない根拠は，なによりもまず，suru という完成相の動詞は，その現在形において《アクチュアルな現在》をあらわすことができないということにある。《はなしのモメント》に進行する動作は，site-iru という継続相の現在形をもちいなければ，表現できない。アクチュアルな現在は，《はなしのモメント》に進行する，具体的な動作を表現するわけだが，完成相の動詞は過程を表現する能力がかけているので，このような動作を表現することができない。」（同 1984 p109～121）

　継続相の「している」というかたちは，あるばあいには，その意味に動作の継続，継続する動作をあらわしている。べつのばあいには，変化の結果として生じた状態の継続をあらわしている。動作であれ，状態であれ，限界に到達することなく，まだつづいているということで，これをいいあらわす「している」というかたちは，《継続相》とよぶことになる。継続相は，なにが継続しているのか，という観点から，その意味にふたつのヴァリアントをもっている。

この継続相とはちがって，「する」というかたちの動詞は，限界へ到達した動作・変化，限界へ到達することで完結した動作・変化をいいあらわしている。限界にまでいたって，完結し，そこからさきへはつづかない，ということで，このような動作・変化をいいあらわす「する」は，《完成相》とよばれることになる。さらに，この完成相の動詞は，《はじめ》から《なか》をへて，《おわり》にいたるまでの，ひとまとまりの動作をいいあらわすこともできる。完成相の動詞は，限界へ到達した動作・変化とひとまとまりの動作とを，その意味にいいあらわすのである。ひとまとまりの動作は，完結しているということでは，限界へ到達した動作でもある。(奥田靖雄 1993「動詞の終止形（その1）」『教育国語』2-9号)

【おぎない】〈動詞の語彙的な意味の性格にしたがって，アスペクト的な意味は変容する。奥田靖雄 1993「動詞の終止形（その1）」（『教育国語』2-9号）では，以下のような用例をもちいてこのことが説明されている。さらに「動詞の終止形（その2）」（『教育国語』2-12号）では，動作動詞や状態動詞の下位のさまざまな語彙＝文法的な系列をとりあげて，そのアスペクト的な意味のあらわれ方のちがいを考察している。〉

			完成相（する）		継続相（している）
変化動詞	限界	限界への到達	①変化の達成	④ひとまとまり性	⑤変化の結果の継続
動作動詞			②動作の完結		⑥動作の継続
	無限界	③動作のはじまり			

1．完成相
　①変化の達成（変化動詞＝限界動詞）
　　「こんなことをしていてはよくないね。つきそいの家政婦でもたのむか。」「だいじょうぶです。もう<u>なおるわ</u>。」(洒落た関係)
　　「だめよ，病気が<u>うつるわ</u>。」(洒落た関係)
　　「<u>よった</u>んじゃないと思うわ。心臓がくるしい。それにはきたいの。」「ばかだなあ，それ，<u>よったんだ</u>。」(憂愁平野)
　　「おい，和彦，うちの寺の和尚さんが<u>きたよ</u>。」(洒落た関係)

　②動作の完結（動作動詞＝限界動詞）
　　やっと山本駅に<u>ついた</u>。(黒い雨)
　　そういって，ぼくは彼女の口からドンブリをよこどりした。そして，まだだいぶのこっているドブロクをひとくちに<u>のみほした</u>。(青い山脈)
　　そっととびらをひらいて，廊下にでると，いきなり担当の看護婦と<u>ぶつかった</u>。(洒落た関係)
　　「では電話を<u>きります</u>。」(憂愁平野)

　③動作のはじまり（動作動詞＝無限界動詞）
　　わらい声と拍手がつづいたあとで，前山夫人は「それでは」といって，宿のおかみに指をついて，あいさつし，<u>たって</u>，<u>舞った</u>。彼女はねずみ色の着物をきていたが，そで口やすそは濃いあかね色が

ほそくみえた。髪はほとんどまっしろくなっているのに，ほおはゆたかで，血色がよく，酒がすこしはいっているのか，上気しているようだった。(変容)

　ある停留所におりたら，そこは禎子ひとりだった。彼女はみだれたふってくる雪のなかを，断崖のうえにむかってあるいた。草はみじかくかれている。(ゼロの焦点)

④ひとまとまりの動作・うごき

　「…お前みたいなわからずやを相手にして，気もちがむしゃくしゃして，すくいようがなくなっているんだ。おれは柱をきる。」(憂愁平野)

　「どうしてって，わたし，なんとなくこのおひな様，かざるのはいやよ。」「じゃ，わたしのお部屋へかざるわ。」(憂愁平野)

　「さむいな。夕飯はたべた？」「はい，たべました。」(洒落た関係)

　「こちらも雪が一昨日ふったのです。……」(ゼロの焦点)

2．継続相

⑤変化の結果の継続 (変化動詞)

　相生橋のたもとにくると，牛にまえびきさせていた荷車びきが，牛とともに電車道にどっかりすわったまま，しんでいた。(黒い雨)

　死人の母親は火傷をして，全身がふくれていた。(黒い雨)

　まんなかにわけて，うすくウェーブをかけた髪がみだれている。(菩提樹)

　「うらへでて，冷水浴をしていたら，かみさんが着物をもってきてくれた。かわいてるよ。ただねずみ色になってるばかりだ。」(二百十日)

⑥動作の継続 (動作動詞)

　理枝はおきごたつのうえに毛糸の玉をころがして，手袋をあんでいた。(四十八歳の抵抗)

　松寿が風呂のたき口にかがんで，菜種の殻をもやしていた。(菩提樹)

　ふたつの七輪から火の粉が盛んに爆ぜている。(放浪記)

　「どこへいらっしゃる？」「散歩にきた。……天気がいいので，あるいている。」(憂愁平野)

　　　　　　　　　　　(奥田靖雄1993「動詞の終止形 (その1)」;『教育国語』2－9号)

規定2

　ひとつの　場面の　なかで　あたらしく　生じて　きた　動作，　まえに　生じて　いた　動作と　交替して　生じて　くる　あたらしい　動作は　完成相の　かたちで　いいあらわされます。

　ひとつの　場面の　なかで　ふたつの　動作が　ぶつかりあう　とき，　背景を　つとめて　いる　動作，　現象は　継続相の　かたちで　いいあらわされます。

　同時に　進行して　いる，　ふたつの　動作や　現象は，　継続相の　かたちで　いいあらわされます。

　したがって，　完成相は　交替形で，　継続相は　同時形です。(91)

《あたらしく生じてきた動作，交替して生じてくる動作》
- 妻も 矢須子も 目を さました。 太陽は 西に かたむいていた。 妻は 無言の まま ぼくから 瓶を うけとると，両手に 差し上げ，目を とじて うれしそうに のんだ。 やはり 二デシぐらい のんだろう。 無言で 矢須子の 手に わたした。 矢須子も だまって 両手で 瓶を 差し上げた。
- 「うるさい」と，佐渡は うしろざまに けった。 姥竹は 舟とこに たおれた。 髪は みだれて，ふなばたに かかった。 姥竹は 身を おこした。 「ええ，これまでじゃ。 奥様 ごめんくださいまし。」 こう いって，まっさかさまに 海に とびこんだ。

《背景をつとめている動作、現象》
- 寒い 夜気に 当たって，硝子窓が 音を たてて いる。 家を 持たない 女が，寝床を 持たない 女が，可愛らしい 女が，安心して 裾に さしあって 寝て いるのだ。 私は たまらなく なって，飛びおきるなり，火鉢に ドンドン 新聞を まるめて たいた。
- あの 女を 連れて きたら，この 家庭は どうなるだろうかと 考えながら，しばらく 湯ぶねに 身体を 沈めて いた。 すると，ひさしを 打って，ぱらぱらと 雨が きた。

《同時に進行している動作・現象》
- 裾の みじかい 着物に きかえて きた 富安せい子が，つぎの 間の びょうぶを 背に，まって いる。 ポータブルの レコードが うたって いた。 三千代は食卓に ひじを ついて，うっとり せい子の 踊りに 見とれて いる。
- 炊事場から 風呂場に まわって みると，うらどなりの 早見さんの うちの 炊事場が，壁もろとも こちらがわの 風呂場に とびこんで いた。 茶碗，貝杓子，はし，鉄あみ，どんぶりなどで，湯舟が うまって，脱衣場の 壁に つくだ煮，，つけ物の 菜葉，茶がらなどが たたきつけられて，はりついて いる。 一枚の するめいかも 板ばりの 上に ころがって いる。 やはり，早見さんの うちから とびこんで きた ものだろう。

◇テキストにおけるアスペクトの機能 —交替と同時—
　おそらく，アスペクトのかたちの選択の必要は，なによりまず，ふたつ，あるいはそれ以上の動作の，変化の，状態の時間的な関係をとらえるときに，おこってくるのだろう。人間の社会的な活動にしろ，個人的な動作にしろ，いくつかの動作の連続であって，それぞれが独立して存在しているわけではない。ひとつの目的でひとつの活動へとむすびつく，いくつかの動作は，因果関係にしばられているばかりではなく，時間的にも条件づけられていて，きびしい時間的な順序のなかに配置されていなくてはならない。人間の活動にとって，どの動作がさきにあって，どの動作があとにあるか，ということ，いくつかの動作が同時に存在していて，接触しているということはきわめて重大なことである。したがって，人間の活動を場面のなかにえがきだすテキストは，いくつかの動作の時間的な構造をさしださなければならない。いくつかの動作のあいだには，それにひきおこされる変化，変化によってもたらされる状態がわりこんでくるとすれば，その時間的な構造ははるかにふくざつになる。

ひとつの動作は，ほかの，いくつかの動作との時間的な構造のなかにさしだされる。こうして，いくつかの動作の先行・後続の関係，あるいは同時の関係を表現するために，動詞には完成相と継続相との，対立する，ふたつのアスペクトのかたちが必要になる。じじつ，継起的におこってくる，いくつかの動作は，完成相の動詞をならべることによって表現されている。それにたいして，同時に存在する，いくつかの動作は継続相の動詞をならべることによって表現されている。継起的におこってくる，いくつかの動作（あるいは変化）は，それが限界に到達して，完結していなければならない。それにたいして，同時に進行する，いくつかの動作（あるいは状態）は継続していなければならない。アスペクトを機能的な観点からみれば，完成相は《交替形》であるし，継続相は《同時形》である。（奥田 1993「動詞の終止形（その1）」『教育国語』2-9号）

規定3
　継続相の　動詞は　継続する　動作，　あるいは　変化の　結果を　いいあらわす　ばかりでなく，　反復的な　動作をも　あらわす　ことが　できます。(91)

・　みね代は，　良薫の　眠りを　さそう　ように　目を　つぶって　いた。　自分の　つくりばなしに　責任を　感じては　いなかった。　壇家の　若い　ものにも，　たびたび　この　はなしを　きかせて　いる。はなす　たびに　はなし方が　巧妙に　なった。
・　第一，　彼に　よって　山田光子の　生活は　安定し，　よい　仕事だけを　ひきうけて，　上等の　仕立てを　ゆっくりと　しあげて　いた。　憲一は　二十日間は　金沢地方の　A社の　広告を　とりに　あるき，　十日間は　東京に　かえって　いた。
・　父は　すこし　つらく　なって，
　「もう　かえれよ。　おかあさんが　まってるから。」と　いった。
　すると　娘は　父の　ベッドから　おりながら，
　「おかあさんって，　年じゅう　まってばかり　いるのね。」といった。
・　松寿は　仏応寺の　先代の　弟子で　あった。　一生　独身を　通して，　六十六に　なって　いる。丘の　墓地の　家に　すまって　いて，　毎日　仏応寺まで　かよって　いる。

規定4
　以前に　すでに　動作が　おこなわれて　いて，　その　動作の　効果が　まだ　のこって　いる　ことを　意味する　パーフェクトを　表現する　ためにも，　動詞の　継続相が　もちいられます。(91)

・　この　手紙が　あなたの　手に　おちる　ころには，　私は　もう　この　世には　いないでしょう。とっくに　しんで　いるでしょう。
・　事件と　いうのは，　仲間同士の　けんかなんです。　不良仲間ですね。　ひとりひとりの　けんかで，相手は　一時間ほど　のちに　しんで　います。　目撃者と　いうのは　小柳だけですから，　現場の　証人は　ありません。

- なにしろ，　とっさの　できごとです。　デパートじゃ　急病人と　おもったらしいですね。　そのため　連絡が　おくれたんですな。　われわれが　きた　ときには，　もう　しんで　いましたよ。
- 報恩講が　はじまる　一週間まえからは，　世話方が　手分けして，　丹阿弥市じゅうの　壇家を　のこらず　通知して　あるいて　いる。
- 弟は　三年ほど　まえに　運送会社に　つとめて　いて，　傷害事件を　おこして　いた。

規定5

　変化動詞の　継続相の　かたちは，　しばしば　変化とは　かかわらない　ひとや　物に　恒常的に　そなわって　いる　特性を　表現して　いる　ことが　あります。　この　ときには　動詞は　形容詞に　ちかづいて　います。　また，　変化動詞の　継続相の　かたちは　変化とは　かかわりなく，　物の　一時的な　状態を　表現する　ことも　あります。(91)

《恒常的な　特性》
- 鵜原憲一には　両親が　しんで，　なく，　青山に　兄夫婦が　いた。　兄は　まるきり　ちがった　顔を　して　いて，　まるく　こえて　いた。　肩幅は　あるが，　どちらかと　いえば　青年らしく　やせて　いた。
- こんな　ところに　はいって　くる　泥棒は，　よっぽど　間が　ぬけて　いますよ。

《一時的な　状態》
- 女中の　お杉が　井戸端で　包丁の　音を　させて　いる。　仏応寺は　しずまりかえって　いた。
- 額帯鏡で　のどの　おくを　のぞいて　みると，　まっかに　ただれて　いた。
- 四角な　さくの　外には　雑草が　しげり，　野の　花が　咲いて　いた。

規定6

　動作の　局面を　あらわす　ためには、　とくべつに　「～しはじめる」,「～しつづける」、「～しおわる」の　ような　局面動詞が　あります。(91)

　　はなしはじめる　　はなしつづける　　はなしおわる　　はなしかける　　はなしおえる
　　しゃべりとおす　　つかいきる　　つかいはたす　　つかれはてる　　たべつくす

規定7

　動詞は　語い的な　意味の　なかに　動作の　限界，　しきりを　もって　いる　限界動詞と，　もって　いない　無限界動詞とに　わける　ことが　できます。　したがって，　状態動詞、　あるいは　現象動詞の　ような　無限界動詞では　完成相と　継続相との　アスペクト的な　意味の　ちがいが　見えなく　なります。(91)

《限界動詞》
　　主体の　状態の　変化を　あらわす　変化動詞

死ぬ　（めがねが）くもる　とびちる　（車に）のる
物や　状態の　出現を　あらわす　出現動詞
　　　（家が）たつ　（ざわめきが）おこる　わく　でる
対象に　状態の　変化を　もたらす　動作を　あらわす　動作動詞
　　　ひらく　あける　あてる　はおる　ひねりつぶす　つきのける

《無限界動詞》
状態動詞
　　　しびれる　ふるえる　ほてる　いたむ　ひりひりする　（腹が）へる
　　　かなしむ　よろこぶ　いらいらする　たいくつする
自然現象を　あらわす　動作動詞
　　　そよぐ　ゆれる　かがやく　ながれる　したたる
　　　ふる　ふく　しける　あれる　ふぶく
対象に　はたらきかける　ことを　しない　動作を　あらわす　動作動詞
　　　あるく　はう　はしる　とぶ　すすむ
　　　はたらく　つとめる　すむ　くらす　あきなう
対象に　はたらきかけても　それに　変化を　もたらさない　動作動詞
　　　みる　きく　はなす　よむ　うたう

規定8
　動作の　あり方，　し方を　いいあらわす　ためにも，　単語つくりの　手つづきで　派生動詞
が　つくられます。(91)

　　してみる　　してみせる　　しておく　／　してある　　してしまう　／　してくる　　していく

- 隣の　本屋で　銀貨を　一円札に　替えて　もらって，　田舎へ　出す　手紙の　なかに　<u>入れて　おい</u>
<u>た</u>。　よろこぶだろうと　思う。　手紙の　なかから　お札が　出てくる　ことは　私でも　うれしいもの。
- はい，　今日　あんたが　くると　いう　はがきだったから，　蔵から　出して，　ちゃんと　はたきも
<u>かけて　おいたわ</u>。　どうぞ　とっくり　見てから　受け取って　ください。
- 牛が　きて，　戸や　障子を　つきやぶるとかで，　小屋の　まわりには　柵が　<u>つくって　ある</u>。
- オート三輪は　二人乗りに　なって　いたが，　雨が　ふっても　ぬれない　ように　幌が　<u>かけて　あ</u>
<u>る</u>。
- おまえらは　殺した。　かけがえの　ない　味方の　一人を　<u>殺して　しまった</u>。
- この　ことばを　聞くや　いなや，　私は　思わず　<u>泣いて　しまった</u>。
- 良薫は　動かなく　なった。　動けないのだ。　しがみついて　いる　両手の　感覚が　<u>しびれて　くる</u>
<u>ので　ある</u>。

◇動詞の語彙的な意味における内的な時間構造とアスペクト的な意味

変化動詞は，その語彙的な意味において，運動の過程から《物の変化》の側面をきりとっているが，動作動詞は《物にはたらきかけて，それをつくりかえていく動作》の側面をきりとっている。《変化》とか《動作》とかは運動の質的にことなる側面をとらえている，意味的なカテゴリーであるが，そこにとりこまれる出来事は内的な時間の構造においてもことなっているのである。つまり，変化動詞では《変化》と《結果的な状態》とが時間的な関係をつくっているのだが，動作動詞では《対象へのはたらきかけ》，《対象の変化》，《対象の結果的な状態》が時間的な関係をつくりあげている。このような内的な時間構造のちがいとからみあって，具体的な動作・変化を時間的な関係のなかに配置する，動詞の形態論的なかたちとしてのアスペクトは，完成相と不完成相とにおいて，ことなるアスペクチュアルな意味を実現することになるのである。変化動詞が継続相（不完成相）において変化の結果としての状態の存続をさしだしているとすれば，動作動詞はその，おなじ継続相において継続する動作をさしだす。(奥田靖雄 1988「時間の表現（2）」『教育国語』95)

◇限界動詞・無限界動詞
　ところで，変化動詞は変化，つまりふるい状態からあたらしい状態への移行をさししめしている。この種の動詞は，その語彙的な意味のなかに，結果として生じてくる，あたらしい状態ばかりではなく，その状態への移行を変化の過程におけるモメントとしてさしだしている。この移行のモメントは，ふるい状態がそこで終了する《しきり》でもあるし，あたらしい状態がそこから開始する《しきり》でもあるだろう。こうして，変化動詞は，その語彙的な意味に限界をもっている限界動詞である，ということになる。動作動詞も，対象の変化とともに完結する動作をさししめしているということで，みずからの内的な限界をもっている限界動詞である。ところが，変化動詞は，完成相において，限界の達成をあらわしているが，動作動詞はかならずしもそうはならない。対象へはたらきかけていく動作は，対象の変化に先行していて，いくらかながびくということから，動作動詞はしばしば完成相において進行している動作をさしだす，ということがおこってくる。完成相においては，変化動詞の限界がレアルであるのにたいして，動作動詞の限界はポテンシャルな性格をおびてくることもある。たんなる目標にすぎないということもありうる。
　たしかに「戸をしめる」「窓をあける」「絵をはる」「帽子をかける」のような動作動詞は，完成相において，しばしば限界への到達をあらわしている。動作と対象の変化とのあいだの時間的な間隔がちいさいのである。しかし，「木をきる」「砂山をくずす」「紙をもやす」「いもをたべる」のような動作動詞は，おなじ完成相において，しばしば動作の限界への到達をあらわさない。まだ進行している動作をさしだしているのである。このようなばあい，「きってしまう」「くずしてしまう」「もやしてしまう」「たべてしまう」のような，動詞のアスペクチュアルなかたちをつかって，限界への到達をあからさまにいいあらわすことができる。「してしまう」「してくる」「していく」のようなかたちは，過程の，限界への関係のし方を表現していて，動詞のアスペクトのかたちをおぎなう，アスペクチュアリティーの特殊な領域をなしているのだろう。しかし，このかたちを採用するためには，動詞がすでにその語彙的な意味において限界をもっていなければならない。あるいは，限界があたえられなければならない。みずからが内的な限界をもっていない，《動き》や《状態》をさししめす動詞，たとえば，「あるく」「とぶ」「おどる」「しびれる」「たいくつする」のような動詞は無限界動詞である。無限界動詞の限界は，たとえば，「学校まであるく」のように，そとがわからあたえられる。（同）

◇局面動詞

　ところで，限界への到達は，おそらく動作動詞にかぎって，「しおわる」のような，動作のおわりの局面をとりだしている局面動詞をつかっても，いいあらわすことができる。しかし，単語つくりの手つづきで派生してきた「しはじめる」「しつづける」「しおわる」のような局面動詞は，むしろ過程の局面の名づけとしてはたらいていて，限界性（限界にたいする過程の関係のし方）とはべつの意味領域をなしているのだろう。局面動詞は完成相と不完成相との，アスペクトのかたちを採用することで，その局面における限界への関係のし方を表現している。ところで，動作や変化に《長さ》があるばあいに，それらが過程としてあらわれて，限界との関係のなかで局面への分割，局面動詞の成立が可能になるのである。また，長さをもたない《動き》は，不完成相のかたちのなかにあらわれることができないということもあって，動作・変化に《長さ》があるということが，アスペクチュアリティーのなかで重大な意味をもってくる。

　そして，動詞の形態論的なかたちとしての完成相と不完成相とが，変化動詞，動作動詞，状態動詞などをかたちづけながら，アスペクチュアルな意味を実現する。動詞のアスペクトが限界の実現，限界にたいする過程の関係のし方，そこから生じてくる過程の局面を表現しているとすれば，そのアスペクチュアルな意味を《過程の内的な時間構造の表現》とする規定は妥当であるだろう。この内的な時間構成あるいは時間構造のゆたかさを保証するために，局面動詞が動員される。さらに，局面動詞による局面の表現の不足分をおぎなうために，「するところだ」「したところだ」のような，合成の述語がつくりだされる。（同）

§4　ヴォイス[22]

1）　他動詞と　自動詞

規定1
　動作や　変化の　し手，　状態の　もちぬしの　ことを　主体と　いいます。　そして，　動作の　はたらきかけを　うける　ものを　客体と　いいます。　動詞は　この　主体と　客体を　めぐって，　他動詞と　自動詞とに　わかれます。　他動詞は，　主体が　客体に　むかって　いく動作を　さししめして　います。　それに　対して，　自動詞は　主体の　動作，　変化，　状態だけを　さししめして　います。　したがって，　他動詞は　を格の　名詞を　支配（government）して　いますが，　自動詞の　ばあいは　そういう　ことは　ありません。（91）

　　ノリオは　もう　かたほうの　栗の　ゲタも　むちゅうで　川の　上に　なげて　やった。[23]
　　おおきい　子は，　思わず　パーンと　小さな　子の　ぽっぺたを　なぐりつけました。

---

[22]　§4ヴォイス，§5使役，§6モドゥスの規定については，第II部ひとえ文編の第5章，第8章の規定とのつきあわせが必要。これらの改訂は，1985年6月の教科研国語部会の発表前後におこなわれている。
[23]　用例は，村上三寿1987「うけみ構造の文の指導」（『教育国語』88号）からのもの。

長者は　また　坊さんを　おいかえそうと　しました。
　あんちゃんは　こう　いって，　娘っこを　なぐさめました。

　加助は　ごんには　気づかないで，　そのまま　さっさと　歩きました。
　ごんは　ぐったり　目を　つぶったまま　うなずきました。
　三日目の　夜，　堂本さんは　しょんぼり　して　帰って　きました。
　大谷石の　門前に　うずくまって　いた　大きな　黒犬が，　突然　わわわわん！と　おそろしく　ほえたてました。

規定2
　動詞の　なかには　他動詞と　自動詞とが　対に　なって　いる　ものが　あります。　他動詞だけの　もの，　自動詞だけの　ものも　あります。(91)

　　　自動詞　　　　　　　　　他動詞
　　korog−aru　　　　　　korog−asu
　　tao−reru　　　　　　tao−su
　　tok−eru　　　　　　tok−asu
　　wak−u　　　　　　　wak−asu

　　yak−eru　　　　　　yak−u
　　ni−eru　　　　　　ni−ru
　　war−eru　　　　　　war−u
　　or−eru　　　　　　or−u

◇カテゴリカルな意味としての自動性・他動性

　〈…〉ある単語がほかの単語とどのようにむすびつくかということは，その単語にとっては形式的な特徴である。ところが，この形式的な特徴は，単語の内部にひそむconbinabilityによってつくりだされていて，そのconbinabilityをそとに表現している。したがって，単語における文法的な側面は，単語の内部にくいいっているといえるだろう。単語から文法的なものをきりとることは，教科書の著者が考えるように，それほど容易なことではない。

　単語のconbinabilityは，語彙的な意味を他の単語のそれにむすびつけていく，単語の文法的な能力であって，それは，おそらく，単語の categorical　meaning の機能であるだろう。単語の語彙的な意味は，categorical　meaning のところで，他の単語のそれと構造的にむすびつくのである。これを関節にたとえてみるとよい。骨は関節でべつの骨とむすびつくのだが，その関節はやはり骨の部分である。あるいは，核のそとがわにあって，共有結合をする電子にたとえることができるかもしれない。

　日本語では，自動詞と他動詞との対は，おおくのばあい，ことなる，ふたつの単語をなしている。たとえば，**とける**と**とかす**，**もえる**と**もやす**，**しまる**と**しめる**，**おちる**と**おとす**のような対。これらの対は，ちょっと観察するだけで，語彙的な意味の内容のなかに，一方では自動性があるし，他

方では他動性のあることがわかるだろう。動作あるいはうごきをめぐる主体・客体的な関係としての，この自動・他動性は，動詞の語彙的な意味の内容をくみたてている，ひとつの側面である。ぼくたちはこれらの対の動詞の語彙的な意味のちがいをとわれたら，この自動・他動性のなかにこたえをもとめるだろう。

　現実の世界の動作あるいはうごきが，主体・客体的な関係のなかでおこっているとすれば，動詞はこのことも語彙的な意味に反映しないわけにはいかない。それゆえに，この自動・他動性はおおくの動詞に共通であって，動詞の語彙的な意味の categorical な側面をなしている。それは categorical meaning である。

　ところで，動詞にそなわっている，この自動・他動性はconbinabilityとしてふるまうだろう。動詞の語彙的な意味のこの部分が，他の単語との主体・客体的なむすびつきをつくるのである。とすれば，動詞の自動・他動性はたんに語彙的ではなく，文法的でもある。動詞の語彙的な意味が，主体・客体的な関係において，他の単語とむすびつくのは，自動・他動性という categorical meaning においてである。(奥田靖雄 1974「単語をめぐって」『教育国語』36 号)

2）　再帰動詞

規定3
　動詞の　なかには，　主体が　同時に　客体で　ある　ものが　あります。　自分の　動作が　自分に　はたらきかけて　いるのです。　この　ような　動詞の　ことを　再帰動詞と　いいます。　動作が　自分の　体の　部分に　むかって　はたらきかけて　いく　ばあい，　あるいは，　部分に　おいて　進行して　いる　ばあいには，　他動詞は　再帰動詞と　おなじ　ように　はたらきます。(91)

　　着る，　はく，　あびる，　かぶる，　ぬぐ
　　かみを　ゆう，　　かみを　とかす，　　かおを　あらう，　　ひげを　そる
　　かおを　しかめる，　手を　あげる，　　ひざを　まげる

3）　相互動詞

規定4
　主体が　相互に　はたらきかけあう　ことを　さししめして　いる　動詞は　相互動詞と　いいます。　この　ような　動詞では　動作が　いく人かの　主体に　よって　おこなわれ，　この　主体の　それぞれが　同時に　客体でも　あります。(91)

　　家康が　三成と　たたかう。
　　約束する，　相談する、　けんかする
　　なぐりあう，　はなしあう

4）　自発動詞

規定5

自動詞の　なかには　ものの　変化が　おのずから　自然発生的に　成立すると　いう　ことを
さししめして　いる　ものが　あります。　この　ような　動詞を　自発動詞と　いいます。(91)

見える　　きこえる　　煮える　　炊ける　　焼ける　　きれる　　とける　　はがれる　　できあがる

◇語彙的な内容にくいこんだ文法的な形式としてのカテゴリカルな意味

　動詞の自動・他動性はカテゴリカルな意味といわれるもののうちのひとつであって，すでに伝統的な言語学はおおくのカテゴリーをみいだしている。動詞をめぐっては，たとえば，**きる，かぶる，あびる**のような動詞の再帰性，**たたかう，つれそう，あらそう**のような動詞の相互性，**わかす，たく，ぬう**のような動詞の生産性。文法学者が動詞を terminative と non-terminative とに，意志と無意志とに，動作と状態とにわけるのも，動詞のカテゴリカルな意味にもとづいている。

　名詞についても，おなじことがいえる。たとえば，文法学者は空間名詞とか時間名詞とかをグループにまとめるが，これはまちがいなくカテゴリカルな意味をとりだしているのである。

　このカテゴリカルな意味は，動詞についていえば，動作をめぐるさまざまな主体・客体的な関係を反映しているだろう。あるいは，動作のさまざまなあり方，し方，duration などを反映しているだろう。そして，それが形態論的な，あるいは構文論的な現象とからみあいながら，文法的なものとしてあらわれる。したがって，カテゴリカルな意味は，当然，意味論的であり，かつ構文論的な分析からあかるみにでてくる。

　カテゴリカルな意味は，語彙的な意味の構造のなかで，そとがわにあって，核になる中心的な部分をとりまいている。このことは，きりつける，ぬいつける，うちつける，むすびつけるのような動詞のつくり方のなかにやきつけられている。これらの動詞の conbinability は，「つける」のなかにある。そして，カテゴリカルな意味は，この中心的な部分を他の単語のそれとむすびつける連結器の役わりをはたしている。それゆえに，カテゴリカルな意味は，語彙的な意味の構造のなかで文法的な機能をはたしている部分であるといえるだろう。それが単語に構造性をあたえる。

　カテゴリカルな意味は，単語において，語彙的な内容のなかにくいこんでいる形式的な側面である。それは，語彙的な意味の中心的な部分がそこで他の単語と構造的にむすびつくという意味でも，また語彙的な意味の中心的な部分がそれにつつまれて存在しているという意味でも。

　単語の語彙的な内容の構造のなかにカテゴリカルな意味があるということは，文法的なものを単語からきりすてることのできないことをものがたる。あえてきりすてるとすれば，語彙的なものがぼやけて，きえていく。それは不当な抽象であって，単語が単語であることをやめさせるだろう。

　（奥田靖雄 1974「単語をめぐって」；『教育国語』36 号）

5)　能動と　うけみ[24]

規定6

---

[24] うけみ文についての規定と用例の最新版は，村上三寿 1987「うけみ構造の文の指導」（『教育国語』88 号,p.117）参照。

他動詞は　能動の　かたちと　うけみの　かたちとに　わかれます。　動詞の　能動の　かたち
は　とくべつに　マークされて　いません。　が，　うけみの　かたちは　語尾を　とりかえる
ことで　能動の　かたちから　つくられて　いて，　マークされて　います。(91)

```
n a g u r－u                     k e r－u
n a g u r－a r e r－u             k e r－a r e r－u
```

規定7
　他動詞が　うけみの　かたちを　とって　述語の　位置に　あらわれて　くる　ときには，　主
語の　位置に　あらわれて　くる　名詞は　動作の　主体では　なく，　動作の　客体を　あらわ
して　います。　それに　対して，　述語の　位置に　あらわれて　くる　動詞が　能動の　かた
ちを　とって　いれば，　主語の　位置に　あらわれて　くる　名詞は　動作の　主体を　あらわ
して　います。　述語動詞が　能動の　かたちを　とって　いる　文は　能動構造の　文と　いい
ます。　うけみの　かたちを　とって　いる　文は　うけみ構造の　文と　いいます。(91)

　大きい　体の　蘭子が　小さい　体の　れい子に　おさえつけられて　いる。
　鮎太は　上級生に　かわいがられた。

規定8
　直接的に　はたらきかける　ものが　部分や　側面で　あったり，　もちもので　あったり　す
る　ことが　あります。　この　ばあいでは，　部分や　側面，　もちものの　所有者を　さしだ
す　名詞が　主語の　位置に　あらわれて，　部分や　側面，　もちものを　さしだす　名詞は
まえどおり　を格の　かたちを　とって，　補語と　して　あらわれます。(91)

　彼は　ぼくの　指を　切った。
　ぼくは　彼に　指を　切られた。

　彼は　ぼくの　お金を　ぬすんだ。
　ぼくは　彼に　お金を　ぬすまれた。

規定9
　自動詞にも　うけみの　かたちが　あります。　自動詞の　うけみの　かたちが　述語の　位置
に　あらわれる　ときには，　主語は　間接的に　被害を　うけて，　めいわくする　人を　さし
だして　います。(91)

　父が　死んだ
　(ぼくは)　父に　死なれた。

97

雨が　ふった。
（ぼくは）　雨に　ふられた。

規定１０
　うけみ構造の　文では，　動作，　変化の　主体は，　名詞の　に格，　から格，　あるいは
後置詞「よって」で　表現されます。　しかし，　おおくの　ばあい，　うけみ構造の　文では，
動作や　変化の　主体が　あきらかでない　ために，　あるいは　意味が　ない　ために，　それ
が　表現されて　いません。(91)

人びとが　とおった　あとには　彼岸花が　ふみたおされて　いました。
中村さんの　お宅は　おしつぶされて　いた。

規定１１
　対象に　はたらきかけて，　それに　変化を　もたらす　他動詞の　ばあい，　その　うけみの
かたちに　よって　つくられる　うけみ構造の　文は，　客体に　ひきおこされた　結果的な　状
態を　いいあらわして　います。　この　ような　ばあい，　うけみの　かたちは　継続相の　か
たちを　とって　います。　こういう　ばあい，　主語の　位置に　あらわれて　くる　客体は，
結果的な　状態の　主体へと　移行して　きます。(91)

戸が　あけられて　いる。
窓ガラスが　こわされて　いる。

規定１２
　ふつう，　うけみ構造の　文は，　テーマの　連続性を　たもつ　ために　選択されて　いま
す。(91)

　聞いて，メロスは激怒した。「あきれた王だ。生かしておけぬ。」メロスは，単純な男であった。買い物を背
負ったままで，のそのそ王城にはいっていった。たちまち彼は巡邏の警吏に捕縛された。調べられて，メロス
の懐中からは短剣が出てきたので，さわぎが大きくなってしまった。メロスは，王のまえに引きだされた。[25]

◇コンテキストとうけみ文

　〈…〉Ryôsi-wa kuma-o korosita　という文と　Kuma-wa ryôsi-ni korosareta　という文
とは，語彙論的にも，構文・意味論的にも同義であるとしよう。ことなるのは，主語という
position にあらわれる構文論的な要素が，構文・意味論的に《主体》であるか，それとも《客
体》であるかということである。そして，いずれを主語の position にえらぶかということは，コ

---

[25] 用例は村上三寿 1987「うけみ構造の文の指導」(『教育国語』88 号)から

ンテキストに規定されていて，コンテキストのなかでの相互交替はゆるされない。この意味では，ふたつの文はけっして同義ではない。

　なにを主語のなかに表現してみせるかということが，コンテキストに規定されているのは，文がなにを対象にすえて，のべなければならないかという問題に主語がこたえているからである。主語は，あたえられた文のなかで，のべられるものをさしだしている。したがって，主語は文のテーマをつとめる文の部分であるといえるだろう。主語をつとめる単語が名詞あるいは名詞化されたものであるのは，それらが《実体》をあらわしているからであって，そのことが文のなかにおける主語の機能と直接にむすびついている。これにたいして，述語は，主語でさしだされた対象をめぐって，なにかをのべている文の部分である。

　文というものがなにかを通達するという，機能的な観点から，なにかについてのべていなければならないとすれば，文は当然《のべられ》と《のべ》とからなりたっていて，主語と述語とは文を組織する構造上の核としてあらわれるだろう。主語になることのできるのは，構文・意味的な内容をもった構文論的な要素であるが，どのような構文論的な要素が主語の position にあらわれるかということは，直接的にはその構文・意味的な内容によるわけではなく，文がなにについてのべるかということによって決定される。したがって，《主語》とか《述語》とかは構文・意味的なカテゴリーではなく，構文・機能的なカテゴリーである。(奥田靖雄 1975「連用・終止・連体」『宮城教育大学国語国文』6 号)

◇うけみ文とアスペクト

　〈…〉能動構造の文では，対象語でしめされる客体は，同時に《変化のにない手》なのであるが，この客体が，受身構造の文のなかで，主語の位置にあらわれると，述語＝動詞との関係において，《変化の主体》としてあらわれる。述語＝動詞は，主体との関係において《変化》をあらわすようになる。

　しかし，このような移行が完成するためには，必要な条件として，動作の主体をあらわす対象語を受身構造の文から追放しなければならない。つまり，受身構造の文において，動作の主体がぼやけてくるときには，主語でしめされるものは，ひたすら《変化の主体》として前面にあらわれてきて，述語＝動詞は《主体の変化をあらわす》結果動詞に移行する[26]。

　Ryôsi-ni　kuma-ga　korosarete-iru.

　Kuma-ga　korosarete-iru.

　あとの文でも，構造のなかに《動作のおこなわれる空間》をあらわす状況語がさしこまれると，かんたんに述語＝動詞は継続動詞にもどってしまう。

　Tanima-de　kuma-ga　korosarete-iru.

　Tanima-ni　kuma-ga　korosarete-iru.

　しかし，utu, naguru のような他動詞は，受身の形でけっして結果動詞へ移行することはしない。これらの動詞がさしだす動作は，客体にはたらきかけても，まだ客体になんの変化もひきおこしてはいない。したがって，この種の客体が，受身構造のなかで主語の位置にあらわれても，まえどお

---

[26] ここでの「結果動詞に移行する」は，「変化の結果の継続をあらわす」の意。

り，意味的には動作の客体であっても，変化の主体になることはできない。この種の動詞は，能動形においても，受身形においても継続動詞である[27]。

　　Tarô-ga　Hanako-o　nagutte-iru.
　　Hanako-ga　Tarô-ni　nagurarete-iru.

　他動詞の受身において，動詞が《継続》と《結果》とのあいだをふらつくのは，他動詞が，その語彙的な意味のなかに《主体の動作》と《客体の変化》という，ふたつの対立する側面をかかえこんでいるからである。そのふたつの側面は，他動詞が受身のかたちをとるとき，ことなる構文＝意味的な構造のなかで，みずからをあらわしてくる。（奥田靖雄 1976「アスペクトの研究をめぐって」『教育国語』53，54 号）

§5　使　役

> **規定1**
> 　ある　人が　もう　一人の　人に　はたらきかけて，　何かを　させると　いう　できごとを　つたえる　ためには，　使役構造の　文が　つかわれます。　使役構造の　文では，　ある　人が　他人に　対して　指示する　動作と　指示される　動作とが　ひとつの　文の　なかに　さしだされて　います。(91)

先生は　本を　よむ。　　　　　先生は　生徒に　本を　よませる。
おかあさんは　着物を　ぬう。　おかあさんは　仕立て屋さんに　着物を　ぬわせる。

二郎が　ふろを　たく。　　　　おかあさんは　二郎に　ふろを　たかせる。
みけは　かつおぶしを　たべる。　おばあさんは　みけに　かつおぶしを　たべさせる。

> **規定2**
> 　使役構造の　文では，　述語の　位置に　あらわれて　くる　動詞は，　使役の　かたちを　採用して　います。　動詞の　使役の　かたちは，　マークされて　いない　非使役の　かたちから　語尾を　とりかえる　ことに　よって　つくります。(91)

　　kak-u　　　　　　sime-ru　　　　　　uke-ru
　　kak-aseru　　　　sime-saseru　　　　uke-saseru

> **規定3**
> 　使役構造の　文では　動作の　主体の　ほかに，　その　動作を　さしず　する　使役主体が　もとめられます。　この　使役主体は　主語に　よって　表現されて　います。　その　さしずに

---

[27] ここでの「継続動詞である」は，「動作の継続をあらわす」の意。

したがって　動作する　主体は，　他動詞の　ばあいは　に格の　名詞に　よって，　自動詞の　ばあいは　主として　を格の　名詞に　よって　あらわします。(91)

校長先生は　万里子たちを　家の　えんがわに　こしかけさせた。[28]
ピラトは　むちうたれた　その　人を　自分の　まえに　たたせた。
おぬいばあさんは　家に　はいると，　洪作を　客用の　夏ざぶとんの　うえに　すわらせ，…

高木は　おおきな　すくいあみの　柄を　千代子に　にぎらした。
お玉は　とうとう　菓子おりを　買って　きて，　いそいで　梅に　持たせて　だした。
ポンスレは　この　そろばんを　こころみに　生まれ故郷の　メス市の　小学生に　使わせて　みた。

規定4
　使役の　形が　意志動詞から　つくられて　いる　ばあいでは，　使役構造の　文は　動作主体の　意志に　はたらきかけて　動作を　おこなう　ことを　いいあらわして　います。(91)

　まことを寝かしつけにいったおかねさんをよびかえしたおばは，彼女にいいつけて，みんなの茶わんに飯をよそわせた。
　もういちど自分でそれをとりおさえることは，彼にはおそろしくてできなかった。そこで，わざわざ妻をよび起こして，この虫をとらえさせた。
　ふりかえると，きれいな身なりをした三十二，三の美男が彼の顔を見つめている。きたナと思ったとおり，男は名刺入れを見せて，かげになったいすに安吉をかけさせた。

規定5
　使役の　形が　無意志動詞から　つくられて　いる　ばあいでは，　使役構造の　文は，　使役主体の　動作・状態　そのものが　動作主体に　はたらきかけて，　その　動作主体に　動作や　状態や　変化を　ひきおこす　ことを　いいあらわして　います。(91)

　たまには，客のひとりがなにか冗談を言って娘たちをわらわせ，それで店じゅうがなごやかになったりする。
　兵太郎君をおこらせるのはとてもおもしろいということを，これまでの経験で，みなよく知っているのである。
　岸本君はときどき人をびっくりさせる。昔からあの男のくせです。

規定6
　動作が　動作主体の　意志に　もとづいて　生じて　いる　ばあいでは，　使役の　かたちは，　使役主体の　がわからの　許可，　放任・放置の　ような　意味あいを　おびて　きます。　動作

---

[28] 用例は佐藤里美1987「使役構造の文の指導」(『教育国語』88号)から。

主体に　とって　のぞましく　ない　動作で　ある　ばあいでは，　使役の　かたちは　使役主体
の　がわからの　強制の　意味あいを　おびて　きます。　反対に，　動作主体に　とって　のぞ
ましい　動きで　ある　ばあいでは，　使役の　かたちは　使役主体の　がわからの　協力の　意
味あいを　おびて　きます。(91)

《許可》
　　このあいだは，隊長と准尉とのあいだに，つぎの休みに<u>兵隊を外出させる，させないで</u>，意見のくいちが
いがあり，…。
　　なるほど，結婚式の花嫁花婿の乗った車では，非常線の<u>警官も，</u>失礼しました，といって<u>通過させる</u>はず
である。
《放任》
　　まかりまちがえば責任問題さえひきおこしかねない要素をふくんだことがおうおうにしてあった。注意し
てかからないといけない。こういうときは言いたいだけ<u>言わせた</u>ほうがいいのだ。
　　子どもというのは，こちらからきげんをとろうとすると，うとましがって逃げるものである。だが，子ど
もたちは好奇心がつよい。彼らにぞんぶんこちらを<u>観察させて</u>から声をかければ，安心してちかよってくる。
《放置》
　　親はなにも愛していないわけではないが，子どもを<u>あまえさせたり</u>，相手になってやったりするようなこ
とができるくらしではないんですね。
　　月給とりの政治的感情なんてたかが知れていますよ。毎日の事務に影響しない限り，何とでも<u>思わしとけ</u>
ばいいんじゃないですか。
《強制》
　　おねがいじゃ，洪ちゃを帰してくんなさい。洪ちゃを連れとかんで，このわしを一人で帰す気かよ。あの
田舎の士蔵の中へ一人で<u>住まわせる</u>気かよ。
　　不精でわがままな彼は，玄関先まで出てきながら，なかなか応じそうにしなかったのを，母親が無理にす
すめてようやく靴を<u>はかした</u>。
《協力》
　　あかりのつくころ，親切な母親は夕飯を出して岸本に<u>食べさせた</u>。
　　「風流ですね」雄君ががらにないことをいったのは，彼も彼なりに万里子の気持ちを<u>浮き立たせよう</u>として
いたのかもしれない。

規定7
　　使役構造の　文に　おいて，　主語の　位置に　あらわれて　くる　名詞が　動作・状態を　さ
しだして　いる　ばあいでは，　使役の　かたちは　主語に　よって　さしだされる　動作・状態
の　結果と　して　生じて　きた　動作・状態を　さしだして　います。(91)

《現象》
　　ほのかな水のにおいが伸子になつかしく新鮮な喜びを<u>感じさせた</u>。
　　「つめたいなあ」足から身内にあがってくる<u>冷気が</u>しぜんに三人に<u>いわせる</u>のであった。
　　この岸本の旅らしい<u>話</u>は岡を<u>ほほえませた</u>。

倉田大尉のこの言葉は死をいそぐ下士卒を一時的にたちなおらせた。

《性質・状態》

彼女の声や目にある強情さが，ふと伸子を警戒させた。

その罪の深さ，汚らしさが，はじめは彼女を身震いさせた。

航海の困難は，留学僧たちに，海の底へ沈めてしまうだけのために，いたずらに知識を集めているのかもしれない，という深刻な不安を抱かせている。

《内面の状態》

感情のたかぶりが，いよいよ広介を猛らせている。

その空虚が，一間あまりのホームのたたきまで，ささえなく彼女を転落させた。

劣等感が彼らを萎えさせてしまっている。

規定8

　うちけしの　使役の　かたちは　動作主体が　その　動作を　しない　ように　はたらきかける　こと，　あるいは，　動作主体が　その　動作を　する　ように　はたらきかけない　ことを　いいあらわします。(91)

《禁止すること》

いや，なんどおまえがたのみにきても，わしは井戸をほらせん。

モンゴル人の風習では，氏族の祭祀に参加させないことは，その社会から放逐することを意味した。

《強制しないこと》

第一大隊では徳島隊がたいへんな苦労をしたばかりだ。そうそう第一大隊ばかり出動させるわけにはいかぬ。

出発は明日だ。今日はそれぞれ準備にいそがしいから，集合させないほうがいいだろう。

◇人にたいするはたらきかけ

　〈…〉人にたいする連語では，かざられ動詞もその語彙的な意味の性格がことなっていなければならない。**ねかす，おこす，おどろかす，まよわす，とつがせる**のように，人間の生理＝心理的な，社会的な状態変化をしめしているということのうちに，すでにかざられ動詞の語彙的な意味の特徴がでているが，人へのはたらきかけは，対象（人間）をしげきして，それに一定の変化をよびおこすという動詞の他動＝使役性のうちに一般化されている。つまり，かざられ動詞は人間の生理＝心理的な，社会的な状態変化をさししめしていても，そうさせる人間へのはたらきかけは他動＝使役性のなかに一般的に表現し，その具体的なすがたについてはなんらかたらないのである。このことは，ついになっている自動詞**ねる，おきる，おどろく，まよう，とつぐ**とくらべると，はっきりしてくるだろう。**まよう**と**まよわす**との，**とつぐ**と**とつがせる**との語彙的な意味のちがいは，後者が他動詞のかたち，あるいは使役のかたちであるということのうちにある。

　〈…〉おどろいたり，まよったり，ねむったりするのは，を格の名詞でしめされる人間である。したがって，なんらかのはたらきかけをうけて，みずから運動する主体がを格の名詞でしめされて，対象の位置にすわっている。ここでは，を格の名詞でしめされる人間は，動作の主体であると同時に，客体でもあるという二重の性格をおびている。こうして，人にたいするはたらきかけをあらわ

す連語では，かざり名詞とかざられ動詞とのくみあわせがつくりだすむすびつきの性格は，他動＝使役的であるといえるのである。かざられ動詞の語彙的な意味における他動＝使役性は，同時に他動＝使役的なむすびつきをつくる文法的な能力でもある。そして，他動＝使役性をあらわす，かざられ動詞の形態論的なつくりは，かざり・かざられのあいだにできる他動＝使役的なむすびつきの表現形式であるともいえる。

　物にたいするはたらきかけが具体的，物理的であるとすれば，人にたいするはたらきかけは他動＝使役性のなかに表現されて，抽象的である。はたらきかけと変化との関係は，物にたいするはたらきかけをあらわす連語では，直接的であるが，人にたいするはたらきかけをあらわす連語では，主体性を媒介にしている。(奥田靖雄 1968「を格の名詞と動詞とのくみあわせ（二）」;『教育国語』13 号)

§6　モドゥス[29]

規定1
　日本語の　動詞は　モドゥス（動作の　存在の　し方）に　したがって，　現実性，　可能性，　必要性の　みっつの　タイプに　わける　ことが　できます。(91)

《現実性》	《可能性》	《必要性》
よむ	よむことが　できる	よまなければ　ならない
よんだ	よむことが　できた	よまなければ　ならなかった
よむだろう	よむことが　できるだろう	よまなければ　ならないだろう
よんだだろう	よむことが　できただろう	よまなければ　ならなかっただろう

◇対象の存在のし方　・　レアリゼーションの観点からの動作・状態のあり方

　はなし手が自分の立場から現実の世界の出来事を確認して，それを内容にうつしとりながら，つたえる，通達的なタイプのひとつとしての《ものがたり文》のことをごく一般的にこのように規定しておく。とすれば，確認される現実の世界の出来事が，レアリゼーションの観点からみて，現実性としての動作・状態でもあるし，可能性としての動作・状態でもあるし，必然性としての動作・状態でもあるので，《ものがたり文》は**する，することができる，しなければならない**に代表される，みっつの文のタイプにわけなければならなくなる。現実の世界の出来事をうつしだしている《ものがたり文》は，対象そのものの存在のし方にあわせて，現実表現の文，可能表現の文，必然表現の文の，みっつのタイプにわかれていくのである。いずれも，現実の世界の出来事の確認であ

---

[29]　第Ⅱ部《ひとえ文》編では，見出しに「現実・可能・必然」の用語をつかっている。奥田先生は，modus を《文のモーダルな意味》，すなわち，「はなし手である《私》がとりむすぶところの，文の対象的な内容と現実との関係のし方」とひろくとらえてつかうことがおおい。ここでは，「動詞のあらわす動作のあり方」という，せまい意味でつかっており，客観的なモダリティーに属させている。なお，このテキストでは，「現実表現の動詞」があらわす具体的，反復的，習慣的，一般的な動作・状態など，時間のありか限定性にかかわる意味は，「§7－(3)終止形のテンス」でもとりあげられている。つまり，直説法のテンス・アスペクト形式が，この種の意味を表現するために利用されている，とみている。

るということではひとしいとすれば，そしてまた，レアリゼーションの観点からの動作・状態のあり方として相互に対立し，統一しているとすれば，これらの文は《ものがたり文》のわくのなかでパラダイム paradigm をなして存在していると，みなければならない。最近，言語学者のあいだで，この種のパラダイムを客観的なモダリティー objective modality によるものだとする傾向がでてきているが，それなりの根拠はある。(奥田靖雄 1986「現実・可能・必然」;『ことばの科学・1』)

1）現実表現の　動詞

> 規定2
> 　現実表現の　動詞は　とくべつに　マークされて　いません。　この　動詞は　まず　過去，現在，　未来の　時間的な　ながれの　なかで　現実的に　生じて　くる　いちいちの　具体的な　動作，　変化，　状態を　さしだします。
> 　さらに，　この　動詞は　時間的な　ありか限定を　うけて　いない　反復的な　動作，　習慣的な　動作，　一般的な　動作をも　さしだします。(91)

《具体的な動作・変化・状態》

- 　妻も矢須子も目をさました。太陽は西にかたむいていた。妻は無言のままぼくから瓶をうけとると，両手をさしあげ，目をとじておいしそうにのんだ。やはり二デシぐらいのんだだろう。無言で矢須子の手にわたした。矢須子もだまって両手で瓶をさしあげた。(黒い雨)[30]
- 　「あっという間にぬれてしまった。すこしこうしておけば，すぐにかわくわね。ここ，あったかいから。」(あなたにだけ)[31]

《反復的な動作》

　「正真正銘のぶらぶらですよ。たいてい，毎日毎日あるきます。」(憂愁平野)
　「肝臓を用心しているんでしょうか。」「だからうちでのむのさ。」(洒落た関係)
　「わたし道をよこぎるとき，いつもかけますのよ。」(舞姫)

《習慣的な動作》

- 　「なんだか涙もろくなっちゃって，すぐに泣くんですよ。それがとてもいやらしいので，主人も孫もよりつかないんです。…」(恍惚の人)
- 　「東京のお葬式はかんたんでいいわね。田舎はたいへんなのよ。毎日毎日弔問客がきて，みんなに食事をだすんですもの。(恍惚の人)
- 　いつもひとりぼっちのくせに，他人のやさしい言葉をほしがっています。そして，ちょっとでもやさしくされると，うれし涙がこぼれます。(放浪記)

《一般的な動作》

---

[30] この用例は奥田靖雄 1993「動詞の終止形(1)」(『教育国語』2－9号)から。
[31] これ以降の用例は，奥田靖雄 1993「動詞の終止形(その4)－テンス－」(教科研国語部会講義プリント)から。

「…そんなことをすれば，だれもかも傷つくだけだ。」（憂愁平野）

「へい，もうすっかり冬じたくです。雪のあとでお天気になるまえの晩は，とくべつひえます。」

◇現実表現の文

　平叙文[32]の基本的な意味は，はなし手の《私》が過去，現在，未来の時間にレアルに存在する，いちいちの具体的な出来事を確認する，ということである。いちいちの具体的な出来事は時間のながれのうえに配置されている，ということから，つまり，出来事が時間的なありか限定をうけている，ということから，具体的な出来事の確認であるところの，平叙文のモーダルな意味は，述語の，なかんずく述語動詞のテンスのかたちのなかに表現されている。

　ところが，平叙文は，時間のありか限定をうけて，時間のながれのなかに位置づけられている，具体的な出来事ばかりではなく，時間のありか限定をうけてはいない，(1)反復的な出来事，(2)習慣的な出来事，(3)一般化された出来事をもとらえている。つまり，平叙文は時間的なありか限定をうけている出来事も，時間的なありか限定をうけていない出来事も，その対象的な内容のなかに表現しているのである。後者は，人間の活動や自然の運動における周期的な過程をうつしだしている。同一の，類似した出来事の，法則的な，あるいは不規則な反復が客観的に存在する，という事実を，平叙文は確認する。いちいちの具体的な出来事が，さだめられた時間に個別的なものとしてレアルに存在しているとすれば，それは経験のレベルによってとらえることができる。しかし，反復的な出来事の，習慣的な出来事の，一般的な出来事の確認は，動作や変化の質的な特徴の一般化，そのし手や対象の一般化，時間の抽象化の過程とむすびついている。これらの出来事は，文の構造によって表現されているのであって，それを表現するための，とくべつの手段があるわけではない。そのためには，述語の位置にあらわれてくる直説法のテンス・アスペクトのかたちが利用されて，その意味のなかに反復性，習慣性，一般性がきざみこまれる。（奥田靖雄 1996「文のこと―その分類をめぐって」『教育国語』2－22 号）

2) 可能表現の　動詞[33]

> **規定3**
>
> 　可能性を　あらわす　ためには，　可能動詞を　もちいる　総合的な　方法と，　動詞と　助動詞「できる」との　くみあわせを　もちいる　分析的な　方法との　ふたつの　し方が　あります。　いずれの　ばあいでも　条件可能，　能力可能，　許容可能を　あらわす　ことが　できます。(91)

総合的な方法
《条件可能》

　「そのとおりじゃ。ひたすら仏をおがみ，よいことをすれば，地獄へはおちず，極楽へいける。」（シナリオ・人間革命）

---

[32] このテキストでは「ものがたり文」とも。
[33] この項の用例は奥田靖雄 1986「現実・可能・必然」『ことばの科学・1』から。

《能力可能》
　　波はなかった。ややもすると，岸本はながされそうになった。青木のほうはこの海辺にうまれただけあって，友だちよりもよくおよげる。（春）
《許容可能》
　　「年なんかだまっていればわかりませんよ。とにかくおもしろい商売です。店には毎晩，一流のバンドやショウがはいるし，お酒はすきなだけのめる。楽しみながら稼げるんだから，ハハ…女の方ってトクですな。」（シナリオ・遊び）

分析的な方法
《条件可能》
　　あの金はかえそうと，かれは午後になって決心した。あれさえかえしてしまえば，すくなくとも金で買収されたという汚名だけはのがれることができる。（金環色）
《能力可能》
　　森のなかでは伐木作業がかれをなぐさめるにちがいない。かれは森にいけば，いつも一日に三十貫以上の割り木をつくることができる。（丹下氏邸）
《許容可能》
　　夫婦が住む家屋も，この時代では原則として妻の所有するところであるし，そのほか，たいていの妻たちは，親や親類からゆずられた荘園などを所有している。そして，それらは後にもみるだろうように，夫から独立した財産なので，自分で勝手に処分することができる。（高群・女性の歴史）

◇能力可能と条件可能
　　現在のかたちの「することができる」を述語にする文は，一般的にいえば，／可能／をいいあらわしていると，規定しておいていいのだが，この可能には《能力可能》と《条件可能》との，ふたつのヴァリアントのあることをしっておくことがたいせつである。その知識は，意識的なよみにあたって有効であるばかりではなく，文の変形にあたっても必要である。能力可能を表現する文は／ある動作・状態を実現する能力が物にそなわっている／という意味をつたえているが，条件可能を表現する文は／条件が存在していれば，あるいは条件が存在しているために，ある動作・状態の実現が可能である／という意味をつたえている。この意味のうえのちがいは，文の文法的な構造にもやきつけられているが，文脈が方向づけていることもしばしばである。〈…〉（奥田靖雄 1986「現実・可能・必然（上）」;『ことばの科学・1』）

規定4
　可能動詞は　現実表現の　動詞から　語尾を　とりかえて　派生させます。

```
yom-u          yom-eru
hanas-u        hanas-eru
kik-u          kik-eru
kak-u          kak-eru
oshie-ru       oshie-rareru
```

```
    k a n g a e－r u        k a n g a e－r a r e r u
```

　可能動詞を　もちいる　可能構造の　文では，　動作の　客体を　あらわす　補語は　が格の
かたちを　とって　います。　可能表現の　分析的な　かたちは　「することが」と　「できる」
とを　くみあわせる　ことに　よって　つくられます。　現代日本語では　むしろ　この　方法が
ひろく　もちいられて　いて，　標準的です。(91)

◇可能表現の文の述語の分析的なかたちと総合的なかたち

　〈…〉可能動詞は，かぎられた動詞にかんするかぎり，さかんに使用されているとしても，おお
くは潜在的な可能性であって，実際に使用されることはない。きわめてまれである。したがって，
可能動詞によってつくられる可能表現の文は，生産的ではない。これにたいして，「することがで
きる」を述語にする可能表現の文は，生産的である。可能表現の文の領域において，歴史的な過程
として交替が進行しているのだろう。このことによって，接尾辞の-areru，-rareru がもっぱらう
け身動詞のためのものになる。
　可能動詞は一段の動詞についていえば，うけ身動詞とかたちがおなじである。五段の動詞であっ
ても，うけ身動詞が可能動詞として使用されることがしばしばあって，うけ身と可能とが同音形式
になって，まぎらわしい。たしかに，**たべる→たべれる，おしえる→おしえれる**のように，現在の
日本語では，うけ身と可能とが，一段のばあいでも，はっきりくべつできるようになっている。し
かし，このことで可能表現の文とうけ身構造の文とのまぎらわしさは，完全に解決されるわけでは
ない。つまり，可能動詞をつかえば，直接的な対象が「が格」のかたちで表現されて，文の構造的
なタイプがうけ身構造の文とひとしくなる。直接的な対象に「が格」のかたちをとらせるのは，そ
れが主語としてはたらいているということで，うけ身構造の文にふさわしいとすれば，この構造的
なタイプはうけ身表現の文にゆずるべきである。ここ百年のあいだにうけ身表現の文が急速に発達
してきているが，このことが-areru，-rareru をうけ身動詞のかたちとして一方的に定着させるの
だろう。(奥田靖雄1986「現実・可能・必然（上)」；『ことばの科学・1』)

規定5
　可能性は　いずれに　しても，　もの　あるいは　状況に　そなわって　いる　潜在的な　特性
で　あって，　時間の　具体的な　ありか限定は　なされて　いません。　したがって，　いちい
ちの　具体的な　場面の　なかで　可能動詞を　もちいる　ばあいには，　その　可能動詞は　い
ちいちの　動作の　実現を　あらわして　います。(91)

　　二人はそのしろい岩のうえを一生けんめい汽車におくれないようにはしりました。そして，ほんとうに風
のようには<u>しれた</u>のです。(銀河鉄道の夜)
　　「ああ，やっぱり<u>あえました</u>。どうもありがとう。さっきはうらんだりして，ごめんなさい。」(素足の
娘)

◇／実現／と時間のありか限定性

〈…〉「することができる」というかたちを述語にする可能表現の文とかかわって，その現在のかたちにおいては，可能あるいは不可能を表現しているが，その過去のかたちにおいては，実現あるいは非実現（不実行をふくめて）を表現していると，一般的な規定をあたえておいた。ところが，可能動詞を述語にする文をしらべていくと，この一般的な規定がなりたたないようにみえてくる。むしろ，動作・状態が人あるいは物にそなわっている，ポテンシャルな特性としてとらえられているときには，可能表現の文は可能あるいは不可能を表現しているし，いちいちの，具体的な現象として動作・状態がとらえられているときには，実現あるいは非実現を表現していると，規定するほうがより本質的であるように思われてくる。動作・状態がアクチュアルであるか，ポテンシャルであるかということは，文の temporality のなかにあらわれてくる。それとも，場面あるいは文脈が方向づける。まえの規定は現象をみているにすぎないのだろう。述語が現在のかたちをとるときには，おおくのばあい，可能あるいは不可能の表現になっているが，それが過去のかたちをとるときには，実現あるいは非実現の表現になる，という傾向がみうけられるだけのことなのだろう。多少とも恒常的なものとしての，人あるいは物の特性は，現在のかたちのなかに表現されることがおおいからである。(奥田靖雄 1986「現実・可能・必然（上）」;『ことばの科学・1』)

規定6
　法律や　道徳や　習慣の　きまりに　したがって　許されて　可能で　あると　いう　意味で使われて　いる　可能動詞，　あるいは　可能表現の　分析的な　かたちは，　「しても　いい」と　いう　かたちに　おきかえる　ことが　できます。(91)

　　かれをあたたかくむかえたイギリス王室のあり方は，かれの目をひらかしめた。英国皇太子は軍服をぬいで，街へあそびにゆくこともできる。道であった市民も平身低頭しなくてもよい。(ある昭和史) [34]
　　保釈になれば，家へかえれます。もっとも，もう一度逮捕されるかもしれません。(シナリオ・狭山の黒い雨)

　　杣というのは，材木伐採用に設定された山を意味した。かつては所有権がなかった。ほしいままに，だれが伐採してもよかった。(親鸞)
　　室町以後のわが国でも，「おれの子をおれが煮てくおうと，焼いてくおうと，他人の口だしは無用だ」というのが，父たちの口ぐせであった。ばあいによっては手討ちにしてもよかった。(女性の歴史)

◇規範可能
〈…〉可能動詞あるいは「することができる」を述語にする文において，ある種のものは社会的な性格の要因に条件づけられている可能性をさしだしている。この種の文は／人間の，なんらかの活動，動作，ふるまいは，社会的な規範（ノルマ）にかなっていて，ゆるされる，実行が可能である／という意味をいいあらわしている。〈…〉この種の，規範に条件づけられるところの，可能を表現している文は，その述語の可能動詞，「することができる」を「してもいい」にとりかえること

---

[34] この4例は奥田靖雄 1996「現実・可能・必然（中）」『ことばの科学・7』から。

ができる。規範可能を表現する文は，外的な可能を表現する文のうちの，ひとつの意味的なタイプであるが，この意味的なタイプのみがそうすることができるのである。ここでは，規範の観点からゆるされるとか，ゆるされないとかが問題なのである。(奥田靖雄 1996「現実・可能・必然（中）」;『ことばの科学・7』)

規定7
　技術的な　ノルマに　したがって，　　課題の　解決が　可能で　ある　こと を　いいあらわすためには，　「すれば　いい」と　いう　分析的な　かたちが　もちいられます。(91)

　1時の　汽車に　のるには，　　食事は　12時までに　たべれば　いい。
　予算内で　おさめるには，　　本の　製作は　オフセット印刷すれば　いい。

◇「すれば　いい」
　《すればいい》というかたちを述語にもつ文があるが，可能表現の文と必然表現の文とのあいだにはさまれているようにみえるが，それにしても paradigm における，その位置づけにとまどう。その文法的な意味は基本的には／そうすれば，解決がつく，かたづく／というようなことであろう。このこととかかわって，この種の文には，課題をさしだす文の部分が，提題というかたちでさしこまれている。その課題が先行する文ではっきりしているばあいは，そうではないが。

　　奉仕は他人にしてもらえばいいわ。その分お金をはらうの。家政婦，料理人，女中さん，運転手，看護婦，みんなお金でやとえるわ。その分は自分ではたらけばいいのよ。(洒落た関係)
　　かりに二人の関係が没理性的にむすばれたとしても，けっして突然なものではなかったし，不備な点は今後のほねおりでうめあわせていけばいいのだ。(若い人)
　　昨夜，机のひきだしにいれたあった松田さんの心づくし。はらえばいいのだ。かりておこうかしら。(放浪記)

　この課題は，目的をあらわすつきそい文のかたちでもさしだされている。心理的な要求を条件的なつきそい文でさしだしているばあいもある。その要求はそうすれば解決がつくのである。

　　ポルトガル国庫の損失をふせぐためには，この堺に税関規則をもうけて，収税の方途をたてればよい。(女性の歴史)
　　この悔いやかなしさからのがれるためには，要するに，かえらなければいいのである。(堕落論)
　　つぎからつぎへ由緒ありげなものがあらわれ，いくらか心をひかれたら，名前をきいたり，ていねいにみたりすればいい。(堕落論)

(奥田靖雄 1983「Modality その（四）―現実・可能・必然をいいあらわす文―」教科研国語部会瀬波集会講義プリント)

3）必要・必然表現の　動詞[35]

規定8
　　必要表現の　ためには，　「しなければ　ならない」，　「しなくては　ならない」の　ような　分析的な　手つづきで　つくられる　動詞の　かたちが　あります。　この　かたちは，　場面から　当然　必要と　される　動作，法律，道徳，習慣，命令などに　よって　義務づけられる　動作，なりゆきから　必然的に　生じて　くる　動作を　いいあらわします。
　　「しなければ　ならない」の　ヴァリアントには，　「せねば　ならぬ」，「しなければ　ならぬ」，　「せねば　ならない」と　いう　かたちが　あります。　「しなくては　ならない」は　意味的には　「しなければ　ならない」と　おなじですが，　文体的には　くだけた　あたらしい　いいまわしです。(91)

《目的の達成のために必要な動作》
　　洪作は二階の，二室ある部屋のひとつを占領していたので，叔母は，洪作をおこすために，なん回も梯子段を<u>あがってこなければならなかった</u>。（夏草冬濤）

《錯綜する状況から脱出するために必要な動作》
　　われわれはその事務所に隣接した待合所ふうのニッパ小屋にいれられた。きたない折たたみ式ベッドが乱雑にならべてある。同行全員の訊問がすむまで，ここにとめられる由である。すでに夕方ちかく，訊問係の二世はかえってしまっていたので，われわれはここで一夜を<u>あかさねばならぬ</u>。（俘虜記）

《約束あるいは計画にしたがって，必要とされる動作》
　　六時までにおわるだろうか。六時に西山幸子に<u>あわねばならなかった</u>。（氾濫）

《内的な欲求から必要とする動作》
　　…ただくために，なによりもかによりも私の胃の腑はなにか固形物をほしがっているのだ。ああ，どんなにしても私は<u>くわなければならない</u>。（放浪記）

《社会的な規範にしたがって必要とされる動作》
　　朝食がすむと，祖母がおおきな鍵をもって，土蔵まで洪作に同行してくれた。途中で部落のかみさんたちにあうたびに，洪作は足をとめて，頭を<u>さげなければならなかった</u>。（夏草冬濤）

《命令や法律にしたがうことから生じてくる動作の必要》
　　ことに，平氏側の狩りだしは，なさけ容赦がなかった。民衆は平氏と主従関係もなかった。が，京の政府や国府の政庁から命令をだされると，いやいやながら戦場に<u>のぞまねばならなかった</u>。（親鸞）

---

[35] この項の用例は奥田靖雄1997「現実・可能・必然（下）」から。

111

《病気をなおすために必要な動作》
　けっきょく，洪作は風邪のために，一週間，学校を<u>やすまねばならなかった</u>。

◇「しなければ　ならない」
　〈…〉「しなければならない」がさしだす動作の必要は，ぶつかった状況をのりきるために，あるいは目的を達成するために，あるいは社会的なとりきめに適応するために，動作のし手が採用しなければならない，動作の方向づけである。〈…〉動作のし手とその動作とのむすびつきの性格を《必要》であるとする，ポテンシャルな場面が，対象的な内容として必要表現の文のなかにさしだされているわけだが，このポテンシャルな場面には，その必要を条件づけている，べつの場面がつきまとっている。そして，ふたつの場面のあいだには条件づけ，条件づけられの関係がみられる。ふつう，条件づける場面は，原因，条件，目的などをさしだす《つきそい文》のなかにさしだされている。あるいは先行する，それとも後続する文のなかにさしだされている。そうでなければ，なにゆえに動作の実行が必要なのであるか，あきらかにならない。
　ところで，必要とされる動作とその必要を条件づけている出来事とのあいだのむすびつきは，対象的な内容にさしだされる必要性の性格をつくりだしている。とすれば，ふたつの場面の条件づけ・条件づけられの関係は，必要表現の文がさしだす必要性を下位のカテゴリーにまとめあげる基本的な原則としてあらわれてくる。(奥田靖雄 1997「現実・可能・必然（下）—しなければならない—」教科研国語部会瀬波集会講義プリント)

規定9
　「しない　わけには　いかない」と　いう　かたちは，　／論理を　たどれば　そう　する　ことが　当然で　ある／と　いう　意味を　もって　います。
　「せずには　いられない」は　／心理的な　衝動から　動作に　かりたてられる／と　いう　意味を　あらわして　います。(91)

　ところが，現代となっては，保守党の人たちも，労働党の考えや政策に対抗しなければならぬという関係からだけでも，多少は社会主義的な考え方を<u>とりいれないわけにはゆくまい</u>。（ものの見方について）

　彼のうちのかど口へかけこんだとき，良平はとうとう大声にわっと<u>なきださずにはいられなかった</u>。（トロッコ）

◇「しない　わけには　いかない」
　〈…〉「するわけにはいかない」が動作の実行の不可能を表現しているとすれば，「しないわけにはいかない」は動作の不実行の不可能を表現している。／そうしないことができない／のであれば，／必要／の表現であるということになる。「しないわけにはいかない」を述語にする発話は，／必要／を表現していると，規定することができる。そうであれば，この「しないわけにはいかない」は「しなければならない」にとりかえることができる。
　〈…〉動作のし手はそうすることの必要を，義務として，強制として，し方のないこととしてつよく意識している。外的な，あるいは内的な要因がはたらいて，動作のし手がそうすることを決心

する，意志のはたらきが動作のし手のもとに存在しているのである。そういうことで，動作のし手のもとにおける義務感，強制感のつよさは，「しないわけにはいかない」を述語にする発話にとって，特徴的であるといえる。「しないわけにはいかない」を「しなければならない」にとりかえることができないとすれば，そのことがさまたげている。この特徴は「するわけにはいかない」を述語にする発話にとっても，おなじである。段落の構造がこのことをおしえてくれる。「するわけにはいかない」にしろ，「しないわけにはいかない」にしろ，これを述語にする発話は，動作のし手にはたらきかけて，そうすることへの決意をそのし手にうながす要因の記述にとりまかれている。その記述は段落の構造のなかにあたえられていたり，あわせ文の構造のなかにさしだされていたりする。

　刺激にたいする反応として，突発的に，さけがたく，おさえようもなくおこってくる，感情的な，あるいは生理的な状態をも，この「しないわけにはいかない」を述語にする発話が表現している。対象的な場面が一定の条件のもとでかならずおこってくる，心理的な，生理的な現象であれば，この種の発話も必然の表現のひとつのあり方である。まえにあげた，必要を表現する発話では，動作のし手はその動作の実行の必要を意識していて，実行しないことは不可能である，ゆえに実行する，という，意志的な事実をつたえている。つまり，そこでは，必然が，動作のし手の必要とする意識を媒介にして実現している。しかし，ここではそれがかけていて，直接的である。それにもかかわらず，「しないわけにはいかない」を述語にする発話は，必然表現の形式であると，一般的に規定することができるだろう。〈…〉(奥田靖雄 1997「現実・可能・必然（下）―しなければならない―」教科研国語部会瀬波集会講義プリント)

◇「しないで(せずに)は　いられない」
　〈…〉必然の意味がまぎれもなく前面におしだされているのは，助動詞 iru が可能の否定のかたちに irenai を採用するときである。／しないでいることができない／のであるから，／かならずする／ということになる。この hanasanaidewa　irenai という動詞のかたちがさしだす動作あるいは状態は，具体的な場面のなかでの出来事にこたえて，反射的に，さけがたく，どうしようもなく生じてくる，主体によってはコントロールのむずかしい心理的な現象である。したがって，その，必然的におこってくる心理的な動作，状態は，すでに実現しているという特徴をもっている。使用の頻度はたかい。(奥田靖雄 1997「現実・可能・必然（下）―しなければならない―」教科研国語部会瀬波集会講義プリント)

§7　終止形

1）終止形の　体系

規定1
　ひとえ文の　述語の　位置に　あらわれて　くる　動詞は，　文の　対象的な　内容と　現実との　かかわり方を　表現する　ために，　さまざまな　かたちに　活用します。
　これらの　活用形は，　文に　完結性を　あたえると　いう　ことで　終止形と　いう　用語で　ひとまとめに　する　ことが　できます。　終止形は，　動詞の　いくつかの　文法的な　かたちの　集合で　あって，　テンス・アスペクト・ムードの　体系を　なして　います。(91)

[ムード]		[テンス]	[アスペクト]	
			完成相	継続相
直説法	いいきり	すぎさらず	よむ	よんで　いる
		すぎさり	よんだ	よんで　いた
	おしはかり	すぎさらず	よむだろう	よんで　いるだろう
		すぎさり	よんだだろう	よんで　いただろう
意志法			よもう	よんで　いよう
命令法			よめ	よんで　いろ

◇終止形の体系性

　ひとえ文（単文）あるいはいいおわり文（主文）において，述語の位置にあらわれてくる動詞の文法的なかたちのセットを《終止形》とよぶことにする。このセットをくみたてている，いちいちの文法的なかたちは，ひとえ文の述語としてはたらくということから，アスペクトの，テンスの，ムードの意味をもたされていて，これらの意味の複合としてあらわれてくる。したがって，終止形に属する，ひとつの文法的なかたちは，アスペクトの観点からも，テンスの観点からも，ムードの観点からも意味の規定をうけとらなければならない。終止形としてはたらく，いちいちの文法的なかたちは，すくなくともみっつの意味規定をうけとることになる。たとえば，文のなかに使用される「はなす」という動詞の文法的なかたちは，述語としてはたらくことから，ムードとしては直説法であり，テンスとしては未来であり，アスペクトとしては完成相である。

　〈…〉このようなアスペクトの，テンスの，ムードの下位体系はひとつにまとまって，終止形とよばれる，動詞の文法的なかたちの体系をこしらえている。その体系性は，終止形に属する，いちいちの文法的なかたちが，その内部において，アスペクトの，テンスの，ムードの意味のからみあいをなしていて，それらの意味が相互にはたらきかけあっている，という事実のなかに表現されている。たとえば，「はなしている」という終止形のかたちは，アスペクトの観点からは継続相であるし，テンスの観点からは現在であるが，動作が継続しているという，アスペクト的な性格をこのかたちからきりすてたところに，デイクティックな現在テンスはなりたたない。動詞にさしだされる動作が現在であると，テンスの観点から規定することができるのは，その動作がはなし手のはなすモメントをまたいで，継続しているからである。そして，この「はなしている」のテンス的な意味は，現実の世界の，レアルな出来事を確認する，直説法のムードのなかに実現する。（奥田靖雄1993「動詞の終止形（その1）」『教育国語』2—9号）

　〈…〉ここでの［終止形叙述法の］テンスの意味は，終止的な述語になるという機能における叙述法［直説法］のムードの意味とからみあっている。叙述法の基本的な意味は現実の動きや変化，状態や性質を認識してそれを聞き手につたえるという話し手の態度をあらわすものと仮定しておこう。
　〈…〉動詞が（アスペクト形式をとって）あらわす動きや変化，状態や性質からみれば，叙述法のムードによって，それが現実に対して実在的な（real な）関係にあることがしめされるわけである。現実の動きや状態などは一定の客観的，実在的な時間のなかにおかれている。したがって，動

詞のしめす動きや状態などと現実との実在的な関係づけは，動詞の動きや状態などを現実における時間と関係づけることによってあらわすことができる。

　現実の時間との関係は発言の瞬間を基準にした時間的な前後関係をあらわすテンスによってしめされる。発言の瞬間は言語活動のなりたつ時間であり，現実の実在的な時間のなかに位置するものだからである。叙述法はムード＝テンスの意味として動詞のあらわす動きや状態などと現実との実在的な関係づけを実現するわけである。

　テンスは叙述法のムードのなかで発言の瞬間を基準として動きや状態のなりたつ時間をあらわし，叙述法はテンスによって関係づけられた動詞の動きや状態などと現実との関係が実在的であることをあらわすといえるであろう。〈…〉

　動詞の語彙的な意味は，このようにして，叙述法のテンス形式によって現実に関係づけられるが，このばあい，語彙的な意味が直接テンス形式によって現実に関係づけられるのではない。動詞は文の述語として主語やその他の文の成分との関係を媒介にして現実とかかわるわけだが，それをしばらくおくとしても，動詞に属する語いの基本的な部分（運動動詞）はアスペクトのカテゴリーをもっているからである。

　文のなかにある終止形のテンスの形は，叙述法断定というムード的な意味とともに，完成相あるいは継続相というアスペクト的な意味とからみあったテンス的な意味をあらわしているということになる。図式化していえば，動詞の語彙的な意味は，アスペクトを媒介にしてテンスと関係し，ムード・テンスを媒介にして現実の時間に関係づけられるわけである。

　われわれのまえにある二つのテンス形式のなかには，ムード・テンス・アスペクトの意味が相互作用しながらからみあって存在している。そして，たがいにあい手のなかにしみこみ，部分的にとけあって，たやすく分離できないばあいもありうる。このばあい，機械的なきりはなしはさしひかえて，テンス＝ムードの意味，テンス＝アスペクトの意味としてあつかわなければならないこともあるだろう。（鈴木重幸 1979「現代日本語の動詞のテンス―終止的な述語につかわれた完成相の叙述法断定のばあい―」『言語の研究』）

2）終止形の　ムード

規定2

　終止と　して　はたらく　動詞は，　基本的には　直説法，希求法，命令法の　三つの　対立する　ムードの　体系を　なして　います。(91)

直説法	よむ
希求法	よもう[36]
命令法	よめ

◇文のモーダルな意味の表現手段のひとつとしての動詞のムード

---

36 ここでの「よもう」は《勧誘》ではなく，《意志・決心》を表現するかたち。

文の対象的な内容は，さまざまなモーダルな意味のなかにあらわれてくるのであって，そのそとには存在しない。モーダルな意味は，文の対象的な内容が存在するための，もっとも基本的な形式なのである。したがって，伝統的な言語学は，この意味にしたがって，すべての文を《つたえる文》と《たずねる文》とにわけている。さらにつたえる文は (1) ものがたり文（平叙文），(2) まちのぞみ文（希求文），(3) さそいかけ文（命令文）にわけている。この分類は，文の成立にとって，かかすことのできない，基本的な特徴からなされていて，それゆえにもっとも常識的であり，かつ伝統的なのである。文は現実と積極的にかかわっていく，はなし手の《私》によってつくりだされたものであるとすれば，《私》は，現実の世界の，さまざまな出来事を自分なりにその対象的な内容にえがきだすばかりではなく，現実にはまだ存在してはいない，あるいは存在することのできない，観念のなかでつくりかえられた出来事をもえがきだすだろう。人間が現実にはたらきかけて，その現実を，自分の欲求にあわせて，つくりかえていくとき，現実は，まえもって意識のなかでつくりかえられている。意識の存在形式としての文の，対象的な内容が欲求の対象的な内容であるのは，当然といえる。そして，その，対象的な内容としての，つくりかえられた現実は，《私》のほしいことであったり，《のぞましいこと》であったり，《実現をめざすこと》であったりするだろう。文の対象的な内容は，欲求とか，期待とか，意志とか，命令とか，依頼とか，勧誘とか，さまざまなモーダルな意味のなかにあらわれてくる。文のモーダルな意味のなかには，その対象的な内容が《私》にとってなにかということが表現されている。《私》の，現実にたいする関係のし方，態度が，文のモーダルな意味のなかにさしだされているのである。

　ところで，文のモーダルな意味は，動詞述語文においては，主として，動詞の文法的なかたちによって表現されている。日本語の動詞には，終止形としては，「する」「しよう」「しろ」のような，ムードのかたちがあって，それらが文のモーダルな意味の表現手段としてはたらいているのである。それにくわえて，連用形や接続形に補助的な単語をくみあわせることによって，モーダルな意味を表現するための手段がつくられている。たとえば，「してもいい」「すればいい」のような。また，「したい」のような派生動詞もあって，《私》の欲望をつたえる《まちのぞみ文》をつくっている。こうして，動詞は終止の位置にあらわれることによって，複雑なムードの体系をもたされていると，みなければならないのである。(奥田靖雄 1992「動詞論」北京外国語学院での講義プリント)

規定3
　直説法は　現実の　世界に　進行する　過程を　はなし手が　確認して　のべる　かたちです。いちいちの　具体的な　過程が　時間の　なかに　存在して　いる　ことから，　その　いちいちの　過程を　確認する　直説法は　過去，現在，未来の　テンスの　かたちの　なかに　あたえられて　います。(91)

直説法	**すぎさらず**	<u>よむ</u>
	すぎさり	<u>よんだ</u>
希求法		よもう
命令法		よめ

◇モーダルな意味と時間性のからみあい

ものがたり文は，その述語に直説法「する」「した」「している」「していた」が用いられている
ばあい，《私》のそとにレアルに存在する出来事をえがきだしている，と一般的に規定することが
できる。しかし，レアルな出来事は，《私》のはなすモメントからみて，現在，過去，未来の，
みっつの時間的なプランのなかにあらわれてきて，レアリティーの意味がすこしずっちがってくる
し，それに照応して私が確認するのであれば，《確認》というモーダルな意味もすこしずつずれて
くる。そして，《確認》という一般的な意味がおおきくずれてくるのは，動詞の未来テンスのかた
ちを述語にするものがたり文においてである。そこではすくなくとも《私》の観点からみて，出来
事はレアルなものになってはおらず，まだポテンシャルであるのである。(奥田靖雄 1994「動詞論—
終止形のムード—」教科研国語部会瀬波集会講義プリント)

◇直説法現在テンス(する・している)における《確認》
　「する」「している」という動詞のかたちを述語にする文では，さししめされる動作は，発話の
場面に直接的にふくみこまれていて，人間と現実との関係の，言語への反映の最初の環をなしてい
る。この種のものがたり文では，動詞にさしだされる動作は，はなし手の目のまえで進行していて，
アクチュアルな現在とよぶにふさわしい。

> 「なにしていらっしゃるの？」「顔をあらっている。これからひげをそる。」(憂愁平野)
> 「家内はむこうにいっています。」指さきがその方向をしめした。禎子はそれをみつめた。(ゼロの焦点)
> 「どうも昨日からひどくひえますね。」(ゼロの焦点)
> 「おそくなりますね。そろそろおいとましましょう。」「まだいい。」「よくはありませんわ。」「いいや，い
> い。」「ほんとうは十分か十五分でかえるのでしょう。」「自分ひとりでいたときはそうだ。しかし，今日は君
> がいる。」(憂愁平野)

　もっとも，権威ある報道機関からもらう情報であれば，直接的な経験からのものではないとして
も，この「する」「している」というかたちでつたえることができる。《私》のはなすモメントに進
行している，アクチュアルな出来事は，そして，直接的な経験を媒介にしながら，推理によって確
認する出来事，他人からのききつたえによってしることのできた出来事は，それぞれがふさわしい
表現手段をもっている。したがって，《私》が存在している場面のなかで進行している，アクチュ
アルな出来事をとらえている，ということは，述語動詞が現在テンスのかたちを採用している《も
のがたり文》の基本的な特徴である。したがって，《私》が直接的に観察できるということ。「す
る」「している」という現在テンスを表現するかたちが，《歴史的な現在》に使用されるのは，それ
が観察しうる，アクチュアルな現在を表現するための，基本的なかたちであるからである。さらに，
現在に進行している，心理的な，あるいは生理的な現象は，はなし手自身の内的な体験によってと
らえられているため，これをえがきだす「する」という現在テンスの使用は，基本的に一人称のば
あいにかぎられてくる。〈…〉(同)

◇直説法過去テンス(した・していた)における《確認》
　しかし，ものがたり文は，述語動詞が過去のかたちをとるとすれば，はなし手がいまおかれてい
る場面から前にとおざかる，以前の(むかしの)場面に出来事を関係づけることになる。とすれば，

発話はふたつの場面にかかわっていて，二重の意味でのデイクティックな時間構造をもつことになる。つまり，発話は，はなし手のはなすモメントからかぞえての時間と過去の場面からかぞえての時間とのふたつの時間構造をもつことになる。

〈…〉ところで，過去テンスのもうひとつの本質的な特徴は，ものがたり文にさしだされる出来事が，はなし手の記憶からひきだされたものである，ということである（もっとも，結果から過去を想像することもできる）。このことが，過去テンスのものがたり文に回想性をつきまとわせるのである。地の文において，回想性をきりすてて，ひたすら過去の事実を記述する，という文体がうまれているとすれば，他方では過去の回想性を前面におしだしていく，文のタイプがうまれてくる。
（同）

◇直説法未来テンス（する）における《確認》

述語動詞が未来テンスのかたちを採用しているばあい，発話にさしだされる出来事は，《私》によって確認されたレアリティーであると，みなすことができる。人は日常的な経験のつみかさねから，一定の状況のなかで妥協なく，必然的に生じてくる出来事をしっていて，このような出来事をものがたり文のなかに確認する。そして，その出来事は，これからおこるものであれば，直説法の未来テンスのかたちを採用する，動詞のなかにさしだされる。まだおこっていないし，知覚できない，ということで，うたがう人があるとすれば，その人は非常識であるとして，あい手にされないだろう。したがって，この種のものがたり文において，《ふたしかさ》《あいまいさ》を表現する陳述副詞の挿入はゆるされない。「まちがいなく」とか「かならず」というような陳述副詞はゆるされるとしても。このような事実は「するだろう」という《おしはかり》を，《いいきり》の「する」から区別する根拠でもある。

「わたし，ウィスキーには平気だわ。」「そんなことはない。いまに<u>ようぞ</u>。」（憂愁平野）
「山火事は危険です。ちいさくみえる火でも，ことに昼間ははばのひろい大火です。火がどろどろしたに<u>くずれおちます。焼石や岩がころがりおちます</u>。」とおりすがりにぼくはそういったが，あい手は感じない風で，山の方へいってしまった。（黒い雨）

しかし，述語動詞が未来テンスのかたちをとるばあい，さししめされる出来事はまだレアルなものになってはいない。したがって，発話の内容はつねになんらかの程度のポテンシャリティーがつきまとっていることになる。ここでは，出来事の未来への関係づけは，はなし手による《必然》あるいは必要の確認とからみあっている。出来事が自然発生的な現象のばあい，《必然》の確認がそのまま表面にでてくる。

「あっというまにぬれちゃった。すこしこうしておけば，すぐ<u>かわくわね</u>。ここあたたかいから。」（あなたにだけ）
「君，すすきの根へ足をかけて，もちこたえていたまえ。あんまり前の方でふんばると，崖がくずれて，足が<u>すべるよ</u>。」（二百十日）
「閑間さん。私は気になりますから，いそぎます。あの火事のいきおいなら，いつか<u>やけますよ</u>。」（黒い雨）

「じゃ，たいしたことないのね」「たいしたことはない。ねていれば，なおる。」

（奥田靖雄 1994「動詞論—終止形のムード—」教科研国語部会瀬波集会講義プリント[37]）

規定4

　いちいちの　具体的な　過程は　はなし手が　見たり　聞いたりして　確認する　ことも　できるし，　ほかの　できごとを　根拠に　おしはかる　ことでも　確認する　ことが　できます。したがって　直説法には　その　確認が　はなし手の　おしはかりで　ある　ことを　あらわすために　おしはかりの　かたちが　あります。(91)

直説法	**いいきり**	すぎさらず	よむ
		すぎさり	よんだ
	おしはかり	すぎさらず	よむだろう
		すぎさり	よんだだろう
希求法			よもう
命令法			よめ

◇おしはかり—媒介された，間接的な，想像としての《確認》

　動詞の直説法には，「する」という，マークされていないかたちのほかに，「するだろう」というかたちがあって，これらが確認のし方という観点から相互に対立している。「する」というかたちが直接的な経験にあたえられる動作を表現しているのにたいして，「するだろう」のかたちは，この直接的な経験にあたえられた出来事を前提にして，そこからひきだされる動作を表現している。これらの，ふたつの動作のあいだには，たくわえられた経験的な知識，日常的な公理，一般的な法則が媒介として存在している。媒介された，間接的な認識によって確認される動作が，「するだろう」のかたちによって表現されているのである。〈…〉

　ひろ子のいるところでさえ，八月になれば，山々の色が変化した。網走にはもう秋の霧がきているだろう。（播州平野）

　この人もこの病院にきてから，もう四年になる。そのうちに論文を提出して，学位をとるだろう。（洒落た関係）

　むこうがわから袴の股立ちをとった子どもたちが，唱歌をうたいながら，愉快そうにあるいてきた。肩にかついだ笹の枝には草の穂でつくったふくろうがおどりながら，ぶらさがっていく。おおかた雑司ヶ谷へでもいったのだろう。（野分）

　まえの屍室には今夜もあおい灯がついている。また兵隊がひとり死んだのだろう。（放浪記）

---

[37] この論文ではこのあと，人称性とのからみあいのなかでの，直説法未来のかたちのもつモーダルな意味のさまざまが記述されている。

たしかに，「するだろう」は《想像》というし方で現実の世界の動作を確認している。このこと
は，動詞の，このかたちが想像のなかの動作をえがいている，ということを意味している。「する
だろう」を述語にするおしはかりの文は，想像の世界の出来事をえがきだしているのである。とこ
ろが，想像は現実からとびたって，そこからとおざかる。ここでの出来事はもはやレアルな出来事
にもどることはない，というところまで発展していく。いわば虚構の出来事をつくりあげるのであ
る。そうであるとしても，現実の出来事を確認するという，想像のはたらきをすてさったわけでは
ない。想像の世界の出来事は，条件さえととのえば，《おこりうる》こととして，可能性として存
在している出来事の反映なのである。したがって，条件がかけていて，その可能性としての出来事
が現実性へ移行することがないとしても，可能性をただしくとらえているかぎり，想像は，現実を
確認するし方のひとつとして有効さをすててはいない。想像は形象のなかに事の本質をとらえてい
る。こうして，「するだろう」は想像の動作を表現しながら，現実の動作を確認するし方のひとつ
の種類としてあらわれてくる。

　この女，もし自分があらわれなかったら，どうするつもりか。料理も注文せず，いつまでもひとりで場所
をふさいでいることだろう。そのうち，ボーイにいわれると，まちぼうけをくった女は，にやにやして<u>でて
いくだろう</u>。ひと目をひく顔とはいえなかったが，その年齢だけのものは感じさせた。(命なりけり)
　私はじっと背中をむけて，となりにねている男の髪の毛をみていた。ああ，このまま布団の口がしまって，
でられないようにしたら，どんなものだろう。……この人にピストルをつきつけたら，この男はねずみのよ
うに<u>きりきりまいをしてしまうだろう</u>。(放浪記)

(奥田靖雄 1992「動詞論」北京外国語学院での講義プリント[38])

◇いいきり—直接的な経験による《確認》、否定することのできない《知識》
　〈…〉「する」という断定のかたちは，はなし手の直接的な経験によって確認されている動作を
いいあらわしている。小説などで，自然の風景や町の風物を描写しているところがあるとすれば，
それがだれかの目をとおして，つまり作者自身の目をとおして，それとも登場人物のうちの，ある
一人の目をとおしてなされているのだが，このことは，「する」という直説法が，なによりもまず，
はなし手自身の経験にあたえられている，レアルな動作をあらわしている，という事情からおこっ
てくるのだろう。〈…〉
　しかし，「する」のかたちでいいあらわされている動作は，かならずしもはなし手の直接的な経
験にあたえられていなくてもいい。人びとの経験にあたえられている，うたがう余地のない事実と
して，社会的な承認をうけている動作であれば，それは「する」のかたちで表現されている。この
ばあいでは，はなし手は人びとの経験の代弁者としてあらわれてきて，そこにみずからの視点をお
りこんでいく。いずれにしても，「する」という断定のかたちのはたらきは，すくなくともはなし
手自身の観点から否定することのできない，はなし手自身の《しっていること》，つまり《知識》
をのべている，ということになる。(同)

---

[38] この論文では，このあと，たずねる文への移行をとりあげ，派生的な《おしはかり文》のさまざまについて記述している。

120

直説法	いいきり	すぎさらず	よむ
		すぎさり	よんだ
	おしはかり	すぎさらず	よむだろう
		すぎさり	よんだだろう
希求法[**決心**]			よもう
[**欲求**]			<u>よみたい</u>
[**期待**]			<u>よめば　いい</u>
			<u>よんだら　いい</u>
			<u>よむと　いい</u>
命令法			よめ

◇《まちのぞみ文》の基本的な意味

　〈…〉「したい」が述語の位置にあらわれてくるときには，はなし手は《私》の欲望をなげだし
ていて，文の構造のなかに主語がないのがふつうである。したがって，「したい」がさしだす動作
のし手が二人称であったり，三人称であったりすることは，原則としてできないことなのである。
意志表示的な「しよう」も，「したい」とおなじように《私》の動作への志向を表現しているが，
前者が《私》の決心あるいは覚悟をいいあらわしているとすれば，後者は《私》の欲望あるいは意
欲をあらわしている。「しよう」と「したい」とはまちのぞみ文のなかの，ひとつの系列としてま
とめることができるだろうか？

　「すみません，おそくなって。今日は私もここで食べさせてくださいね。おしゃべりしながら<u>食べたいわ</u>。」
（洒落た関係）
　「秋山君？　お手紙みたわ。私もいろいろはなしたいことがあるのよ。もう一度だけ<u>あいたいわ</u>。君のとこ
ろへいってもいい？」（洒落た関係）
　「いつもひとりぼっちのくせに，他人のやさしい言葉をほしがっています。そして，ちょっとでもやさしく
されると，うれし涙がこぼれます。おおきな声で深夜の街を歌でもうたって，<u>あるきたい</u>。」（放浪記）
　「なんだかひとりでいたくなったの。……もうどうなってもいいから，ひとりで<u>くらしたい</u>。」（放浪記）
　　（奥田靖雄 1992「動詞論」北京外国語学院での講義プリント／奥田靖雄 1986「まちのぞみ文（上）—文の
さまざま（2）—」『教育国語』85 号）

◇《まちのぞみ文》から《さそいかけ文》への移行

　〈…〉はなしあいのなかで，はなし手の欲望なり希望なりがあい手の行動によってみたされると
きには，「したい」にはあい手へのさそいかけ性が《ふくみ》として生じてくる。意味的にはさそ

いかけ文にちかづいていくわけだが，基本的には《私》の欲望をなげだしているかぎり，まちのぞみ文である。しかし，「ねがいたい」を述語にする文になれば，もう《さそいかけ文》へ移行していると，いえるかもしれない。

> 「当分あえないのね，時ちゃんとは。私，もう一本の<u>みたい</u>。」時ちゃんはうれしそうに手をならして，女をよんだ。（放浪記）
> 「わたし小説家になるんです。もう千枚ぐらい原稿をかいたわ。だけど，小説って，女と男のことでしょう。だからまず女というものを研究した<u>かったの</u>。わたし先生にお話を<u>ききたいわ</u>。先生は女のほんとうに赤裸々なすがたをみていらっしゃるわけでしょう？」（洒落た関係）（同）

◇《まちのぞみ文》から《ものがたり文》への移行

〈…〉ところが，二人称，三人称の欲望，希望をいいあらわす必要がおこる。こういうばあいは，述語のかたちを「したい」から「したいのだ」にとりかえて，文を説明的なかたちになおせば，可能になる。つぎにあげる例では，二人称，三人称が動作のし手であるし，欲望，希望のもち主である。つまり，動作のし手が自分の動作の実現をのぞんでいるという意味がいいあらわされている。はなし手の《私》はこの事実を確認して，つたえる。したがって，この種の文はまちのぞみ文ではなく，ものがたり文であるとすれば，「したいのだ」を述語にする文はものがたり文であって，文のモーダルなタイプの移行をしめしている。

> 「いや，それにはわけがある。潤子は大坂へ<u>いきたいのだ</u>。孤児院ではたらきたいんだな。……」（洒落た関係）
> いつもならば，この薬局の女はだれだれさんからお電話という。風見雪雄からかかってきたときにかぎって，あい手の名をいわない。これがこの娘の利口さだった。先生の私生活には<u>たちいりたくないのだ</u>。（洒落た関係）

動作のし手とはなし手とがおなじ《私》であるばあいでも，「…のだ」を述語のあとにくっつけて，ものがたり文へ移行させることができる。はなし手は《私》の気もちを反省しながら，これを事実とみとめて，つたえる。したがって，一方では，事実を確認し，つたえるはなし手の《私》がいて，他方には欲望のもち主である《私》がいる。一人称のものがたり文である。

> 「うそをいいなさい。あんた気がちいさいね。私はね，次第によってはお金をだしてもいいんだ。二十万でも三十万でもさしあげるよ。私は資料をかいたいんだ。だまってうったらどうです。……」（金環蝕）
> 「……愛というよりも情痴だわ。男なんて，年中そばにいられたら，うるさくてたまらない。わがままで，自分勝手で……。あんただって，わがままよ。」「おれは君にわがままを<u>したいんだ</u>。」（洒落た関係）〈…〉
> （同）

◇モーダルな意味を表現する合成述語（分析的なかたち）

終止形のムードのかたちは文のモーダルな意味の表現手段としてはたらいている。しかし，動詞のムードの意味がすなわち文のモーダルな意味である，ということを意味しはしない。動詞のムー

ドのかたちの体系がかけている言語でも，文にはモーダルな意味がつきまとっている。ある種の
ムードのかたち，たとえば命令法などがかけている動詞の活用表をもっている言語も，世界にはた
くさんある。このばあいでは，文のモーダルな意味はべつの手段によって表現されている。そして，
この方が言語にとってはふつうなのである。かぎりなくとでもいいたい，多種多様な文のモーダル
な意味を動詞の形態論的なかたちがとらえつくす，ということはとうてい考えられない。動詞の
ムードのかたちは，そのごく一部分を選択的に動詞の変化のし方のなかに固定しているにすぎない。
それぞれの言語が動詞のことなるムードの体系をもっているのは，そのためである。
　たとえば，「すればいい」「してもいい」のような合成の述語があって，動詞のムードのかたちで
はとらえようのない，文のモーダルな意味を実現している。「するのだ」のような述語の説明のか
たちが，あるいは「しないのか？」という疑問文のかたちが，ひろい意味での命令を表現するため
に利用される。これらは文の現象であって，形態論にははいらない。「わけだ」「はずだ」「つもり
だ」のような名詞は，動詞とくみあわさることによって，はなし手の論理的な展開過程を表現する。
文のモーダルな意味のゆたかさは，形態論によってはとうてい説明しつくすことはできない。（奥
田靖雄1996「動詞－その一般的な特徴づけ－」教科研国語部会瀬波集会講義プリント）

◇「するといい」

　《私は期待する》という，モーダルな意味を表現するための動詞のかたちとして，「するといい」
「したらいい」「すればいい」をあげることができるが，これらみっつのかたちが意味的にも機能
的にもまったくひとしいか，それともちがっているか，ちがっているとすれば，そのちがいはどこ
にあるのか，この問題にはまだこたえることができない。傾向としては，「するといい」が頻度も
たかく，はなしことば的であって，まちのぞみ性がつよいともいえる。もともと期待をあらわすま
ちのぞみ文のためにつくられた，専用のかたちであるとも，考えられる。それにたいして，「すれ
ばいい」は可能表現のための手段のうちのひとつであって，それでつくられている文がまちのぞみ
文へ移行してきている，と思われる。しかし，はっきりしたことはまだいえない[39]。〈…〉
　「するといい」を述語にする文は，はなし手のねがい・のぞみをいいあらわしている。動作のし
手ははなし手の《私》ではない。二人称あるいは三人称である。《私》にとってなんらかの意味を
もっていて，のぞましく思う動作がさしだされている。

　　二人は人をおしわけて，電車へのった。雨がどしゃぶりだ。いい気味だ。もっとふれ，もっとふれ。花が
みんなちってしまう<u>といい</u>。（放浪記）
　　今日は風つよし。上野の桜はさいたかしら，……。桜もなん年もみないけれど，はやくわか芽がぐんぐん
<u>もえてくるといい</u>。（放浪記）
　　明日から，今からうえていく私たちなのである。ああ，あの十四円は九州へとどいたかしら。東京がいや
になった。はやくお父さんが金もちに<u>なってくれるといい</u>。（放浪記）
　　いとしいお母さん，今あなたは戸塚，藤沢あたりですか。三等車のすみっこでなにを考えています。どの
へんをとおっています。……三十五円が<u>つづくといい</u>な。お壕には帝劇の灯がきらきらしていた。（放浪記）

---

[39] このテキストでは，「すればいい」のかたちは，「してもいい」とともに，§6モドゥス，2）可能表現の動詞の項でもとりあげら
れている（P.110,規定7参照）。

「するといい」を述語にする文がまちのぞみ文であれば，「するとよかった」という過去のかたちを採用する文もあって，「したい」と「したかった」との対立をくりかえすはずである。じっさい，そのような対立があって，「するとよかった」という過去のかたちを採用するまちのぞみ文では，過去にそうであることをいま《私》がのぞましく思う，というような意味をいいあらわしている。しかし，《私》ののぞましく思う動作は，もはや実現の可能性はない。それにたいして，「するといい」という現在のかたちを採用する文では，のぞましく思う動作は，未来に実現する可能性をもっている。

　「いったい，先生が横浜なぞへでかけられるまえに，相談してくださるとよかった。こんなにも私たちをさけなくてもよさそうなものです。」（夜明け前）
　女たちのおしゃべりは夏の青空のようにほがらかである。ああ，私は鳥かなにかに生まれてくるとよかった。（放浪記）

　「するといい」にさしだされる動作のし手があい手の二人称であるばあいは，当然はなし手がその動作をあい手にすすめている，という意味あいをもってくる。

　「元気をだして，はたらくわねえ。あんたは一生けんめい勉強するといいわ。」（放浪記）
　「〈…〉いつものあなたににあわない。元気をだして，酒でものんでみるといい。人間はあきらめということが肝心だから。」（たでくう虫）

（奥田靖雄1992「動詞論」北京外国語学院での講義プリント）

◇「すればいい」
　〈…〉例にあげた「するといい」は，ほとんど例外なく「すればいい」あるいは「したらいい」におきかえることができるが，そうであれば，「するといい」「すればいい」「したらいい」のみっつのかたちは，おきかえ可能な，同義のかたちであるということになる。しかし，つぎにあげる例をみると，「すればいい」を述語にする文は，かならずしも期待をいいあらわすまちのぞみ文であるとはいえなくなる。ここでの「すればいい」は，《すれば，解決がつく，かたづく，うまくいく，不都合がおこらないですむ》というような意味を実現していて，「すれば」と「いい」とに分解できそうである。

　「……いくら愛情が純粋だって，そんな不便な生活はつづかないね。やはりみのまわりをやってくれる女がほしいよ。たとい二人の愛情が少々不純であっても，その方がいいんだ。」「身のまわりのことは，家政婦ひとりやとえばいいのよ。」（洒落た関係）
　「愛がなくなれば，男はかようことをやめたり，または女のところからはなれればよく，女は拒絶すればよい。」（女性の歴史）〈…〉

〈…〉過去のかたち「すればよかった」が述語になっている文では,《解決がつく》ということが過去テンスにかわっていることをいいあらわしている。そういうことでも,この文はまちのぞみ文ではなく,ものがたり文である。

　　われわれはいつかタクロバンの砂浜に腰をおろし,船をまっている。ここでまた所持品の検査があるとおどかされてきたが,収容所のサージャントからわれわれをうけとった港湾のサージャントは,もうそんな面倒なことをしなかった。ただ俘虜というやっかいな代物を船にのりこませ,船長にひきわたしてしまえばよかったのである。(俘虜記)
　　桔梗ばかりではなく,これらの名妓たちはそれぞれ旦那があって,衣装から平常の物入りを負担してもらっていた。それも抱え主に直接手わたしするので,彼女らは生活の苦労のそとにいた。まったく彼女たちは美しくさえなればよかったのだ。(杏っ子)

　しかし,つぎにあげる例では,《期待する》という意味がまったくかけているわけではない。《そうすれば,解決がつく》という意味を土台にしながら,そこには《期待する,希望する》という意味が生じてきている。

　　わが神よ。自分はどうしたらいいのであろう。いっそ,今,とっさの間に汽車が発する時間がきてしまえばいい。(ふらんす物語)
　　しかし,すぐとまた,そんなつまらない狂言じみたことをするまでもない,死ぬことさえも今ではなんだか面倒な,ものうい気がする。今日のかえり道,とびのる電車が衝突でもして,ひと思いに死なしてくれればいい。(ふらんす物語)
　　ああ,もっと利口な女にうまれてくればよかった。私も……私も……このつぎうまれかわってきたら……」(家)
　　「腕力や脚力をもちだされちゃ,だめだね。とうていかないっこない。そこへいくと,どうしても豆腐屋出身の天下だ。ぼくも豆腐屋へ年季奉公にすみこんでおけばよかった。」(二百十日)

　このようにみれば,「すればいい」を述語にする文は,可能表現の特殊なタイプであって,そこから期待を表現する文を派生させている,といえそうである。したがって,「するといい」を「すればいい」にとりかえることができるとしても,「すればいい」と「するといい」とを同義であるとみなすわけにはいかなくなる。(同)

規定6
　はなし手　自身が　あい手に　動作の　実行を　もとめる　ときには,　その　動作は　命令法の　かたちで　表現します。　命令法には　絶対的な　命令の　ほかに　さそいかけ,　おねがい,　許可などを　表現する　かたちが　あります。(91)

直説法	いいきり	すぎさらず	よむ
		すぎさり	よんだ
	おしはかり	すぎさらず	よむだろう
		すぎさり	よんだだろう

125

希求法[意志]	よもう
[欲求]	よみたい
[期待]	よめば いい
	よんだら いい
	よむと いい
命令法**[絶対的命令]**	よめ
[さそいかけ [勧誘]]	よもう
[おねがい [依頼]]	よんで くれ
[許可]	よんで いい

◇さそいかけ文の体系

　はなし手である《私》がきき手にはたらきかけて，はなし手の観点からのぞましくおもう動作の実行をきき手にもとめる，という意味を表現している文のことを《さそいかけ文》とよぶことにする。とすれば，《さそいかけ文》という用語のもとに，命令や依頼や勧誘など，許可や禁止など，さまざまなさそいかけをいいあらわす文がふくみこまれている，ということになる。そして，その，さまざまなさそいかけをいいあらわす文は，主として，「しろ」「してくれ」「しよう」に代表される，動詞の形態論的なかたちによってつくりだされている。もっぱら，さそいかけ文をつくるための，これらの動詞のムードのかたちは，さそいかけ文の部分的な意味をしっかりと固定化している。したがって，さそいかけ文はそれらのムードのかたちにしたがって，命令文，依頼文，勧誘文の，みっつのタイプにおおきくわけることができる。(奥田靖雄 1992「動詞論」北京外国語学院での講義プリント)

◇さそいかけの場面構造

　ところで，さそいかけ文の一般的な意味が，はなし手の観点からの，のぞましい動作の実行をきき手にもとめる，ということであれば，さそいかけ文のつかわれる場面に，動作のし手としての，二人称のきき手が存在していなければならない。一方にはきき手に動作の実行をもとめるはなし手がいて，他方には動作の実行をもとめられるきき手がいる，という構造は，さそいかけの場面にとって義務的である。このような《さそいかけの場面構造》の成立していないところでは，さそいかけ文も成立しない。この場面構造は，ふつうはさそいかけ文に主語がかけている，という文の構造的な特徴としてうつしだされている。したがって，さそいかけ文に主語があるということは，それなりの意味をもっている。

　そして，さそいかけ文は，具体的な発話において，命令文，依頼文，勧誘文へとわかれていくのだが，さそいかけの場面構造の性格がそれらのさそいかけ文のいずれをえらぶかということをきめてかかる。たとえば，上司と部下，年長と年少，大人と子ども，というような人間関係のあり方が，さそいかけの場面構造のなかにわりこんできて，さそいかけ文の選択を方向づけるのである。かんたんにいえば，はなし手の社会的な地位がたかいときには，「しろ」あるいは「しなさい」というかたちを採用して，命令の意味を表現するが，それがぎゃくであれば，「してください」というかたちを採用して，たのみあるいはお願いを表現するだろう。社会的な地位のたかいほうに動作の主導権，選択権があたえられているのである。おなじ意味の「してくれ」の使用は，はなし手ときき

手とが同等であって，したしいばあい，きき手の年齢，社会的な地位がはなし手よりもひくいばあいにかぎられる（もちろん，はなし手は男）。(同)

◇命令ムードの意味と《意味あい》

　しかし，ここでたいせつなことは，「しろ」「してくれ」「しよう」のような，動詞のムードのかたちは，それぞれが自分自身の，固有の，独自の意味をもっていて，さそいかけ文のなかに使用されながら，その文のモーダルな意味の表現手段としてはたらいている，ということにある。動詞の形態論はそのようなものとしての，ムードのかたちの意味をしらべなければならない。動詞のムードのかたちは，文のなかに使用されることによって，みずからの基本的な意味を実現するわけだが，おおくのばあい，その基本的な意味には，懇願，忠告，すすめ，はげまし，叱責，警告，許可，許容，同意のような，さまざまな《ふくみ》あるいは《意味あい》がつきまとってくるだろう。しかし，これらの意味あいは，語彙的な意味が条件づける，それぞれのかたちのムード的な意味をのぞけば，文のなかでの使用のこととして，形態論はきりすてていくだろう。(同)

３）終止形の　テンス

規定7
　動詞の　直説法は　かならず　テンスの　かたちの　なかに　あたえられて　います。　終止形の　テンスは　直説法に　つきまとって　いて，　過去と　非過去（現在、未来）との　ふたつの　かたちを　とります。

	完成相	継続相
非過去	はなす	はなして　いる
過去	はなした	はなして　いた

　動作や　変化を　あらわす　動詞の　完成相の　非過去の　形は　はなし手の　はなす　モメントを　基準に　して，　これから　おこる　未来の　動作・変化を　あらわして　います。
　したがって，　完成相の　動詞は　はなし手の　はなす　モメントに　進行して　いる　現在の　動作を　あらわす　ことは　できません。　現在の　動作を　あらわす　ためには，　継続相の　かたちを　つかいます。　ただし，　状態動詞や　存在動詞は　完成相の　非過去の　かたちで　現在の　状態を　あらわす　ことが　できます。(91)

１）未来の動作・変化　→　完成相非過去[する]
《動作動詞》
　「…さ，これから料理をめしあがってください。ぼくもたべます。」(憂愁平野) [40]
　「し方ない，あすの朝一番でかえる。そして，直接会社へでる。」(憂愁平野)

---

[40] 以下の作品名つきの用例は，ことわらない かぎり，奥田靖雄 1993「動詞の終止形(その4)－テンス－」(教科研国語部会講義プリント)からのもの。

《変化動詞》

「いいか，さきにことわっておくが，ウィスキーは<u>よっぱらうぞ</u>。用心してのめ。」(憂愁平野)

「ウィスキーが<u>こぼれるわ</u>。」「こぼれようとこぼれまいと大きなお世話だ。」(憂愁平野)

2）はなすモメントに進行している現在の動作・結果的な状態・存在　→　継続相非過去[している]

《動作動詞》

「応接間で<u>まっているわよ</u>。」といった。その言葉には主語がぬけている。まっているのはだれか。その人の名を，理枝はいいたくないらしい。大事にしているのだ。(四十八歳の抵抗)

「ひとりで<u>あそんでるの？</u>」(女中っ子)

《変化動詞》

「あら，あなた手が<u>よごれていますわ</u>。」といって，女中をよんであがり口へ手水盥をもってこさせた。(雁)

「けさは，流しに氷が<u>はっています</u>。」(雁)

3）完成相非過去[する]が現在をあらわすばあい

《状態動詞》

「こわいわ，足が<u>ふるえる</u>。」(青春の蹉跌)

「なま爪を？　いたむかい？」「すこし<u>いたむ</u>。」(二百十日)

「風邪でもひいたんじゃないの。さむかったから。」「そうかしら。ちょっと<u>頭痛がしますの</u>。」(憂愁平野)

「どうもきのうからひどく<u>冷えますね</u>。」(ゼロの焦点)

《存在動詞》

車庫には父の車が<u>ある</u>。

隣のおりにはライオンが<u>いる</u>。

◇テンポラル・センター

〈…〉はなし手は，文にさしだす出来事をはなすモメントからかぞえて，いま，いままでに，いまから，という時間的なプランに関係づける。したがって，文のテンポラリティーは，まず，はなし手のはなすモメントを計算の出発点とするところの，デイクティックな時間的な構造をなしている。この時間的な構造のなかに，デイックティックなテンポラル・センターがあって，そのセンターから具体的な出来事の時間がかぞえられるわけであるが，そのセンターの役めをひきうけているのが，はなし手のはなすモメントである。

このようなテンポラル・センターを計算の出発点として，くみたてられているところの，デイクティックな時間構造は，動詞の終止形のテンスの体系のなかに客観化されて，言語的な事実としてふくみこまれている。終止形のテンスの体系は，その要素の構成のなかに，構成する要素のあいだの関係のなかに，計算点への方向づけ，つまりテンポラル・センターへの方向づけをはっきりと表現している。そういう体系をくみたてている，いちいちのテンスのかたちは，テンポラル・セン

ターへの一定の関係をみずからの意味のなかに実現している。(奥田靖雄 1993「動詞の終止形（その4）―テンス―」教科研国語部会瀬波集会講義プリント[41])

◇完成相非過去

〈…〉いわゆる終止形の「する」というかたちは，テンスの観点からみれば，《非過去》である。このかたちは，動作動詞・変化動詞についていえば，とくべつな条件がつけられていないかぎり，したがって，ふつうには未来の動作あるいは変化をいいあらわしている。このかたちは，終止の位置にあらわれて，未来のプランに動作・変化を関係づけるのである。このことは，動作動詞が完成相においてひとまとまりの，分割することのない，完結した動作を表現しているし，変化動詞があたらしい状態への移行のモメントを表現する，というアスペクト的な特徴とむすびついている。したがって，完成相のかたちをとるかぎり，動作動詞にしろ，変化動詞にしろ，はなし手のはなすモメントである《現在》をまたいで存在することができないのである。

と同時に，この「する」というかたちは，現実の世界の動作・変化を確認し，つたえることを使命にする，直説法である。このこととからんで，このかたちは，おおくのばあい，可能とか必然，意志とか予想とかいう，主観的な，客観的なモーダルな意味をともないながら，語彙的な意味にいいあらわされている動作・変化を未来のプランに関係づける。(同)

◇継続相非過去

〈…〉継続相も非過去と過去との，ふたつのテンスのかたちをもっている。そして，非過去のかたちは現代日本語では現在テンスの表現者としてはたらいている。このかたちも未来テンスをあらわすことができるが，きわめてまれであって，日本語の現在形は「している」であると，規定してさしつかえないだろう。この「している」は，はなし手のはなすモメントをまたいで継続している動作，あるいは変化の結果をさしだしているので，現在テンスをあらわすことができる。だが，このことは，限界に到達した動作と変化，ひとまとまりの動作と変化を表現している完成相の動詞では，それはできないことなのである。したがって，また完成相においてでも現在をあらわすことのできる，例外的な動詞は，動作に多少とも時間的なながさをもっている，無限界動詞でなければならない。(同)

◇状態動詞のテンス

日本語の動詞の完成相の非過去のかたちは，一般的にいって，未来テンスをいいあらわしていると，規定してさしつかえない。ところが，状態動詞とよばれるグループに属する動詞についていえば，この完成相・非過去のかたちが現在テンスをいいあらわしているのである。状態動詞のおおくは，人間の生理・心理的な状態をとらえていて，完成相・非過去のかたちで一人称の《私》の内的な体験をいいあらわす。この状態のもち主が三人称あるいは二人称であるばあいでは，現在テンス

---

[41] この論文［奥田靖雄 1993「動詞の終止形(その4)―テンス―」(教科研国語部会講義プリント)］では，文の時間性にかかわる一般的な問題，《絶対的なテンス》と《相対的なテンス》，《タクシス》などがとりあげられ，また，《知覚体験》，《目のまえで進行する動作・うごき》，《performative な現在》，《例示的列挙》，《典型の現在》，《ひろげられた現在》，《歴史的現在》，《過去の出来事にたいする情動・評価的な態度》など，テンスのさまざま用法が検討されている。

をいいあらわすために，ふつうは継続相の「している」をもちいる。アスペクトの対立が表出と記述との対立にかかわってきている。したがって，また，一人称の状態であるとしても，それを記述することになれば，「している」というかたちをつかうことになる。(同)

規定8
　反復的な　動作・状態，　習慣的な　動作・状態は，　それらが　現在の　もので　あれば，完成相　あるいは　継続相の　非過去の　かたちで　あらわし，　過去の　もので　あれば，　過去の　かたちで　あらわします。
　しかし，　ひとつの　クラスに　そなわって　いる　特性と　して　一般的に　あらわす　ときには，　完成相の　非過去の　かたちを　つかいます。(91)

---

1) 現在の反復・習慣的な動作・状態
《完成相非過去》［する］
　「うちもお婆ちゃんがぼけちゃって，こまったことがあったんです。いえ，いまもこまっていますけど。」「あら，そう。」「目がはなせないんです。ちいさくなっちゃって，ほんとうに梅ぼしみたいになったんですけど，むやみにいそがしく動くんです。立花さんとこはひねる癖はありませんか？」「ひねるって，なにを？」「なんでもひねるんです。水道の蛇口でも，ガス栓でも。なにか目につくと，さわって，ひねるんです。…」〔習慣〕(恍惚の人) [42]
《継続相非過去》［している］
　「いや，ぼくは子どものころにひどい目にあいましたから，それ以来ずっと食後はかならず歯をみがいているんです。」〔反復〕(恍惚の人)

2) 過去の反復・習慣的な動作・状態
《完成相過去》［した］
　「そのとき，おまえは七つだ。くいものがなくて，毎日とうもろこしのほしたやつをかじった。」〔反復〕(昭和かれすすき)
《継続相過去》［していた］
　一流の商社につとめ，多忙な日常で，たまの休日はゴルフにでかけるのでなければ，布団のなかでねてしまう信利は，めったに父親と顔をあわせることがなかった。母親の方はときどき様子をのぞきにきて，信利のすきな料理をつくったときには，とどけにきていた。〔反復〕(恍惚の人)

3) 一般的な特性
《完成相非過去》［する］
　サケ，マスは成魚として川をさかのぼって，上流で産卵し，稚魚は川に一，二年とどまって，海にくだり，海で成長をとげ，親魚として川をさかのぼる。(天声人語)

---

[42] 反復・習慣の例は，奥田靖雄1996「文のこと－その分類をめぐって－」(『教育国語』2－22号)からのもの。

◇反復・習慣・一般的特性

〈…〉はなし手のはなすモメントをまたいで，過去から未来にくりかえし実現する，反復的な動作は，完成相・非過去のかたちによっても，継続相・非過去のかたちによっても表現することができる。時間的なありか限定をうけていない，いちいちの具体的な動作は，現在をふくみこむ，限定された期間のなかで実現するのである。

　「正真正銘のぶらぶらですよ。たいてい，毎日毎日あるきます。……」（憂愁平野）
　「肝臓を用心しているんでしょうか。」「だから，うちでのむのさ。……」（洒落た関係）
　「わたし，道をよこぎるとき，いつもかけますのよ。」（舞姫）

しかし，習慣的な動作になれば，これを表現する完成相・非過去のかたちは，特徴づけ的な性格をおびてきて，継続相・非過去のかたちによっては表現することができなくなる。

　「なんだか涙もろくなっちゃって，すぐに泣くんですよ。それがとてもいやらしいので，主人も孫もよりつかないんです。…」（恍惚の人）
　「東京のお葬式はかんたんでいいわね。田舎はたいへんなのよ。毎日毎日弔問客がきて，みんなに食事をだすんですもの。」（恍惚の人）

その《習慣の現在》が《特徴づけ的な用法》へずれていくのだろうか？　特徴づけられるのはレアルな動作であって，その動作をいいあらわす完成相・非過去は，すでにテンスやアスペクトから解放されているようである。動作の manner をいいあらわすのは動詞とくみあわさる副詞である。

　「やせっぽちで，まえかがみにあるくんですもの。わたし，おおきくて，がっちりした，どことなくたのもしい感じのする人がすきです。」（憂愁平野）
　「おおきなお世話よ。」亜紀がいいかえすと，いきなり亜紀のよこに賢行はならんできて，あるきだした。「やたらにおこるんだな」（憂愁平野）

そして，完成相・非過去のかたちをもちいて，一般的な，法則的な事実を提供するときにも，脱テンスの現象がみられる。

　「……そんなことをすれば，だれもが傷つくだけだ。……」（憂愁平野）
　「へい，もうすっかり冬じたくです。雪のあとでお天気になるまえの晩は，とくべつひえます。……」（雪国）

　　　　　　（奥田靖雄1993「動詞の終止形（その四）―テンス―」教科研国語部会瀬波集会講義プリント）

規定9
　動作や　変化が　すでに　完了して　いて，　その　結果や　効果が　現在も　のこって　いるときには，　動作動詞や　変化動詞の　過去の　かたちで　あらわす　ことが　できます。　発見を　あらわす　動詞に　ついても　おなじ　ことが　いえます。(91)

《パーフェクト的な過去》[43]

　外はどしゃぶりだった。かけこんだ彼女は「<u>ぬれたわ</u>。」といいながら，玄関をあがってきた。（体の中を風が吹く）

　「ここにいるおおぜいの人の顔がみんなふたつにみえる。ふたつみえると思っていると，すぐにひとつにみえてくるんですけど，しばらくすると，またふたつにみえる。」「いや，<u>よったんだ</u>。」（憂愁平野）

　「ご院さん，<u>お茶がはいりました</u>。」（菩提樹）

　あるきだすと，汗がながれはじめ，体じゅう水をかぶったようになってきた。眼鏡が<u>くもった</u>。たちどまってはふき，あるきながらもふいた。（黒い雨）

《発見の過去》

　「<u>ありました</u>，かばん，あそこにあります。」（黒い雨）

　「あっ，<u>いたっ</u>！　いました。あれです。あそこでとめてください。あの年よりです。」（恍惚の人）

　「あら，敏，<u>かえってたの</u>。」（恍惚の人）

　「ああ，ビールが一本<u>のこってたね</u>。」（自由学校）

◇アオリスト的な過去，パーフェクト的な過去，インパーフェクト的な過去

　はなし手のはなすモメントにいたるまでの時間的なプランのなかに存在する動作・変化・状態は，「した」という過去のかたちでいいあらわされる。つまり，動詞のこのかたちは，文にさしだされる出来事を過去のプランに関係づけるのである。このような時間的な関係が「した」という完成相・過去のかたちの一般的な意味である。この一般的な意味は，テキストあるいはディスコースのなかでの使用の諸条件にあわせて，さまざまな意味あいをおびてくる。なかでも，過去のプランに生じてきた動作・変化・状態が，はなし手のはなすモメントにどのような結末をもっているか，ということは，ディスコースのその後の展開をきめてかかるほど，重大な意味をもっている。結末のあり方にあわせて，過去は（a）アオリスト的な過去，（b）パーフェクト的な過去，（c）インパーフェクト的な過去のタイプにわけることができる。

　アオリスト的な過去では，アクチュアルにおこった，ひとまとまりの動作（変化・状態）が，過去の事実としてさしだされている。文がこの種の過去の意味をもっていれば，そこにさしだされる出来事は，つづく出来事に直接むすびついてゆくことがなく，ほかの，いくつかの出来事との連続性がきられている。つづく文は，あたえられた事実としての出来事を意味づけたり，特徴づけたりしている。

　「こちらも雪が一昨日<u>ふった</u>のです。ふぶきでたいへんでした。」（ゼロの焦点）

　「でも，さっきひろ子はないたんだろう？」いくらかからかい気味にいった。「それは<u>ないたよ</u>。なけるのがあたりまえよ。そうじゃないの。」（風知草）

---

[43] この規定の用例は，奥田靖雄1993「動詞の終止形（その4）—テンス—」（教科研国語部会瀬波集会講義プリント）からのもの。

「おれも学生のころ，いっぺん下宿で火事に<u>あった</u>よ。そのとき，火元がおれの下宿だったから，たいへんさ。…」（あなたにだけ）

　彼女らは朝から晩まで人間の命のあやうさにとりかこまれている。昨日は患者が<u>死んだ</u>。今日も患者が<u>死んだ</u>。（洒落た関係）

　パーフェクト的な過去でも，動作（変化，状態）は，はなし手のはなすモメントまでに，実現しているわけだが，しかし，その変化の結果的な状態，その動作ののこした効果は，はなしのモメントにもまだ存在しつづけている。そして，はなし手あるいはきき手にとって，結果的な状態，あるいは動作ののこした効果がたいせつな意味あいをおびてくるのである。したがって，注目の焦点がそこにあつまる。はなし手のはなすモメントに関係づけられることのない，文学作品の地の文では，その結果的な状態，動作ののこした効果は，あたえられた過去の場面のなかで重要な意味づけをうけとる※。

　　〈※編注；《パーフェクト的な過去》の用例は，上記「規定 9」に付した例を参照（p. 132）。奥田 1993 では，ほかに「動作のパーフェクト」として以下の例もあげている。

「あんたたち，ごはんは？」「晃ちゃんとふたりで<u>たべたの</u>。お母さんのご飯のしたく，してあげるわね。」（体の中を風が吹く。）

「二三日まえに美沙子さんに<u>あいました</u>。」といった。べつに報告する気はなかったが，ゴルフにうき身をやつし，一刻もはやく自分からにげだそうとしている夫をみたとき，ほんのわずかだが，ひきとめてやろうという気になったのである。（憂愁平野）〉

　インパーフェクト的な過去では，過去に出現した動作なり状態が，はなしのモメントにまで存在しつづけている。あるいは，あたえられた場面のなかに存在しつづけている。

「<u>つかれたわ</u>。すこしの<u>みましょうか</u>？」（あなたにだけ）

「ぼく，<u>おなかがすいた</u>。」（体の中を風がふく）

　居間の方で電話のベルが<u>なった</u>。春子は男のうでのなかでちょっと頭をもちあげたが，また枕に頭をおとした。（洒落た関係）

　重松は巻紙をひろげて，懐中電灯の先を<u>あてた</u>。毛筆でかいた，達者な筆跡だが，文字がみすぼらしくやせて，うす茶色になっている。（黒い雨）

　　　　　（奥田靖雄 1993「動詞の終止形（その四）―テンス―」教科研国語部会瀬波集会講義プリント）

◇affective な過去・発見の過去

　はなし手のはなすモメントにおける生理・心理的な状態は，状態動詞の完成相・非過去のかたちでいいあらわされるのだが，それがしばしば完成相の過去のかたちにとりかえられている。そして，いずれにしても，《私》の emotional な状態を《私》がおもてにさらけだすわけだが，しかし，過

去のかたちをつかうなら，その表出ははげしさをまして，affective な性格をおびてくる。非過去
のかたちでは，表出はしずかである。

　　「あきれた。浮気と文化をいっしょにするなんて。」（あなたにだけ）
　　「まあ，おどろいた。今日もゴルフ，明日もゴルフ。」（憂愁平野）
　　「つかれた。」賢行はカバンを亜紀にまわした。（憂愁平野）
　　「ああ，腹がへったなあ……」と六助はたたみにゴロリとねころびながら，いいだした。（青い山脈）

　ところで，この affective な過去は，確認としての発見のばあいにも，もちいられている。つま
り，存在は現在のことであるが，それをあえて過去のかたちにいいあらわすと，発見にあたっての
よろこび，あるいはおどろきが表現されることになる。

　　「ありました。かばん，あそこにあります。」（黒い雨）
　　「あっ，いたっ！　いました。あれです。あそこでとめてください。あの年よりです。」（恍惚の人）

　まえからの疑問があたらしく情報を手にいれることで解決する，というような確認も，この《発
見の過去》によって表現されている。さらに，この種の《発見の過去》は，おもいだし，再確認の
ような，確認のし方にまでおよんでいる。つぎにあげる例では，継続相の過去のかたちが発見にあ
たっての，はなし手の affective な体験を表現している。

　　「あら，敏，かえってたの。」（恍惚の人）
　　「ああ，ビールが一本のこってたね。」（自由学校）
　　「ね，たしかに恋人がいるんだったね。」（あなたにだけ）

                                                                （同）

規定１０
　具体的な　場面の　なかでは，　過去形の　動作動詞は　命令や　さそいかけの　意味を　もっ
て　くる　ことが　あります。(91)

　さあ，買った，買った。
　どいた，どいた。

規定１１
　つきそい文が　仮定的な　条件を　さしだして　いる　場合，　主文の　述語は　じっさいには
おこらなかった　仮定の　出来事を　さしだします。　この　ような　主文の　述語動詞は　過去
の　かたちを　とって　います。(91)

　雨が　ふれば，　川の　水は　あふれた。

◇出来事の reality とテンス

　〈…〉非レアルな出来事をえがきだしているばあいでは，〈…〉，のぞましい，あるいはのぞましくないレアルな出来事がすでに存在していて，その出来事にはなし手は非レアルな出来事を対立させている。この非レアルな出来事は，条件さえととのえば，実現が可能であったが，さいわいに，あるいは残念ながら，条件がかけていたためにそうならなかったのである。

　〈…〉「すれば」をつきそい文の述語にする，条件的なつきそいあわせ文では，そこにえがきだされている出来事がポテンシャルであることもあるし，非レアルであることもある。そして，このふたつの意味的な対立は，いいおわり文の述語が《すぎさらず》のかたちをとっているか，それとも，《すぎさり》のかたちをとっているか，ということによって表現されている。（言語学研究会・構文論グループ 1983「条件づけを表現するつきそいあわせ文（三）―その3・条件的なつきそいあわせ文―」『教育国語』83 号）

§8　連用形[44]

1）連用形の　体系[45]

規定1

　ひとえ文の　なかで　ふたつの　動詞を　もちいて，　ふたつの　動作を　さしだす　ばあい，まえに　配置される　動詞は　連用形の　かたちを　とります。

　連用形は　第一なかどめ，　第二なかどめ，　先行形，　同時形，　共存形に　わかれていて，　それぞれが　ふたつの　動作の　あいだの　さまざまな　関係を　あらわして　います。

　後続する　動詞は　ふつうは　終止形の　動詞ですが，　この　連用形の　動詞との　関係において　定形動詞と　よばれます。

第一なかどめ	はなし
第二なかどめ	はなして
先行形	はなしてから
同時形	はなしながら
共存形	はなしたり

(91)

---

[44] 「第Ⅰ部 第5章 §8 連用形 §9 接続形」の記述は、「なかどめあわせ文」、「条件づけ的なつきそいあわせ文」の内容にふみこんでいる。「形態論」編と「あわせ文」編との記述内容のふりわけに課題をのこす。

[45] 連用形の体系のうち、「なかどめ」については、以下の文献を参照。
　　言語学研究会・構文論グループ 1989「なかどめ―動詞の第二なかどめのばあい―」『ことばの科学』2集）」
　　言語学研究会・構文論グループ 1989「なかどめ―動詞の第一なかどめのばあい―」『ことばの科学』3集）
　　新川忠 1989「なかどめ―動詞の第一なかどめと第二なかどめとのばあい―」『教育国語』99 号）
　　新川忠 1990「なかどめ―動詞の第一なかどめと第二なかどめとの共存のばあい―」『ことばの科学』4集）

◇機能的統一体としての連用形の体系

〈…〉述語としてあらわれてくる定形動詞のまえに配置される動詞は，なかどめの形のほかに，「しながら」「してから」「したり」というようなかたちを採用することができる。そして，これらのかたちは，それぞれがことなる意味的な関係を表現しながら，機能的に統一される，動詞の変化形のパラダイムをつくっているようである。いま，かりにこれらを表にまとめて，それぞれの形になまえをあたえておく。もし，《連用》という用語が《終止》や《連体》とならんで，動詞の，文のなかでの機能のひとつを表現しているとすれば，これらの形のすべてを《連用形》とよぶことがゆるされるだろう。（言語学研究会・構文論グループ 1989「なかどめ─動詞の第二なかどめのばあい─」『ことばの科学・2』p. 13）

ふたつの動作をならべるとき，さきに配置する動作は連用形でいいあらわす。この連用形にはいろんなかたちがあるが，第一なかどめと第二なかどめとが，使用頻度もたかく，基本的である。ほかのかたち，つまり，先行形，同時形，共存形は，第一なかどめと第二なかどめでとらえつくすことのできない，不足の部分をおぎなっている。（奥田靖雄 1991「動詞」教科研国語部会瀬波集会講義プリント）

2）第一なかどめと 第二なかどめ
①第一なかどめの基本的な機能

規定2
　第一なかどめは かぎられた 時間帯の なかで 継起的に おこって くる ふたつの 動作を ならべる とき，先行する 動作を さしだします。
　また，かぎられた 時間帯の なかに ある 同時的に 存在する ふたつの 状態の うち，ひとつが 第一なかどめに よって さしだされます。
　ある 時間帯の なかで おこなわれる ふたつの 動作が，先行・後続の 時間的な 関係を 指定する こと なく ならべられる ときも，その うちの ひとつが 第一なかどめに よって さしだされます。(91)

《継起的に おこる ふたつの 動作》
　無言で 従順に くつを はき，ワイシャッツの ボタンを かける。
　初之助は 目的も なく 歩いた。相合橋を わたり，河原町の 方へ 出る。
　そして，一人で 寝どこを のべ，かやを つった。
　沼田は 上機嫌で 二人の 後輩を むかえ，島崎雪子に それぞれを 紹介した。

《同時に 存在する ふたつの 状態》
　白い 海水帽を かぶり，黄色と 赤の しまの 水着を つけた 新子が にぎった オールを 流しながら ふと 口走った。
　彼は 頭が 痛み，歯が うずいた。

《時間的な　関係の　指定なし》

　　この　制服で　人殺しを　し，　この　制帽で　強盗を　する　つもり　なんだ。

　　長い　こと　人を　たずねずに，　引きこみっきりで　いた　彼は，　神田へも　行き，　内込へも
行った。

◇第一なかどめと第二なかどめの基本対立

　　ふたつの動作・状態が第二なかどめの形でむすびつけられると，そこには主要な動作・状態と副
次的な動作・状態との，従属的な関係が生じてくるのであるが，第一なかどめの形でむすびつけら
れると，この種の従属的な関係は生じてこない。いいかえるなら，従属的な関係のなかにある，ふ
たつの動作・状態は第二なかどめの形で表現されているのにたいして，非従属的な関係のなかにあ
る，ふたつの動作・状態は第一なかどめの形で表現されているのである。このことは，第一なかど
めと第二なかどめとをひとつのパラダイムのなかで対立させることの必要を生じさせるだろう。基
本的には，すくなくとも一般的な傾向としては，動詞の第一なかどめがふたつの動作のあいだの非
従属的な関係を表現しているとすれば，その第二なかどめは従属的な関係を表現していると，みな
さなければならない。おそらく，通時論的にも，共時論的にも，こうしなければ，第一なかどめの
成立と存在の根拠はみいだすことができないだろう。マークされていない第一なかどめが《非従
属》と《従属》との，ふたつの関係を未分化のままに表現していたとすれば，そのうちの《従属》
の関係のみを表現するために，マークされた第二なかどめの形がつくりだされてきたとも考えられ
る。いずれにしても，第一なかどめから第二なかどめが派生することによって，ふたつのなかどめ
の形はそれぞれがことなる意味を表現するようになったのである。（言語学研究会構文論グループ 1989
「なかどめ─動詞の第二なかどめのばあい」；『ことばの科学・2』p. 14）

◇第一なかどめの形でむすびつけられる，ふたつの動作の非従属性，対等性，先行・後続の関係

　　第一なかどめの形によってむすびつけられている，ふたつの動作・状態はたがいに相対的に独立
しているものとして，対等なものとしてとらえられている。また，第二なかどめの形が複合動作を
構成するという意味での，従属的な関係を土台にして，さまざまな意味的な分化をひきおこしてい
るのにたいして，第一なかどめの形にはそのような，意味的な分化はみられないし，第二なかどめ
の形にみられるような，なんらかの意味をすくなくとも文法的には表現していない。ふたつの動
作・状態のあいだにみられる，このような，非従属的な関係のことを《並列》（ならべ）とよんで
おくことにする。しかし，並列的な関係は，第一なかどめの形のばあいでは，時間的な関係のなか
に，つまり，時間的な先行・後続の関係のなかに，あるいは同時的な関係のなかに，ふたつの動
作・状態をならべるということで，「するし（したし）」「したり」などで表現される，並列の関係
とはことなっている。これらの形は先行・後続あるいは同時という，時間的な関係を表現している
とはいえないだろう。この，時間的な関係のなかにある，ふたつの動作・状態をならべるというこ
とは，第一なかどめの形の，もっとも基本的な特徴である。（言語学研究会・構文論グループ 1989「な
かどめ─動詞の第一なかどめのばあい─」『ことばの科学・3』p. 164〜p. 165）

②第一なかどめが，先行する副次的な動作をさしだすばあい（周辺的な使用）

規定3

おおくの　ばあい，　継起的に　おこる　ふたつの　動作は，　主要な　ものと　副次的な　も
のとの　ひとまとまりを　なして　いて，　先行する　副次的な　動作が　第一なかどめに　よっ
て　さしだされて　います。(91)

　　三原は　その日，　佐山と　お時との　情死の　一件書類を　ひっぱりだし，　改めて　検討した。
　　岸本は　自分の　かくしの　中から，　巻き煙草の　袋を　とりだし，　それを　そばに　いる　五，六
人の　兵卒に　すすめた。
　　布を　とめた　バンソーコーを　はがし，　布を　とりのぞいた。
　　沼田は　緊張した　様子で　鍵を　はずし，　ガラッと　窓を　あけた。

◇第一なかどめが動作の複合性をあらわすばあい
　第一なかどめの形は並列的な関係を，第二なかどめの形は従属的な関係を表現するという，基本
的な対立があるにもかかわらず，第一なかどめの形によってならべられている，ふたつの動作が複
合動作をかたちづくっている，とよみとれるばあいもあることはある。〈…〉
　このように，第二なかどめの形にとってもっとも基本的な複合性が第一なかどめの形によっても
表現されているようにみえるのであるが，このことから，ただちに，ふたつの形にちがいはない，
ということはできない。ふたつの形のあいだには，やはりちがいがあるのである。それは，現実に
おいて継起的におこっている，ふたつの動作のきりとり方のちがいにもとづいている。現実におい
て継起的におこっている，ふたつの動作は，たがいに，関係なくおこっているばあいもあれば，複
合動作をかたちづくっているばあいもあるだろう。あるいは，ひとつの活動をなしているばあいも
あれば，原因・結果の関係や動機づけの関係によって，しっかりとむすびつけられているばあいも
あるだろう。しかし，ふたつの動作のあいだにいかなる関係がなりたっていようとも，それらの関
係にはかかわりなく，時間的な先行・後続の関係にもとづいてのみ，ふたつの動作をきりとってく
ることができる。そして，このばあい，現実におこなわれている，ふたつの動作のあいだになり
たっているなんらかの関係は，この，時間的な関係のかげにかくれてしまっている。第一なかどめ
の形は，まさにこのようにしてきりとられてきた，ふたつの動作をならべている。そうであるとす
れば，ぎゃくに第一なかどめの形によって時間的な先行・後続の関係のなかにならべられている，
ふたつの動作のあいだに，かげにかくれているなんらかの関係を，たとえば，複合動作をなしてい
るという関係をよみとることができるだろう。それにたいして，複合動作をなしている，ふたつの
動作をきりとってくることも可能であるだろう。このようにしてきりとられてきた，ふたつの動作
を，つまり複合動作を表現するのは，第二なかどめの形の任務なのである。じっさいに，第一なか
どめの形によってならべられている，ふたつの動作のあいだに，明確に複合性の意味をよみとるこ
とができるばあいは，ひじょうにかぎられている。複合動作は第二なかどめによって表現されるの
がふつうなのであって，そうではない，ふたつの動作は第一なかどめの形によって表現されるのが
ふつうなのである。（言語学研究会・構文論グループ　1989「なかどめ―動詞の第一なかどめのばあい―」
『ことばの科学・3』p. 167～168）

③第二なかどめの基本的な特徴

規定4

しかし，ふたつの　動作が　ひとまとまりに　なって，　ひとつの　動作複合を　なして　いる　ばあい，　先行する　副次的動作は　第二なかどめの　かたちで　表現されるのが　ふつうです。　（第一なかどめでも　いいあらわす　ことが　できるのですが，　第一なかどめを　つかえば，ふたつの　動作の　あいだの　複合性は　よわまり，　表現的に　ふるめかしい　感じを　あたえます。）

　　ふたつの　動作の　あいだには，　先行＝後続の　関係が　ある　ばあいと　同時的で　あるばあいとの　ふたとおりが　あります。　先行する　第二なかどめの　動詞が，　後続する　定形動詞との　関係に　おいて　し手の　状態を　さししめして　いる　ばあいも　あります。(91)

　　富永の　足首には　一か所　乾いた　泥の　あとが　ついて　いたが，　彼は　それを　発見すると，人さし指に　つばを　たっぷり　<u>なすって</u>，　こすりおとして　しまった。
　　干した　川魚を　串から　<u>抜いて</u>，　むしゃむしゃ　食べはじめた。
　　津田は　手紙を　うけとるなり　すぐ　封を　<u>切って</u>，　読み下した。
　　慎吾は　老眼鏡を　<u>はずして</u>，　きく子の　顔を　みた。

④第二なかどめが，同伴する副次的な動作（付随的な現象）をさしだすばあい

規定5
　　同時的に　進行する　ふたつの　動作が　ひとつの　複合的な　動作を　なして　いる　ばあいも，　同伴する　副次的な　動作は　第二なかどめの　かたちで　いいあらわされて　います。また，　主要な　動作に　付随する　現象を，　第二なかどめが　さしだして　いる　ばあいも　あります。(91)

　　その　とき　お種は　指を　<u>折って</u>，　心当たりの　娘を　かぞえて　みた。
　　彼は、　ラッパを　<u>ふいて</u>，　新聞を　売りに　来る　女の　ある　ような　在郷くさい　町に　来て　いた。
　　手を　<u>あげて</u>，　横断歩道を　渡った。
　　お雪は　母の　手紙を　顔に　<u>おしつけて</u>　泣いた。　となりの　ボックスでは　ダンサーの　むき出しの　肩を　<u>抱いて</u>，　しんねりと　語り合って　いるのも　いる。
　　「お兄ちゃん，　お兄ちゃん。」と　<u>さけんで</u>，　かけぬけて　いく　少年が　いた。
　　富永は，　ふと　<u>声を　あげて</u>，　その　一節を　読みだした。
　　大きな　石の　かたまりが　おそろしい　<u>ひびきを　させて</u>，　高い　がけの　上から　ごろごろ　ころがり　おちて　いった。
　　お種も　三吉も　口を　ほうほう　言わせながら，　うまそうに　<u>汗を　ながして</u>　食った。

⑤第二なかどめが，し手の状態（なりふり，ふるまい，表情，気持ち）をさしだすばあい（副詞化）

規定6
　　第二なかどめが　定形動詞で　さしだされる　動作の　し手の　なりふり，　ふるまい，　表情，　気もちの　状態を　さしだして　いる　ばあいも　あります。　したがって、　第二なかど

めは，　し手が　どの　ような　状態の　なかで　動作を　おこなって　いるかと　いう　こと
を　表現して　います。(91)

　　藤田工場長が　背広を　着て，　入って　きた。
　　島村が　湯から　帰った　ときは、　手ぬぐいを　器用に　かぶって，　かいがいしく　部屋の　そうじ
を　して　いた。
　　翌朝，　目を　あけると，　駒子が　机の　前に　きちんと　すわって，　本を　読んで　いた。
　　里子が　道端に　しゃがんで，　近所の　女の子たちの　ままごとを　ながめて　いた。
　　手に　コンパクトを　にぎったまま　唇を　あけて，　すやすやと　ねむって　いた。
　　お延は　つんと　して，　答えた。
　　例の　調子で　わざと　空っとぼけた　彼は　すまして，　きざみ煙草を　がん首に　つめた。
　　ふさ子は　畳に　片ひじ　ついて，　くっと　むきなおると，　目を　つりあげて，　慎吾を　にらんだ。
　　沼田は　唇を　かんで，　考えこんだ。
　　先頭中隊は　裸に　なって　水浴を　して　いる　六人の　日本兵を　とらえた。
　　安心して，　酒を　のんだ。

⑥第二なかどめが，原因，動機をさしだすばあい

規定7
　　第二なかどめで　さしだされる　動作が　原因として　はたらいて，　定形動詞として　さしだ
される　動作が　その　結果を　あらわして　いる　ばあいが　あります。　また，　定形動詞で
さしだされる　動作が，　第二なかどめで　さしだされる　心理現象に　よって　動機づけられて
いる　ことを　いいあらわして　いる　ばあいも　あります。(91)

　　今朝の　爆撃で　きゃたつから　落ちて，　死んで　しまったと　いう。
　　大塚総監は　家の　下敷きに　なって，　死んだ　そうだ。
　　私は　ケガを　して，　医者に　通って　いるんだ。
　　意外の　障害物で　一台は　ガムシャラに　つき進んで　きた　ため，　たちまち　すべって，　道端の
あぜに　転落した。
　　主人は　思案に　くれて，　易断の　本などを　出して　きたが，　ただ　ページを　ぱらぱら　めくる
だけ。
　　足で　蹴られましたから，　子どもが　心配に　なって，　あとで　医者に　行って　みました。
　　三人は　日陰を　もとめて，　裏山の　松林の　方へと　歩きだした。
　　日課を　おわった　あと，　三吉は　家へ　帰ろうと　して，　また　鉄道の　踏切りを　こした。

⑦第二なかどめが，空間的関係，方向をさしだすばあい（後置詞化）

規定8
　　「ならぶ，　はさむ，　へだてる，　めぐる」の　ような　空間的な　配置の　関係を　さしし
めして　いる　動詞が　ありますが，　これらの　動詞が　第一なかどめの　かたちを　とって
定形動詞と　くみあわさると，　空間的な　関係の　ありかたを　表現する　ように　なります。

また，　「めざす」とか　「むかう」の　ような　動詞が　第二なかどめの　かたちを　とって
いる　ばあいでは，　移動動作の　方向を　表現して　います。(91)

　　　新子は　すこし　おどろいたが，　追いかけられて　自分も　とびこみ，　六助と　<u>ならんで</u>，　ボート
　の　まわりを　遠まきに　およぎはじめた。
　　　雪子は　そこへ　新子を　みちびいて，　大きな　テーブルの　かどを　<u>はさんで</u>　むきあった。
　　　おもいがけない　悲劇を　見たと　いう　心もちで，　岸本は　家を　<u>さして</u>　引きかえして　いった。
　　　ぼくらは　被服市厰前から　地方専売局の　方に　<u>むかって</u>，　あるいて　いった。

◇動作の複合性─第二なかどめの基本的な特徴
　〈…〉第二なかどめは，ふたつの動詞によってさしだされる動作・状態の，従属的な関係を表現
している。述語の位置にあらわれてくる定形動詞が主要な動作をさしだしているのにたいして，第
二なかどめの動詞は副次的な動作をさしだしていて，それらのあいだには従属的な関係がみられる
のである。しかし，従属的な関係は，第二なかどめを使用するばあいでは，ふたつの動作がひとつ
にまとまって，ひとつの複合動作をかたちづくっているということで，「しながら」などで表現さ
れる，ほかの従属的な関係とはことなっている。この複合性こそ，第二なかどめによって成立する，
意味的な関係の，もっとも基本的な特徴である。そして，この複合性とからみあって，ふたつの動
詞が第二なかどめでくみあわされるばあいでは，これらの動作のし手は同一であるという，文の構
造上の特徴がみられる。主語ひとつにたいして述語がふたつあるという，《ふたまた述語文》とい
うとらえ方がここからでてくるのである。し手のことなる，ふたつの動作が第二なかどめでむすば
れるばあいは，きわめてすくない。(言語学研究会・構文論グループ 1989「なかどめ─動詞の第二なかど
めのばあい─」『ことばの科学・2』p. 15)

◇第二なかどめの意味の分化のふたつの方向
　〈…〉動詞によってさしだされる，ふたつの動作が第二なかどめでむすばれているばあい，これ
らのふたつの動作はひとつの複合的な動作をかたちづくっている。しかし，第二なかどめの形がさ
しだす意味的な関係はこれだけにかぎられているわけではない。ふたつの動作の複合性は第二なか
どめの基本的な意味特徴であって，そこを中心にしながら，ふたつの方向へと分化していく。ひと
つは，第二なかどめの形が定形動詞によってさしだされる動作の側面をとらえながら，この動作の
あり方を特徴づけようとする方向。このばあいでは，複合性はひとつの動作の内部での出来事にな
る。もうひとつは第二なかどめの形の動詞と定形動詞とのくみあわせが複合性から解放されて，先
行・後続の関係にある，ふたつの動作をさしだそうとする方向。この方向では，ふたつの動作の複
合性はきりすてられて，主要なものと副次的なものとの，従属的な関係はきえていく。しかし，こ
のばあいでも，複合性は，ふたつの動作の，ひとつの活動へのひとまとまり性として，レベルとむ
すびつき方の程度をかえながら，たもたれつづけているだろう。したがって，複合性は第二なかど
めがつくりだすところの意味的な関係の，基本的な特徴であると，みなしてさしつかえない。

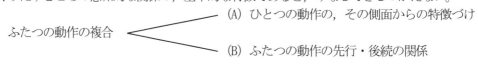

ふたつの動作の複合
　　　(A) ひとつの動作の，その側面からの特徴づけ
　　　(B) ふたつの動作の先行・後続の関係

〈…〉この複合的な動作は，時間的な関係のあり方という観点からみれば，先行・後続の関係のなかにある，ふたつの動作の複合でもあるし，同時的に進行する，ふたつの動作の複合でもある。いずれのばあいも，主要な動作と副次的な動作との複合であるということではひとしいのであるが，これらのちがいが（A）のコースと（B）のコースとの，その後の展開のし方を方向づけている。また，時間的な関係から区別される，これらのタイプは「してから」と「しながら」とのちがいにも照応していて，変形のし方のちがいとしてもあらわれてくる。(同 p. 15〜16)

3) 先行・同時・共存を　表現する　連用形[46]

① 先行形―してから

規定9
　継続して　おこる　ふたつの　動作の　うち，　先行する　動作は，「してから」と　いう　かたちで　表現する　ことが　できます。　それぞれが　独立して　いて，　複合を　なして　いない　ふたつの　動作の　先行・後続の　関係を　はっきりさせる　ためには，　先行する　動作を「してから」の　かたちで　いいあらわす　ことが　できます。(91)

　　田川夫妻を　送ってから，　葉子は　自分の　部屋へ　かえった。
　　水が　のみたくて　たまらなかったので，　バケツの　水で　三度　うがいを　してから　水を　のんだ。

規定10
　この　「してから」の　かたちは　時間・状況的な　つきそい文の　述語の　位置に　あらわれて，　主文に　さしだされる　できごとが，　つきそい文に　さしだされる　できごとの　出現してからの　ことで　あると　いう　ことを　いいあらわして　いる。(91)

　　やよいは　東京に　来てから，　なるべく　青森弁の　出ない　ように　気を　つけて　いる。
　　養子だった　夫が　自動車事故で　死んでから，　朝子の　家は　目に　見えて　ひっぱくして　いる。

---

[46] 「してから」のかたちをつきそい文の述語にもつあわせ文については, 言語学研究会・構文論グループ 1988「時間・状況をあらわすつきそい・あわせ文(1)―つきそい文が「してから」のかたちをとるばあい―」(『教育国語』92 号)参照。その他の時間的なつきそいあわせ文については, 以下の文献も参照。
　言語学研究会・構文論グループ 1988「時間・状況をあらわすつきそい・あわせ文(2)―つきそい文が「したあと」のかたちをとるばあい―」(『教育国語』93 号)
　言語学研究会・構文論グループ 1988「時間・状況をあらわすつきそい・あわせ文(3)―つきそい文が「するまで」のかたちをとるばあい―」(『教育国語』94 号)
　言語学研究会・構文論グループ 1988「時間・状況をあらわすつきそい・あわせ文(4)―つきそい文が「するまえ」のかたちをとるばあい―」(『教育国語』95 号)
　言語学研究会・構文論グループ 1989「接続詞「とき」によってむすばれる, 時間的なつきそい・あわせ文」(『ことばの科学』3集)
　言語学研究会・構文論グループ 1993「同時性をあらわす時間的なつきそい・あわせ文―「あいだ」と「うち」―」(『ことばの科学』6集)

◇《してから》が表現するふたつの意味

　つきそい文が「してから」のかたちを述語にするつきそい・あわせ文は，基本的にはふたつの出来事のあいだの先行＝後続の関係を表現しているのであるが，この種のあわせ文は，(1)先行性の関係を表現しているものと，(2)時間・状況的な関係を表現しているものとのふたつのヴァリアントをもっている。

　　(1) 田川夫妻を見おくってから，葉子は自分の部屋にはいった。(或る女)
　　(2) 養子だった夫が，自動車事故で死んでから，朝子の家は目に見えて逼迫している。(菩提樹)

　このふたつのヴァリアントの意味的なちがいは，主として《動作》か《状態》かという，いいおわり文の述語の意味的なタイプのちがいのなかに表現されているだろう。そして，このことは文の変形のしかたのなかにあらわれてくるだろう。たとえば，いいおわり文の述語が状態をさしだしている(2)のヴァリアントは，つきそい文が「して以来」のかたちをとるつきそい・あわせ文におきかえることができる。「して以来」のかたちをとるつきそい・あわせ文も時間・状況的な関係を表現していて，いいおわり文は状態性の出来事をさしだしているのである。一方，(1)のヴァリアントは，いいおわり文の述語が動作をさしだしているために，おきかえることはできない。

　　ボルテの名は，事件があって以来，この聚落においては一切禁句になっていた。(蒼き狼)
　　彼等は，未明二時に増沢を出発して以来，なに一つとして口に入れてはいなかった。(八甲田山死の彷徨)

(言語学研究会・構文論グループ 1988「時間・状況をあらわすつきそい・あわせ文―つきそい文が「してから」のかたちをとるばあい―」(『教育国語』92 号 p. 2～3)

②同時形―しながら

規定 11
　同時に　進行して　いる　ふたつの　動作は，　その　ひとつを　「しながら」の　かたちで　いいあらわす　ことが　できる。　この　ばあい，　「しながら」の　かたちで　表現される　動作は　同伴的な，　副次的な　動作で　あるが，　主要な　動作と　複合を　なして　いる　わけでは　ない。(91)

　　父は　新聞を　よみながら，　ごはんを　食べる。
　　若い　者は　音楽を　ききながら，　勉強します。

③共存形―したり

規定 12
　ある　時間帯の　なかで　おこなう，　いくつかの　動作を　列挙する　とき，　「したり」と　いう　かたちを　つかいます。(91)

143

彼は　毎朝、　新聞を　<u>よんだり</u>,　<u>庭そうじを　したり</u>,　テレビを　<u>みたり</u>　する。

§9　接続形[47]

1）接続形の　体系

規定1

　あわせ文に　おいて，　つきそい文の　述語の　位置に　あらわれて　くる　動詞の　かたちの　ことを　接続形と　いいます。　接続形には　つぎの　ような　かたちが　あります。

条件	第一	すれば
	第二	するなら
		したなら
きっかけ	第一	すると
	第二	したら
ゆずり条件		しても
		したって

(91)

◇《私の論理》・《対象の論理》／原因的なつきそい・あわせ文—「するので」と「するから」

　原因的なつきそい・あわせ文は，ひとくちでいえば，つきそい文が原因になる出来事をえがいていて，いいおわり文が結果として生じてくる出来事をえがいている。ものごとの相互作用のなかで，ある出来事はほかの物にはたらきかけて，その物の動作・状態に変化をひきおこすが，このような変化をひきおこす出来事は原因である。原因になる出来事のはたらきかけをうけて，あたらしく生じた物の動作・状態が結果である。

---

[47] この項にとりあげた「すれば」「するなら・したなら」「すると・したら」「しても（・したって）」のかたち，およびこの項にはとりあげていないが，おなじ系列のつきそいあわせ文をつくる「するので」「するから」のかたちについては，それぞれ，以下の文献を参照。

　　言語学研究会・構文論グループ 1985「条件づけを表現するつきそい・あわせ文(1)—その1・まえがき—」（『教育国語』81 号）

　　言語学研究会・構文論グループ 1985「条件づけを表現するつきそい・あわせ文(2)—その2・原因的なつきそい・あわせ文—」（『教育国語』82 号）；「するので」「するから」のかたちをとりあげている。

　　言語学研究会・構文論グループ 1985「条件づけを表現するつきそい・あわせ文(3)—その3・条件的なつきそい・あわせ文—」（『教育国語』83 号）；「すれば」「するなら」のかたちをとりあげている。

　　言語学研究会・構文論グループ 1986「条件づけを表現するつきそい・あわせ文(4)—その4・うらめ的なつきそい・あわせ文—」（『教育国語』84 号）；「するのに」「しても」のかたちをとりあげている。

　また，《条件づけを表現するつきそいあわせ文》の概説，およびそのうちの《契機的なつきそい・あわせ文》については，奥田靖雄1986「条件づけを表現するつきそい・あわせ文—その体系性をめぐって—」（『教育国語』87 号）を参照。；「その(1)」1985を全面的にかきかえたものであり，「すると」のかたちを部分的にとりあげている。

原因的なつきそい・あわせ文において，このような原因・結果の関係は，主として，つきそい文の述語のかたち「するので」と「するから」によっていいあらわされている。かなりの程度に，これらのふたつのかたちは相互にとりかえることができるので，意味的にはひとしくみえる。しかし，注意ぶかい観察においては，つきそい文が「するので」のかたちをとるばあいには，せまい意味での原因をいいあらわしているのにたいして，「するから」のかたちをとるばあいには，理由をいいあらわしていて，そのあいだにはかなりおおきなちがいがみうけられる。つきそい文の述語が「するので」のかたちをとるばあいには，はなし手の意識のそとで進行している，ふたつの出来事のあいだの原因・結果の関係がとらえられている。はなし手は客観的に存在する原因・結果の関係をこの種のあわせ文のなかに確認しているにすぎない。しかし，つきそい文の述語が「するから」のかたちをとるばあいには，意欲とか決心とか意志とか命令のような，はなし手の積極的な態度を動機づけているものとして，原因がさしだされている。このことをはなし手自身がするとすれば，はなし手は自分がそうしなければならないことの理由，あい手がそうすべきであることの理由をのべていることになる。理由をのべるということは，動機づけている出来事をもって，みずからの行動の当然さ，正当さを説明することである。

　このことから，これらのつきそい・あわせ文では，部分としてあらわれる文のモーダルな性格がことなってくる。「するので」がつかわれているつきそい・あわせ文では，つきそい文もいいおわり文も，過去・現在・未来におこるレアルな出来事をえがきだしている。ところが，「するから」のかたちがつかわれているつきそい・あわせ文では，つきそい文がレアルな出来事をさしだしていても，いいおわり文の位置にあらわれてくるのは，はなし手の意欲とか決心とか命令とかをいいあらわしている《まちのぞみ文》，あるいは《さそいかけ文》である。《ものがたり文》がいいおわり文の位置にあらわれてくるとしても，それは意志表示的なものとしてはたらく。あるいは理由の説明としてはたらく。ごく一般的にいえば，「するから」がつかわれているばあいには，そこにさしだされる原因・理由の関係は，一度はなし手の論理を通過する。(言語学研究会・構文論グループ 1985「条件づけを表現するつきそい・あわせ文(1)—その1・まえがき—」『教育国語』81号 p.27)

　〈…〉いいおわり文の位置にどのような通達的なタイプの文があらわれてくるか，ということで，条件づけを表現する《つきそい・あわせ文》は，おおきくふたつの系列にわかれるのである。(a) 対象の論理にしたがいながら，ふたつの出来事のあいだの客観的な関係の描写にむけられているもの。(b) はなし手が，自分の立場から，《私》の論理にしたがいながら，ふたつの出来事のあいだの関係をとりむすんでいるもの。(奥田靖雄 1986「条件づけを表現するつきそい・あわせ文—その体系性をめぐって—」『教育国語』87号 p.8)

2）すれば

規定2

　つきそい文の　述語が　「すれば」の　かたちを　採用する　ばあい，　この　つきそい文に　さしだされる　できごとは，　いいおわり文（主文）に　さしだされる　できごとに　対して，　条件と　して　はたらきます。　あわせ文　全体は，この　条件の　もとに　いいおわり文に　さしだされる　できごとが　実現して　います。　この　ばあい，　条件と　して　はたらく　でき

145

ごとは，　ある　ばあいには　実現するし，　ある　ばあいは　実現しないし，　ポテンシャルです。　したがって，　仮定性が　つきまとって　います。(91)

　　現在の経営状態で<u>あれば</u>，いつ不渡手形がでるかしれなかった。いちど不渡を<u>だせば</u>，九鬼商事の経済活動はおわりである。
　　三年、地方に島流しに<u>なれば</u>，三年間出世がおくれます。

◇条件的なつきそいあわせ文――「すれば」「するなら・したなら」――につきまとう仮定性
　　〈…〉つきそい文が「するので」あるいは「するから」のかたちを採用しておれば，《原因的なつきそい・あわせ文》になるし，それが「すれば」あるいは「するなら」のかたちを採用しておれば，《条件的なつきそい・あわせ文》になる。このふたつのつきそい・あわせ文のちがいは，一方では《つきそい文》にさしだされる出来事が事実的であるのにたいして，他方ではそれが仮定的である，ということのうちにある。いずれも原因や条件などの根拠を《つきそい文》がさしだしているわけだが，その根拠が事実的であれば，《原因的なつきそい・あわせ文》でいいあらわされるし，仮定的であれば，《条件的なつきそい・あわせ文》でいいあらわされるのである。このことは，つぎにあげる，よっつの例をくらべると，すぐ理解できる。

　　<u>雨がふったので</u>，川の水はあふれた。（事実的な原因）
　　<u>雨がふれば</u>，川の水はあふれる。（仮定的な条件）
　　<u>土地がひくいので</u>，川の水はあふれた。（事実的な原因）
　　<u>土地がひくければ</u>，川の水はあふれる。（仮定的な条件）

　　したがって，原因的なつきそい・あわせ文のことは「事実的な根拠とその結果との関係を表現するつきそい・あわせ文」に，条件的なつきそいあわせ文のことは「仮定的な根拠とその結果との関係を表現するつきそい・あわせ文」に名まえをかえると，これらのあわせ文がもつ文法的な意味にふさわしくなる。（奥田靖雄 1986「条件づけを表現するつきそい・あわせ文――その体系性をめぐって――」『教育国語』87 号 p. 2～3）

　　つきそい文の述語が，「すれば」のかたちをとっているばあい，そこにさしだされる出来事は，はなしあいのなかに，あるいはとりまく状況のなかに可能性としてあたえられていて，まだレアルな存在ではない。これから実現することもありうるし，実現しないこともありうるという意味でポテンシャルである。しかし，おおくのばあい，その実現は確率がきわめてたかく，はなし手はそれの実現が目のまえにせまっているものとみなして，そうであれば，なにがおこってくるか，かんがえなければならない。はなし手はそのような状況におかれているのである。（言語学研究会・構文論グループ 1985「条件づけを表現するつきそい・あわせ文(3)――その３・条件的なつきそい・あわせ文――」『教育国語』83 号 p. 5）

規定３

146

> つきそい文の 述語が 「すれば」の 形を とって いて, いいおわり文の 述語が 過去
> あるいは 現在の 形を とって いる ばあいには, あわせ文 全体は 非レアルな できご
> とを さしだして いて, 仮定性が つよまります。 この 種の 文は, のぞましい ある
> いは のぞましくない レアルな できごとが すでに 存在して いて, はなし手は この
> レアルな できごとに 非レアルな できごとを 対立させて います。(91)

- 「そうですね。 晴れれば, あたたかく なるんでしょうけど……。」
- だまって おきさえ すれば, もっと 知れずに すむ ことでは ないか。 だまって おきさえ すれば, お前は いい 親戚と して とおり, いい 叔父さんと して とおって いるでは ないか。
- 弾薬の 導火線の 火縄を 1メートルに して おけば, あの 鉄条網を 爆破して, 安全に かえす ことが できたんです。 それが, あやまって, ５０センチ, すなわち 半分に して しまったんです。
- もっと はやく この 問題に 気が つけば, とりかえしの つかない ことも おこらなかった のです。

◇「…すれば, ~する (だろう)」

すれば」のかたちをとっている条件的なつきそい・あわせ文においては, いいおわり文の述語が《すぎさらず》のかたち「する」であれば, そこにえがきだされる出来事は, 未来にかかわるポテンシャルな出来事である。つまり, つきそい文にさしだされる, ポテンシャルな出来事がレアルなものに移行すれば, その条件のもとにおこりうる出来事である。そして, この出来事が想像あるいは思考によってとらえられたものであるとすれば, 想像や思考の過程のなかに存在しているものであるとすれば, いいおわり文の述語が《おしはかり》のかたち「…だろう」を採用するのは, とうぜんのことである。いいおわり文にさしだされる出来事は, はなし手の《おしはかり》がとらえたものである。

宗珠がはいってくれば, まっさきに男靴が目につくであろう。(菩提樹)
仏応寺の事情をしれば, たいていの人がしりごみをするでしょうから。(菩提樹)

(言語学研究会・構文論グループ 1985「条件づけを表現するつきそい・あわせ文(3)—その３・条件的なつきそい・あわせ文—」『教育国語』83 号 p. 7〜8)

〈…〉だが, この種の条件的なつきそい・あわせ文において, いいおわり文がいいきりのかたちをとっていることもある。結果として生じる出来事がうたがう余地のないものであれば, いいおわり文は《いいきり》のかたちをとるのがふつうである。さらに, いいおわり文にさしだされる出来事の成立がはなし手にとって確信的であれば, おなじように《いいいり》のかたちをとっている。もっとも, いいおわり文が意志表示的な意味をもっている一人称文であれば, 《いいきり》のかたちをとるのは当然である。

あの丘の墓地を処分すれば，まとまった金が寺にはいる。（菩提樹）

用があれば，電話をかけるよ。（命なりけり）

（同 p. 9）

◇「…すれば，〜した（だろう）」

〈…〉いいおわり文が《すぎさり》のかたちをとりながら，いちいちの具体的な出来事をさしだしているとすれば，その出来事は非レアルである。この種の条件的なつきそい・あわせ文では，はなし手は期待する，あるいは期待しない非レアルな出来事をレアルな出来事からひきずりだす。そして，レアルな出来事に非レアルな出来事を対比させるのだが，それが裏がえし的な表現であれば，はなし手の安堵とか残念さの表現になる。あるいは，また，レアルな出来事を直裁にえがきだすことをさけて，非レアルな出来事をさしだすことによって，レアルな出来事を表現していることもある。したがって，仮定性はつよまってくる。

…まともに求愛すれば，鼻のさきであしらわれたにちがいない。（命なりけり）

総代というのはつらい立場だ。館さんがもしわたしの位置にたてば，多分そうしただろう。（菩提樹）

（同 p. 12〜13）

規定4

　この　種の　つきそい・あわせ文は　反復的な，　習慣的な　できごとを　表現して　いる　ばあいが　あります。　また　一般的な　事実を　表現して　いる　ばあいも　あります。　このような　ばあいでは，　あわせ文は　法則を　表現して　いて，つきそい文の　述語の　位置に　あらわれて　くる　「すれば」は　単に　条件を　さしだすに　とどまり，　仮定性は　消えて　いきます。(91)

そして，　出なくても　なんでも，　乳房を　くわえなければ，　眠らなかった。

かれは，　天気が　よければ，　たいがい　二,三時間は　阿弥陀堂の　縁で　くらした。

この　老爺は，　牛が　塩を　なめて，　清水を　のみさえ　すれば，　病も　いえると　いう　ことを　知りつくして　いた。

南風が　ふけば，　浅間山の　雪が　とけ，　西風が　ふけば，　畠の　青麦が　熟する。

◇反復・習慣的な出来事を表現するばあい

〈…〉この種のつきそい・あわせ文において，いいおわり文が《いいきり》のかたちをとるとすれば，圧倒的におおくのばあい，反復・習慣的な動作が表現されている。ここでは，条件としてはたらく出来事がくりかえしおこっていて，その条件がととのいさえすれば，いいおわり文にさしだされる出来事が規則的におこってくる，という事実がつたえられているにすぎない。したがって，この種のつきそい・あわせ文では，《私》のたちばからの仮定性はきえていく。

…会社からもどってくれば，妻の顔をみるなり，つかれたという。（めし）

…でてあるきさえすれば，かならずだれかにあう。（坊ちゃん）

148

（言語学研究会・構文論グループ 1985「条件づけを表現するつきそい・あわせ文(3)―その３・条件的なつきそい・あわせ文―」『教育国語』83 号 p. 9～10)

　〈…〉過去における反復・習慣的な動作・状態も，この種のつきそい・あわせ文によって表現されている。ある条件のもとでは，／かならずそうなった／ということが表現されているとすれば，ふたつの出来事のあいだの関係は条件的であるとしても，仮定性はきえていく。

　わが家では，声をかけなければ，妻はうごかなかった。(命なりけり)

(同 p. 13)

３）するなら

規定5

　「するなら」を　述語に　する　つきそい文も，　はなし手の　おかれて　いる　状況の　なかから，　実現性の　たかい　できごとを　えらんで，　これを　条件として　さしだして　います。　その　実現性が，　ほとんど　確実で　あると　しても，　やはり　ポテンシャルです。
　ところで，　「するなら」の　かたちを　とる　ばあいでは，　はなし手は　自分の　意志，欲求に　あわせて，　自分の　つごうに　あわせて，　その　実現の　ために　つきそい文の　なかに　条件を　設定するのです。　したがって，　おおくの　ばあい，　いいおわり文の　位置には　まちのぞみ文，　さそいかけ文が　あらわれて　きます。　ところが，　「すれば」の　かたちを　とる　ばあいでは，　はなし手は　客観的な　法則，　必然性に　したがって　あたえられた　条件の　なかで　おこって　くる　できごとを　推測して　います。　したがって，　おおくの　ばあい，　いいおわり文の　位置に　あらわれて　くる　文は　　ものがたり文で　あって，しかも，　おしはかりの　かたちを　とって　います。(91)

　「東京見物を　するなら，　須賀も　ついて　いって　やれ。　修業中の　紺野一人では　ふたおやも　気がねが　ある　だろう。」
　「おまえも　あす　谷中へ　行くなら，　そう　いって　おくれ。」
　「ところで，　ぼくは　いま　ある　用事で　いそいで　いるんだから，　君　かえるんなら，　自転車のうしろに　のっけて　いくよ。」

◇「…すれば，こうなる」，「…するなら，こうする」

　つきそい文の述語が「するなら」のかたちをとるばあいでも，そこにさしだされる出来事は，状況あるいは場面のなかに可能性としてすでにあたえられている。おおくのばあい，その実現はほとんど確定的である。しかし，まだ実現していないとすれば，やはりポテンシャルであるとしなければならない。こうして，「するなら」をともなうばあいでも，「すれば」をともなうばあいでも，いずれもつきそい文が条件的な出来事をさしだすということではひとしい。したがって，仮定性の程度は，「すれば」と「するなら」とを区別するよりどころにはならない。つきそい文にさしだされ

る条件的な出来事がはなし手に状況からあたえられているか，そうではなく，はなし手自身が積極的に設定するか，ということのちがいが重大なのである。

　「するなら」のかたちをとる条件的なつきそい・あわせ文では，その条件のもとにあらわれてくるものは，客観的な世界の出来事ではなく，はなし手自身の内部の出来事，《私》の積極的な態度である。つまり，つきそい文が「するなら」のかたちをとるばあいでは，いいおわり文の位置には，《私》の意欲とか意志とか期待，あい手への命令とかねがいをいいあらわしているまちのぞみ文，あるいはさそいかけ文があらわれてくる。こうして，ふたつの，条件的なつきそいあわせ文では，そこにさしだされる条件的な関係がまるっきりことなるものとしてあらわれてくる。〈…〉

　人間は自分の欲求を満足させるために行動することが必要であるが，このばあい，この行動はとりまく条件に依存してきめられる。人間の行動とその条件との条件的な関係は，はなし手の観察の対象のなかにあらわれてくるかぎり，客観的な出来事として，日本語では「すれば」でじゅうぶん表現できる。

　　かれは，あめがふれば，いえでごはんをたく。
　　わたしは，あめがふれば，いえでごはんをたく。

　ところが，その欲求がわたし自身の行動によってみたされるものであれば，私の行動は，なによりもまず，私の意欲とか意志とか決心とかいう形態の意識のなかにあらわれてくる。あい手の行動によってみたされるものであれば，その行動はあい手への命令とかねがいとか期待とかという形態の意識のなかにあらわれてくる。そして，その私の意欲とか意志とか決心，命令とかねがいとか期待が条件つきであるとすれば，その条件なるものは，「するなら」のかたちで表現される。以上のべたことをひとくちにいえば，つきそい文に「すれば」のかたちをとらせれば，いいおわり文は「こうなる」と，客観的な，法則的なむすびつきをいいあらわす。それにたいして，「するなら」のかたちをとらせれば，「こうする」と，私の積極的な態度をいいあらわす，ということになる。

（言語学研究会・構文論グループ 1985「条件づけを表現するつきそい・あわせ文(3)―その３・条件的なつきそい・あわせ文―」『教育国語』83 号 p. 25〜26）

規定6
　「するなら」を　述語に　する　つきそい文は，　いいおわり文に　表現されて　いる　判断の前提を　さしだして　いる　ばあいが　あります。
　つきそい文に　さしだされる　前提が　一般に　承認されて　いる　判断で　あったり，　あるいは，　個人の　主張で　あったり　すれば，　あわせ文　全体が　論理の　展開で　あると　いう　ことに　なります。
　したがって，　ここでは　条件と　結果の　関係が　前提と　結論の　関係へ　移行しています。(91)

・　他人に　つかえる　一切の　おこないが　奉公なら，　捨吉の　奉公は，　かれが　ごく　おさない　ころから　はじまった。

- 皮の 製造に いそしむ 人が いやしければ，　人糞尿を とりあつかう 百姓は より 下等で な ければ ならない。　手工業に よって 生きる 人の 血統が けがれて いるなら，　刀を 二本 差 した 血統は より 下等だ。
- もし，嫁に くる 前から はげて いるなら，　だまされたので ある。
- 九鬼信晴と 結婚できないのなら，　どなたと 結ばれても 同じ こと，　と 思いました。
- よく うそを つく 男だ。　これで 中学の 教頭が つとまるなら，　おれなんか 大学の 総長が つとまる。
- 「そんなに ひとの ことを おしゃべりな あなただって，　はなの あなへ しらがが はえてる じゃ ありませんか。　はげが 伝染するのなら しらがだって 伝染しますわ。」と 細君 少々 ぷり ぷりする。

◇論理の展開を表現する「するなら」

　つきそい文が「するなら」のかたちを採用する，条件的なつきそい・あわせ文の観察から，つきそい文にさしだされる出来事の仮定性の程度はそれほど重要な意味をもっていないことがあきらかになる。むしろ，その本質的な特徴は，それが状況のなかにあろうと，なかろうと，はなし手がある出来事を条件としてつきそい文のなかにとりあげる，ということである。こうして，「するなら」というかたちをとる，条件的なつきそい・あわせ文は現実の世界の過程をえがきだすというよりも，それをとらえていく思考の運動をえがきだしているということになる。このことが，もっともあからさまなかたちであらわれてくるのは，この種のつきそい・あわせ文が論理の操作，論理の展開を表現しているときである。じっさい，「するなら」のかたちをとる，条件的なつきそい・あわせ文において，いいおわり文がものがたり文であるばあい，つきそい文といいおわり文とにさしだされる，ふたつの出来事のあいだのむすびつきは，条件・結果の関係としてとらえつくされるものではない。ここでは，おおくのばあい，それが前提と結論との関係へ移行していて，その内容を論理の展開の過程とみるほか，しかたがなくなる。そして，この前提と結論の関係は，物とその特徴づけ，特徴の同一視，結果から原因のわりだし，外面から内面への接近，一般的な特徴からその具体的なあらわれ方のひきだしなど，その関係の内容の観点から，さまざまなタイプに分類されるだろう。(言語学研究会・構文論グループ 1985「条件づけを表現するつきそい・あわせ文(3)―その３・条件的なつきそい・あわせ文―」『教育国語』83 号 p. 35～36)

　4）したなら

> 規定7
> 　つきそい文に さしだされる できごとが 完了して いる ばあいには，　「したなら」の かたちを つかいます。(91)

- 芝居場で 一度 考えた とおり，　もし 今夜 あの 夫人に 会わなかったなら，　最愛の 夫に 対して，　これほど 不愉快な 感じを いだかずに すんだろうに，　という 気ばかり つよく した。
- 朝子の ことが 知れたなら，　わたしは 嫌悪される。　排斥される だろう。

◇「…したなら，…した」，「…したなら，…する」

151

つきそい文が「したなら」のかたちをとりながら，非レアルな出来事を表現していれば，いいおわり文も《すぎさり》のかたちをとって，非レアルな出来事をさしだすことになる。そうであれば，この種の条件的なつきそい・あわせ文は，つきそい文の述語を「すれば」にとりかえても，意味におおきなちがいはおこってこないということになるだろう。「…すれば，…した」というかたちの条件的なつきそい・あわせ文は，非レアルな出来事をとおして，レアルな出来事を確認している。レアルな出来事をとおして，非レアルな出来事を確認している。ところが，「…したなら，…した」というかたちの条件的なつきそい・あわせ文では，そこにさしだされる出来事は，はなし手の想像の所産である。ときとして，「したなら」というかたちは，はなし手のかって気ままな空想の表現形式になる。

　「あの夜，九鬼に身をまかせていたならば，私は勇気がもてたかもしれないのだ。おしい気がした。」（命なりけり）
　「この見当だと心えてさえいたならば，ああ不意うちをくうんじゃなかったのに」（明暗・下）

　〈…〉しかし，「したなら」がたんに《完了》と《先行》の意味を表現しているにすぎないばあいもある。このばあいでは，いいおわり文にさしだされる出来事は未来にかかわっていて，ポテンシャルである。

　「朝子のことが知れたなら，私は嫌悪される。排斥されるだろう。」（菩提樹）

（同 p. 33〜34）

5）すると・したら

規定8
「すると」が　つきそい文の　述語として　あらわれて　くる　ときには，　あわせ文は　そのつきそい文に　さしだされる　できごとが，　いいおわり文に　さしだされる　できごとの　きっかけで　ある　ことを　いいあらわして　います。
　きっかけは，　原因が　はたらきはじめるのを　さそいだす　ひきがねです。　「したら」を述語にした　つきそい文は，　はなし手が　自分の　立場から　設定した　きっかけを　さしだします。　したがって，　いいおわり文は　はなし手の　意志とか，　欲求とかを　あらわしている　文です。　また，　間を　おかずに　つづいて　ふたつの　できごとが　おこって　くる　ばあい，　先行する　できごとは，　「すると」を　述語と　する　つきそい文の　なかに　さしだされます。　同時に　ふたつの　できごとが　おこって　くる　ばあいでは，　一方は　「していると」を　述語と　する　つきそい文の　なかに　さしだされます。(91)

　ぶうと　いって，　船が　とまると，　はしけが　岸を　はなれて，　こぎよせて　きた。
　わたしが　着物を　ぬぐと，　雪江さんが　あとから　ふわりと　ねまきを　きせて　くれた。

　船が　ついたら，　お手紙　くださいね。
　勉強が　すんだら，　ごはんを　食べよう。

152

◇きっかけ的なつきそいあわせ文

〔…〕つきそい文がその述語に「すると」を採用すれば，《契機的なつきそい・あわせ文》がうまれる。そのとき，つきそい文は，いいおわり文にさしだされる出来事の《きっかけ》をいいあらわす。きっかけも根拠のうちのひとつであるが，原因とはちがう。原因を原因として発動させる出来事なのである。あるいは，ある物にその機能をさそいだす出来事でもある。

　　電気のスウィッチをひねると，電燈がぱっとついて，あたりをてらしはじめる。
　　船が港にはいると，はしけがうごきはじめた。
　（奥田靖雄 1986「条件づけを表現するつきそい・あわせ文—その体系性をめぐって—」『教育国語』87 号
p. 3）

6）しても

> 規定9
> 　ある　動作なり　状態を　廃棄する　ために，　より　有利な　状況が　設定されても，　その状況は　有効に　はたらかず，　動作や　状態が　前どおり　おこなわれると　いう　ような　ばあい，　「しても」を　述語に　する　つきそい文に　よって　ゆずり的な　条件が　いいあらわされます。(91)

　　大雨が　ふっても，　家は　流されない。

◇うらめ・ゆずり的なつきそいあわせ文

〔…〕原因とか条件とかきっかけとかが有効にはたらかないで，のぞましい結果をうみださないときには，「するのに」をつきそい文の述語にする《うらめ的なつきそい・あわせ文》がこのような出来事をえがきだす。ある動作なり状態なりを廃棄するために，より有効な状況が設定されても，その状況は有効にはたらかず，事態はまえどおりである，というような事実は，「しても」を述語にする《ゆずり的なつきそい・あわせ文》でいいあらわされる。いずれにしても，この種のつきそい・あわせ文は，原因的なむすびつきとは，《うらめ》と《まさめ》との関係にある。

　　雨がふっているのに，あの人はつりに出かけた。
　　雨がふっても，あの人はつりに出かける。

（同 p. 4）

§10　連体形

1）連体形の　体系

> 規定1
> 　動詞の　連体形は，　体言を　修飾すると　いう　形容詞的な　特徴を　もって　いると　同時に，　テンス，　アスペクト，　ボイスの　文法的な　かたちを　そなえて　いて，　動詞で　あることを　やめて　いません。

そして，　ムードは　直説法に　かぎられて　いて，　ていねい体を　もちいる　ことも　あまり　ありません。(91)

する　　（人）	して　いる　　（人）
した　　（人）	して　いた　　（人）
される　　（人）	されて　いる　　（人）
された　　（人）	されて　いた　　（人）

規定2
　連体形の　テンスは　終止形の　テンスと　ちがって，　主として，　ふたつの　動作，　状態の　あいだの　先行・後続の　関係，　同時の　関係を　あらわして　います。　連体形は，　過去の　かたちを　とる　ばあいでは，　その　連体形で　さしだされる　動作・状態が，　いいおわり文に　さしだされる　動作・状態に　先行して　いる　ことを　いいあらわして　います。　しかし，　変化動詞の　ばあいでは　変化の　モメントが　先行して　いて，　結果的な　状態が　のこって　います。　したがって，　その　結果的な　状態から　みれば，　いいおわり文に　さしだされる　動作・状態と　同時です。(91)

《動作動詞の　ばあい》
・　一度なぞ，　林から　とびだして，　草むらの　ネズミを　つかんだ　ふくろうが　林に　もどる　はずみに　テントの　支柱に　ぶつかった　ことが　ある。
・　ネズミを　とらえた　者には，　一匹　十円の　賞金を　交付する　旨の　布告を　だしてから　一週間に　なる。
・　稽古が　すむと，　婆やの　マスが　つくった　葛湯を　のむのだが…。
・　智秀は　バネガネの　まるく　つきでた　ボックスの　かげで，　安子が　かって　きた　ぼた餅を　たべていた。

《変化動詞の　ばあい》
・　青白い　光は，　雨に　ぬれた，　おもての　格子戸を　とおして，　この　家の　中を　うすぐらく，　さびしく　みせる。
・　農学者は　後部席に　よいたおれた　俊介の　だらしない　格好を　みて，　はきすてる　ような　口調で　説明した。
・　えんじの　ビロードの　イブニングを　きて，　まぶたに　青い　シャドウを　つけ，　くちびるを　真っ赤に　ぬった　女が，　私の　目の　まえに　たって　いた。

規定3
　連体形は，　後続する　動作を　あらわす　ばあいでは，　非過去の　かたちを　とります。　したがって，　基本的には　「する」と　「した」との　対立の　なかに　先行・後続の　時間的な　関係が　表現されて　いると　いえます。

その日　卒業する　わかい　人びとは　いずれも　青木の　教えを　うけた　生徒で　ある。
二年ぶりで　かえる　体を　まず　そこに　休めようと　いう　計画なので　あった。

《無限界動詞のばあい》
　　私は　ふるえる　手で　葉書を　とると，　わくわく　おどる　胸を　意識しながら，　すぐ　うらがえ
して　みた。
　　……ものすごい　ちぎれ　雲の　とぶ　大空を　かわるがわる　ながめていた。

・　うすあかい，　しなやかな，　女らしく　ふとった　手は　くらやみにも　岸本の　目に　みえた。
・　敗戦の　年が　くれて，　範太郎は　すっかり　ぼけて　しまった。　つよい　カストリが　老いた　範
　太郎の　脳を　おかして　しまったのかもしれぬ。
・　二，三日　たって，　私は　緒方に　つれられて，　香椎の　部屋へ　あやまりに　いった。　その　日
　は　女は　うすよごれた　銘仙を　きていた。
・　うら山の　しげった　杉の　こずえに，　とけるような，　うつくしい　斜光が　さして　いた。

・　粗末な　紙片に　にじむ　インクで　かかれた　網走と　いう　文字を　みた　と…
・　ヘビでも，　モズでも，　とにかく　ネズミを　とる　動物は　全部　禁猟と　いう　ことに　して…
・　海に　生きる　男の，　夢の　おおかった　わかい　日の　思い出話と　して……
・　ねる　場所こそ　母屋に　かわったが……

一般的に　いって，　抽象名詞の　意味を　具体化する　ばあい，　特性で　あれば，　「した」の　かたちを　採用しますが，　動作で　あれば　「する」の　かたちを　採用します。(91)

　　すんだ　声，　にごった　声が　運動場から　きこえて　くる。
　　とぼけた　表情，　　さしせまった　要求，　　きわだった　腕まえ

・　ふいに　夜の　野の　気配が　室内に　みなぎり　あちら　こちらで　けものの　さわぐ　物音が　きこえた。
・　橋の　うえには　たちまち　見物人の　山が　できたが，　ネズミは　いっこうに　にげる　気配を　みせなかった。
・　荘十郎は　義介の　ために　版木を　そろえたり，　ほりあげた　版木を　濃紺の　ふろしきに　つつみ，それを　せおって　上野や　浅草や，　また　日本橋の　版元に　とどけて　まわる　仕事も　した。
・　また　アンツー剤や　亜ひ酸石灰や　リン剤など，　手に　入る　かぎりの　殺鼠剤を　業者から　買いもとめて，　被害地の　村に　くばる　計画を　たてた。

規定7
　継続相の　かたちの　連体形は　動作　あるいは　状態の　継続を　あらわして　いて，　非過去の　ばあいでは　同時の　表現として　あらわれて　きます。
　それに　たいして，　過去の　ばあいでは　先行を　あらわして　いますが，　しばしば　「している」と　おなじように　同時をも　あらわして　います。(91)

　　泣いて　いる　子どもが　よって　きた。
　　泣いて　いた　子どもが　おかしを　あげると，　にこにこ　わらって　たべはじめた。

・　善やんは　九月の　まだ　あつい　日に　てらされながら，　コック場の　うら口で　じゃがいもの　皮を　むいて　いる　準次の　まえに　たった。
・　彼女は　おおらかな，　どこか　着物の　まえ　あたりの　だらしの　ない　四十女だったが，　いかりくるって　いる　主人へ　気の　ない　声で　いった。
・　はじめは　興味を　感じて　俊介に　協力して　いた　連中も，　ネズミが　ひっきりなしに　おくられて　くると，　げんなりして，　手を　ひいて　しまったので，　俊介は　ひとりで　黒こげの　死体の　始末を　しなければ　ならなかった。
・　上着には　略章の　いろいろな　色だけが　つけられて　いた。　剣も　つって　いない，　丸腰で　はいって　きた。　先着して，　座席を　とって　いた　わかい　丸腰の　従卒は，　挙手の　礼を　しないで，　ただ　起立して，　その　席を　ゆずった。

第Ⅱ部　ひとえ文[48]

第1章　言語活動

§1　言語活動

規定1

　わたしたちは　日本語を　つかって　話したり　書いたり　する。　そう　する　ことで　現実
の　世界の　さまざまな　できごとを　うつしとりながら　つたえあう。　話したり　書いたり
すれば，　言語作品が　できあがる。

　わたしたちは　聞いたり　読んだり　する　ことで，　言語作品を　知覚し　理解する。　話し
たり　書いたり　する　活動，　聞いたり　読んだり　する　活動の　ことを　言語活動と　い
う。(86)

【おぎない】〈ひとつの民族語にそなわった語彙と文法の総体を言語という。個人の生産的な言語
活動であるはなし，かきは言語のじっさいの使用であり，その所産として言語作品をうみおとす。
受容的な言語活動であるきき，よみは，その言語作品の知覚と理解である。言語と言語活動と言語
作品の関係について原則的なことは，以下にその一部をかかげる，奥田靖雄 1959（同 1974 所収）

---

[48] 1984.6.版では，「5 章　文のさまざま」「6 章　ものがたり文（みとめ方,時間,とらえ方・たしかさ,のべ方）」「7 章　ものがたり
文の分類（可能, 必然, 現実表現の文, 態度をいいあらわす文）」という章立てになっているが，＜文末表現の指導＞を
テーマとした 1985 年 6 月の教科研国語部会での報告では，これらのうち，「とらえ方・たしかさ」は「おしはかりといいきり」
に，「のべ方」は「説明の文と記述の文」に，「可能」は「可能表現の文」に，「必然」は「必然（必要）表現の文」に，それぞれ
あらためられ，規定も改訂されている。改訂後の規定は，「記述の文と説明の文」をのぞいて，『教育国語』82〜85 号に掲
載された。

　1984 版の段階では，1982 版の「§1 文,§2 単語,§3 文と単語,§4 ひとえ文のくみたて」を「序説」とする案が構想さ
れていたが，この部分は，1989 年（教科研国語部会冬の合宿研究会報告「にっぽんご－小学生のための文法」（[未公刊
プリント版]）と 1993 年（「小学生のための文法」[未公刊手がき版]）に改訂されている。本稿では，1993 年版を第Ⅰ部「形
態論」の序説としておさめた。

　1987 版のもくじでは，序説部分は「1 章　言語活動, 2 章　言語, 3 章　単語」とあらためられていて，中高校生以上を対
象とした, 本格的な構文論教科書を志向していたことがうかがえる。この部分の解説に相当する文章が，1986 年 2 月 22
日の宮城国語部会での奥田の講義に使用された（未公刊手がきプリント B5 版 8 ページ。全体の標題はないが，「1 章
言語活動, 2 章　言語」の章タイトルが付されている。本稿ではこれを仮に奥田靖雄 1986「宮城国語部会講義プリント」とよ
んでおく）。これにそった規定づくりは，1986 年 4 月 5 日の白石からはじまっている。本稿では，このときの規定を，おなじ
年にかかれた「3 章　単語」の規定とともに，「第Ⅱ部　ひとえ文」の序説におさめた。奥田の解説も，関連する規定のあとに
分割して配置した。あとで再構成できるようにとおし番号を付しておく。指導書用の解説文としては，1991 年に概説ふうの
もの（未公刊プリント版）もかかれている。これも無題だが,「奥田靖雄 1991 宮城国語部会講義プリント」の仮題を付して,本
稿の各章に分割しておさめた。

[49]，奥田靖雄 1963（同 1968 所収）[50]を参照されたい。いずれも，著作集編集委員会編 2015『奥田靖雄著作集 4 言語学編(3)』（むぎ書房）におさめられている。〉

◇言語と言語活動

　〈…〉はなしたり，かいたりする具体的な個人の行為のことを言語活動 speech とよんでおく。この言語活動のことを「ことば」とか「言」とか「言行為」とかいう用語でよんでいる学者もいるが，学者のあいだではフランス語でパロール parole というのが一番とおりがいい。そして，この言語活動からとりだされる日本語や朝鮮語やロシア語や英語のことを，言語 language とよんでおく。言語のことはだれでも「言語」とよんでいる。〈…〉言語活動のなかから言語をとりだすことのできるのは，どんな言語活動のなかにも，その側面として，言語が内在しているからである。（奥田靖雄 1963〈同 1968 所収 p. 9〉）

◇社会＝歴史的な存在としての言語

　〈…〉言語活動のなかに存在している単語とか文法とかは，けっして特定の言語活動にのみ固有なものではなく，その言語活動のそとに存在しているものの使用にすぎない〈…〉。〈…〉単語は，かずかぎりない言語活動の特殊な性格には影響をうけない（発声器官の個人＝生理的なゆがみからおこるかたより，偶然なあやまりなどを考慮しないなら，したがって，本質的には）。この単語の発音と意味とは，現代日本語がつかわれている社会では，だれがつかおうとかわりがないのである。したがって，その存在は個人の言語活動のわくをのりこえていて，社会的だといえる。〈…〉語彙体系とその構成要素である単語とは，具体的な言語活動を支配する法則とはべつの，それ自身の客観的な法則によって支配されている。〈…〉おなじことが文法についてもいえる。〈…〉文法上の法則は，それ自身の体系をなしていて，具体的な言語活動とは関係なしに，日本語のなかに客観的に存在し，日本語をつかう，あらゆる言語活動がその法則にしたがわなければならない。（奥田靖雄 1959〈同 1974 所収 p. 86〜88〉）

◇個人＝心理的な活動としての言語活動

　ところが，言語をつかう言語活動は，使用者＝個人のそとでは考えられない。言語活動は特定の個人が言語をつかうことなのだから，そこにはいくつかの個人＝心理的な側面がくわわってくる。〈…〉こうした言語活動の特殊な性格は，なによりもまず，つぎのような事情による。言語活動は個人の心理過程のなかに位置していて，それ自身が心理活動のひとつの形態であると同時に，そのほかの心理活動の形態（たとえば，知覚とか思考とかいう認識過程）と相互にからみあいながら，

[49]奥田靖雄 1959「言語と言語活動―国語教育の構想―」『教育』107・108 号，のちに奥田靖雄・国分一太郎編 1974『読み方教育の理論』〈むぎ書房〉所収）
[50]奥田靖雄 1963「教師のための言語学」『作文と教育』1963 年 4〜8 月号，1964 年 1〜2 月号，のちに「言語学と国語教育」の題で奥田靖雄 1968『国語科の基礎』〈むぎ書房〉に所収）

はたらきかけあって，個人の統一的な心理過程をなしている。また，言語活動が個人の心理活動であれば，個人の行動と関係なしには，ありえない。こうした事情が，言語活動の個人＝心理的な側面をつくりだしてゆく。（奥田靖雄 1959〈同 1974 所収 p. 89〉）

◇**言語の教育と言語活動の教育**

　日本語教育[※編注；言語教育のこと]とつづり方指導とのちがいは，言語は言語活動のひとつの側面にすぎないという事実にもとづいている。別のいい方をすれば，日本人の言語活動のなかには日本語という言語がつかわれてあるのである。言語活動にたいしては言語は道具にすぎない。〈…〉道具の性質をよくしらなければ，それをうまくつかいこなすことはできないだろう。だが，日本語についての知識をさずけても，かならずしも子どもはりっぱな文章はつづれない。だからといって，そうする必要はないというりくつはなりたたない。言語活動の，そしてその指導の多面性をものがたっているだけのことである。（奥田靖雄 1963〈同 1968 所収 p. 10〉）

【おぎない】〈奥田靖雄 1986「宮城国語部会講義プリント」[51]は，人間活動全体のなかでの言語活動の位置，言語活動と思考活動との統一性，社会における言語活動の機能，言語と言語活動の学習の意義などについてふれている。なお，奥田 1986「宮城国語部会講義プリント」は，後述の奥田 1991「宮城国語部会講義プリント」とともに，著作集編集委員会編『奥田靖雄著作集』第 6 巻 補遺編に載録される予定。〉

言語活動

　私たちは言語という手段ではなしたり，かいたりして，現実の世界のさまざまな出来事をうつしとりながら，おたがいにつたえあう。このような，言語をもちいてする，反映と通達の活動のことを言語活動とよんでいる。はなしたり，かいたりする活動は言語作品をうみだすのだが，きいたり，よんだりする活動は，この言語作品をうけとめて，理解する。この，きいたりよんだりする活動も言語活動である。

　はなす活動は，記憶にのこったり，テープに記録されたりして，その所産である言語作品をのこすが，大半がすぐにきえてしまう。かくという言語活動は言語作品をうみおとしていくばかりではない。その言語作品を紙のうえに文字でかきとめて，のこす。かくことでのこされた言語作品は，ふつう，私たちは文章とかテキストとかいう用語でよんでいるが，それを言語作品とよぶこともある。文字が発明されて，文章をかくようになって，人間は空間と時間をのりこえて，情報や知識をとりかわすことができるようになった。

　この言語作品のなかには，自然の世界でおこっている出来事，社会のなかでおこっている出来事，自分のまわりで日常的におこっている出来事，自分自身の内部でおこっている出来事など，さ

---

[51] 本書 p.157　注 48 参照。

まざまな出来事がうつしとられている。言語作品は，なにをえがいているか，なにをつたえているか，その内容の観点から，手紙とか広告とか文書とかニュースとかいう，ごく日常的なもの、論説とか文学作品とか科学論文とかいう，ふかい考察にいたるまで，さまざまな種類にわけることができる。

　人間ははなしたり，かいたりする言語活動によって，現実の世界のさまざまな出来事をうつしとるが，このとき人間は考えることが必要である。考えることなしに現実の世界の出来事を作品のなかにうつしとることができないのである。私たちの，みたり，きいたりする五官のはたらきでとらえられる，現実の世界からの情報はまるごとであって，混沌としていて，そのままでははなしたり，かいたりすることの対象にはならない。それをはなしたり，かいたりするとなれば，そのなかから意味のある出来事をえらんで，一般化しながら「わく」のなかに整理しなければならない。いくつかの出来事のあいだのむすびつき，相互のはたらきかけあいをあきらかにしなければならない。そして，いちばんたいせつなことは，過去や現在におこっている出来事を確認することから，これから先でなにがおこってくるか，明日の出来事をおしはかって，みとおしをたてることである。人間はとりまく現実と積極的にとりくみながら，意見なり感想なり欲求なりをもたなければ，他人にはなしかけたり，文章をかいたりすることへの動機づけは，けっしておこってくるものではないのである。このような人の心のなかでの活動を思考とよぶとすれば，現実の世界のさまざまな出来事をとらえていく言語活動は，つねに思考活動をその背後にともなっているということになる。そして言語活動は，思考活動の所産としての知識，現実の世界の出来事をめぐるさまざまな知識を表現する活動であるといえるだろう。

　考えることとしゃべることとは，かならずしもおなじではない。はなさないときでも考えている。だが、考えているときにでも，言語活動は進行している。このような，考えるときの言語活動を内言とよんでいる。この内言はひとりごとというかたちでときどきおもてにあらわれてくるだろう。人間の思考は言語活動にとりつかれているという，宿命をもっているのである。

　人類は考えることでうみだしてきた，現実の世界についての知識を言語作品のなかにたくわえてきた。そして，これを世代から世代へと，何千年のあいだつたえてきた。おかげで，人類は，先行する世代の考えだした知識を土台に，あたらしい知識をつくりだしながら，後続する世代へうけわたして，膨大な知識の倉をつくりだした。しかし，私たちがよむことをしらなければ，この宝の倉もごみ箱とおなじである。

　人間は自然にはたらきかけて，自然を自分のものにつくりかえなければ生きてはいけない。私たちがきている着物，すんでいる住宅，たべている食物，どれをとっても，もとをただせば，すべて自然からのおくりものである。自然に存在しているものを食物に，着物に，住宅につくりかえることなしには，人間の生活はなりたたないのだが，このつくりかえには自然についてのふかい知識が必要である。しかし，この知識ははじめから人間にそなわっているものではない。人間が自然にはたらきかけて，これを自分のものにつくりかえていく過程のなかで，人間が自然からまなびとったものである。知識というものは，人間の経験の一般化である。人間は自然にはたらきかけることなしには、知識を必要としないばかりか，知識を創造することさえできないのである。そして，その

知識は言語作品というすがたをとって，世代から世代へとうけつがれてきたのである。私たちが日本語ばかりではなく，外国語をまなんで，よむ力をつけなければならないのは，自分たちの生活を，日本人の生活を，そして人類の生活をよりゆたかにするために，人類の経験の一般化である知識をまなびとらなければならないからである。

　ところで，人間は，自然にはたらきかけて，その自然を自分のものにつくりかえていくとき，社会をつくる。人間はひとりではなく，集団をつくって，仲間で自然にはたらきかけていく。このような労働の形態は，仲間どうしで情報や知識を交換することなしには，なりたたない。こうして，人間は，いっしょにはたらいていることから，はなしあうことの必要がおこってくるのである。もともと，言語活動という種類の活動は，人間活動のひとつの側面として，人間活動そのもののなかにふくみこまれていた。この原則は人間の社会がいかに発展しようと，けっしてかわらない。

　さて，私たちのはなしたり，きいたりする活動，かいたり，よんだりする活動をこのようにとらえてみるなら，その意義の重要さがじゅうぶん理解できる。内容ゆたかな，的確な，そしてうつくしい言語活動をいとなむ能力を，ひとりひとりの人間が所有することは，社会の発展にとって，個性の発達にとって，ぜひとも必要なことになる。(奥田靖雄 1986「宮城国語部会講義プリント」①)

§2　言語活動の　最小単位としての　文

規定2
　言語活動の　いちばん　ちいさな　単位は　文で　ある。　したがって　言語活動は，　ひとつの　文で　できて　いる　ことも　あるが，　ふつうは　いくつかの　文の　つらなりで　ある。つまり　わたしたちは　いくつかの　文を　つなぎあわせる　ことで，　現実の　世界の　さまざまな　できごとを　えがきだして　いる。(86)

　北国の冬は早く来る。十月に入って，村のまわりの山々は，ある寒い霜の降った朝，一度にあざやかな，黄とくれないのまざった，目のさめるような紅葉になる。人びとは外套を着，足袋をはいて歩く。ときどき日は照るが，澄んだ空の，ずっと低いところを，紫や灰色のちぎれ雲が通りすぎるとき，ぱらぱらと突然白いあられの粒々を，村の上からまいていく。縁側に白い障子が立てられ，家のまわりの黄色のから松の葉やまっかなゴマの木の葉をいっそうきわだたせる。だが，その美しい気候は冬の前ぶれで，すぐ終わりになった。(青い鳥・伊藤整)

「ほんとに女中さんになる気で来たのね」
　初を畳のうえに座らせると，梅子夫人は足を投げ出して，靴下をぬぎながらきいた。
「はい」
「お父さんもお母さんも承知なのね」
「はい」
「来る前にちょっと手紙でもくれればよかったのにね」
「………」

「まあいいわ。うちでは今のところ手はあることはあるんだけど，どこか欲しいところもあるだろうし，体は丈夫ね」

「はい」

「お米の移動持ってきたわね」

「送ってくることになってます」

「じゃ当分いたらいいわ。ひろ子さんのお手伝いでもしてもらえばいいから。」

　梅子夫人は初が思っていたのと少し違ってはいたが，親切でいい人のように初には思われた。とにかく，少年の期待にはそむくが，犬といっしょに物置で寝なくてもすむことになった。初は湯殿につづいた物入れとも思われる板敷きの部屋に寝床を与えられた。（女中っ子・由起しげ子）

◇段落の直接的構成要素としての文

　言語活動，したがって，また，言語作品のいちばんちいさな単位は文である。ひとつの言語作品がひとつの文でできていることもあるが，ふつうはたくさんの文からくみたてられている。ひとまとまりの出来事，事件，現象をえがきだすためには，おおくの文をつなぎあわせることが必要である。おおくの作品では，このような，いくつかの文のつながりが段落をなしていて，この段落がまたいくつかあつまって，節とか章とかいわれるまとまりをなしている。しかし，作品にさまざまなレベルの単位があるとしても，文が直接的にむすびついていくのは，段落である。文は段落のなかにあって，それをくみたてている，直接的な構成要素である。（奥田靖雄 1986「宮城国語部会講義プリント」②）

§3　段落と　文

規定3
　話したり　書いたり　する　活動の　所産で　ある　言語作品も，　ひとつ，あるいは　いくつかの　文の　つらなりで　ある。　ふつう　言語作品は　いくつかの　文を　つなぎあわせて，ひとつの　場面，　あるいは　ひとまとまりの　できごとを　えがきだして　いる。　このような　文の　あつまりは　段落と　よばれて　いる。　おおきな　作品では　いくつかの　段落があつまって　章を　かたちづくり，　この　章が　あつまって　作品の　全体を　かたちづくっている。(86)

　子どもの生活と雀というものは，密接な関係があるものらしい。五郎も自分の幼年時代をふりかえってみると，雀の巣をとったり，落としをかけて雀をとったりした記憶がある。いちばん簡単なのは，たらいを伏せ，そのはしを短い棒でささえて，中に米をまいておき，雀が米を食べているときに，棒でむすんでおいた糸をひく，という方法である。しかし，雀はなかなかそんな落としにかからない。雀はりこうである。

　ことに東京近郊の雀は，五郎の育ったいなかの雀より，もっとりこうのような気がする。二，三年前，得能家の前の原っぱに霞網を張って，雀をとろうとした男があった。ふだん，雀は，その原っぱのあちこちに立っているヒバの木から木へと飛ぶのだが，そのときは，木から飛びおりるときには，地上五，六尺の低さまで舞いおり，次の木の少し手前からまた高く飛んで，木のこずえあたりに止まるのである。霞網をもってきた男は，

雀のそういう性質をよく心得ているように，木と木の中ほどのところに，七，八尺の高さに網を張った。その細い絹糸でできている網は，少し離れたところからではまったく目に写らないのである。

　やがて雀がやってきて，こちらの木にむらがってさえずっていた。ものかげに隠れていた，帽子をかぶったその男は，二，三歩でてきて，そっと雀の群れている木に近づいた。急に雀はさえずりをやめ，言いあわせたようにぱっと立ち，低く飛びながら霞網に近づいた。そこはいつも雀の通る道になっているのだ。だが，雀たちは，その霞網の三，四尺手前までくると，あわててぱっと高く飛び，網を乗り越えて向こうの木の枝にとまった。

　窓からそれを見ていた五郎は，これはたいしたものだ，と思った。中学生のころ，彼は弟と，やっぱりそういう霞網を使って，ひわやつぐみをとったりした経験がある。雀を霞網でとったことはないが，もうそのころは雀なんかつまらなくなっていたからだ。霞網にはいろいろな鳥がかかっておもしろいくらいであったが，あるとき，夜，張ったままにしておいたところ，翌朝行ってみると，ねずみのようなものが引っかかって，逃げることもできず，網をさんざんに破いてしまっていた。ねずみのようなものは，赤い口を開いて，キーキーと気味の悪い声で鳴き，おそろしくって手が出なかった。よく見ると，それは羽根がついていたので，こうもりだということがわかった。そのこうもりをどうかたづけたか覚えていないが，それっきり霞網は使いものにならなくなった。

　だが自分の育ったいなかの雀なら，とてもこんなふうに霞網を飛び越えたりはできないだろう，とそのとき彼は考えた。そんなりこうな東京の雀が，どうして車庫の武ちゃんという六年生の子につかまったのだろう。もっとも，武ちゃんというのは，遊ぶのが専門のような，まっくろく日に焼けた野育ちの子で，魚をすくうこと，釣ること，飛行機を飛ばすこと，なんでも遊びごとはじょうずだから，特別なのかもしれない。それにしても，あんなりこうな，このあたりの雀が，子どものもちざおにつけられるというのは変だと思った。(雀の話・伊藤整)

◇段落のなかでの文と文とのむすびつき

　段落は場面や風景をえがきだしているが，文はそれをくみたてている，いちいちの出来事，つまりそこに参加している人や物の動作や状態をえがきだしている。そのような文が，いくつか，おおくのばあい七，八あつまって，段落をくみたてている。したがって，文は，段落のなかで，先行する文，後続する文とかたくむすびつくことで，存在しているといえる。そのため，ひとつの文は，他の文からきりはなしては，その意味がはっきりしてこないということが，しばしばおこってくるだろう。はなす活動では，文は，場面のなかで進行するはなしあいの構成要素として存在している。したがって，場面やはなしあいからきりとってくると，文はその意味がさっぱりわからなくなる。作品でも，はなす活動でも，ひとつだけの文でなりたっていることがあるだろう。このようなばあいでは，他の文のたすけがなくても，その意味ははっきりしていて，文の独立性はきわめてつよい。それにしても，場面とか状況が，つねに背景にあるだろう。(奥田靖雄 1986「宮城国語部会講義プリント」③)

規定4
　段落の　なかでは　いちいちの　文は，　その　段落を　くみたてて　いる　構成要素で　ある。　段落が　えがきだす　ひとつの　場面は　いくつかの　局面，　あるいは　側面から　くみたてられて　いる。　いちいちの　文は　その　局面，　あるいは　側面を　さしだして　いる。

そこでは 文は おたがいに かたく むすびついて いて， ひとつの 文は 他の 文から きりはなされては 存在して いない。 つまり ひとつの 文は 段落の 構造の なかで 一定の はたらきを もたされて いて， 他の 文との 意味的な， そして 機能的な 関係の なかに 存在して いる。(86)

なんの物音もなかった。私がどれほどそうして横たわっていたか明らかでない。私はやはり自殺を考えていたか，渇えていたか，明瞭でない。これにつづいて私の逢着した一つの事件が，この間，事件と関係のないあらゆる記憶を抹殺してしまっている。

たしかなのは，私が，米兵が私の前に現れた場合を考え，射つまいと思ったことである。

私が今ここで一人の米兵を射つか射たないかは，僚友の運命にも，私自身の運命にも，なんの改変もくわえはしない。ただ，私に射たれた米兵の運命を変えるだけである。私は生涯の最後の時を人間の血でけがしたくないと思った。

米兵があらわれる。我々はたがいに銃を擬して立つ。彼はついに私がいつまでも射たないのにしびれをきらせて射つ。私は倒れる。彼はこの不思議な日本人のそばにかけよる。この状況は実にありうべからざるものであるが，そのとき私の想像に浮かんだままに記しておく。私のこの最後の道徳的決意も，人に知られたいという望みを隠していた。

私の決意は意外に早く試練の機会を得た。

谷の向こうの高みでひとつの声がした。それにこたえて，別の声が，比島人らしいアクセントで「イエス，云々」というのが聞こえた。声は澄んだ林の空気を震わせて響いた。この我々が長らく対峙していた暴力との最初の接触には，奇怪な新鮮さがあった。私はむっくり身をもたげた。

声はそれきりしなかった。ただ叢を分けて歩く音だけが，がさがさと鳴った。私はうながされるように前を見た。そこには，はたして一人の米兵が現れていた。

私は，はたして射つ気がしなかった。

それは，二十歳くらいのたけの高い若い米兵で，深い鉄かぶとの下でほおが赤かった。彼は銃を斜めに前方にささえ，全身で立って，おおまたにゆっくりと，登山者の足どりで近づいてきた。

私はその不用心にあきれたしまった。彼はその前方に一人の日本兵のひそむ可能性につき，いささかの懸念ももたないようにみえた。谷のむこうの兵士がなにかさけんだ。こっちの兵士がみじかく答えた。「そっちはどうだい」「異状なし」とでも話しあったのだろう。兵士はなおもゆっくり近づいてきた。

私は異様な息ぐるしさをおぼえた。私も兵士である。私は敏捷ではなかったけれど，射撃は，学生のとき実弾射撃で良い成績をとって以来，妙に自信をもっていた。いかに力を消耗しているとはいえ，私はこの私が先に発見し，全身を露出した敵を逸することはない。私の右手は自然に動いて，銃の安全装置をはずしていた。

兵士は最初我々をへだてた距離の半分を越した。そのとき，ふいに，右手山上の陣地で機銃の音が起こった。

彼はふりむいた。銃声はなおつづいた。彼は立ちどまり，しばらくその音をはかるようにしていたが，やがてゆるやかに向きをかえて，その方へ歩きだした。そして，ずんずん歩いて，たちまち私の視野から消えてしまった。

私はため息し，苦笑して「さて，おれはこれでどっかのアメリカの母親に感謝されてもいいわけだ」とつぶやいた。(俘虜記・大岡昇平)

164

第2章　言語

§1　言語の　構成要素と　しての　語彙と　文法

> **規定1**
>
> 　文は　物の　もって　いる　動作，　状態，　特性，　関係など，　一口に　いえば　物の　特徴を　えがきだして　いる。　したがって　文は　物を　あらわす　部分と　その　物の　特徴を　あらわす　部分から　くみたてられて　いるのが　ふつうで　ある。　ふたつの　部分に　わける　ことの　できない　文も　ある。　この　ような　文は　一語文で　あって，　ふたつの　部分か　ら　なりたって　いる　文は　二語文と　いわれて　いる。(86)

1．二語文

〔動作〕

　　さかなが　およいで　いる。
　　木こりが　木を　きった。
　　一郎は　本を　よんだ。

　　三人はしずかに班内を出て，中庭のほうにまわっていった。中庭からかけ足で草の茂みのなかへはいりこみ，さらに野菊の群生のなかにかくれた。(夜の脱柵)
　　彼らは買ったもちをつぎからつぎへと食べていた。(夜の脱柵)
　　二人は，階下のおばさんから借りた上蒲団をかぶって寝た。(放浪記)

〔状態〕

　　雨が　ふって　いる。
　　東には　山々が　つらなって　いる。
　　太郎は　妹の　ことが　心配だった。

　　何もないのだ。涙がにじんでくる。電気でもつけましょう……。駄菓子ではつまらないとみえて，腹がグウグウ辛気に鳴っている。隣の古着屋さんの部屋では，サンマを焼く強烈な匂いがしている。(放浪記)
　　庭はいちめんにまっしろだ。(放浪記)
　　秋ちゃんはたいへん言葉が美しいので，昼間の三十銭の定食組の大学生たちは，マーガレットのように秋ちゃんを歓迎した。秋ちゃんは十九で，処女で，大学生が好きなのだ。(放浪記)

〔特性〕

　　彼女は　やさしい。
　　彼は　たくましい。
　　金属は　電気を　とおす。

165

森屋のアニキは体が大きい。(ゲンダイブリ)
　「ええ，なんでも，春夏秋冬，地球がひとまわりするあいだに，ながれて落ちる星の数も，それはそれは多いのですよ。」(空気のなくなる日)

〔関係〕
　　彼の　職場は　駅に　ちかい。
　　自由と　放恣とは　ことなる。
　　与那国島は，琉球列島の　西端に　位置する。

　「〈…〉そいで，坊は，そのくすり屋へよく行くのか。」
　「うん，じきちかくだもの，よくいくよ。ぼく，おじさんとなかよしなんだ。」
　「ふうん」(うた時計)

2．一語文

　　こんにちは。
　　はい。
　　いたっ！。
　　なるほど

　「叔父さま」と出し抜けに夏江が振一郎を呼んだ。「わたし，この春，結婚いたします。」
　「ほう」と振一郎は曖昧に言った。(永遠の都)
　　さわやかな天気だ。まばゆいばかりの緑の十二社。池のまわりを裸馬をつれた男が通っている。(放浪記)
　　しずかな晩だ。「おまえ，どこだね，国は？」金庫の前に寝ている年取った主人が，このあいだ来た俊ちゃんに話しかけていた。(放浪記)

◇二語文の構成要素としての物とその特徴

　文は，ひとつあるいはいくつかの物の存在，動作や状態，特性や関係など，物のもっている，さまざまな特徴をさしだしている。いまここでは，これらの特徴を物がもっていることを出来事という用語でくくっておく。文は，うつしとられた出来事を内容にもっている。文の内容としてうつしとられた出来事を，対象的な内容とよんで，現実の世界の出来事からくべつしておく。
　この対象的な内容としての出来事は，はなし手である《私》が，現実の世界との関係のなかで確認したものである。しかし，それは，過去，現在，未来にレアルに存在するものだけにかぎられてはいない。《私》がその実現をのぞましく思う出来事であることもあるし，《私》がその実行を決心している出来事でもある。《私》がその実行を相手にもとめている出来事でもあるし，《私》がしりたくて，たずねている出来事でもある。こうして，文の内容としての出来事は，現実の世界の出来事の単純な再生ではない。《私》が積極的につくりかえている，ということになるだろう。はなし手である《私》は，文の対象的な内容をとおして，現実の世界にたいして積極的な態度をさしだし

166

ている。《私》の積極的な態度にしたがって，文の対象的な内容としての出来事が，さまざまなかたちをとってあらわれてくる。こうして，文にはさまざまなかたちがあるということになる。このことについては，もういちどくわしくあとで説明しなければならない。

　ところで，文は言語によってくみたてられている。このことの証拠は，私たちが「中国語ではなす」とか「英語ではなす」という，いいまわしのなかによくあらわれている。はなすという言語活動は，中国語でも英語でもなりたつ。言語がなければ，言語活動はなりたたないが，その言語は中国語であることも，英語であることも，日本語であることもできるのである。言語は，言語活動にとっては，手段の体系である。

　文が言語という手段によってくみたてられているという事実は，なによりもまず，文が単語といわれる小道具によってくみたてられている，ということのなかにあらわれてくる。たしかに，文がひとつの単語でくみたてられているばあいも，いくらかある。たとえば，「火事だ！」とか，「ゆきだね。」というような文。この種の単語は「出来事」をさししめしていて，それだけで現実の世界の出来事をいいあらわすことができる。もし，「火事」とか「ゆき」という言葉のきれはしが単語であるとすれば，文が単語でできているという事実にはかわりがない。しかし，このような文は，実際にはかぎられていて，文のほとんどはいくつかの単語でくみたてられている。ひとつの単語ですませるものなら，その方がはるかに便利にちがいないが，実際にはひとつの単語でひとつの文をつくることは，まず不可能なことなのである。なぜなら，現実の世界にかぎりなくおこってくる出来事をひとつの単語でいいあらわすとすれば，かぎりなく多数の単語が必要になるからである。かぎりなくおこってくる出来事をかぎりのある単語でいいあらわす方が，はるかに便利であるし，経済的である。いままでにおこったことのない，したがって名づけをもたない出来事であっても，すでに存在する単語をくみあわせることで，いいあらわすことができる。(奥田靖雄 1986「宮城国語部会講義プリント」④)

規定2
　文の　部分と　して　はたらく　ことばの　きれはしは　単語で　ある。　単語には　物を　さししめして　いる　体言と，　その　物の　特徴を　さししめして　いる　用言とが　ある。　文は　この　ような　体言と　用言に　よって　くみたてられて　いる。(86)

　1．体言
　　太郎，花子，大人，子ども，男，女，医者，大学生，見物人，倹約家，ゴルファー
　　本，ノート，つくえ，コップ，きゅうり，シャツ
　　ねこ，牛，つばめ，まぐろ，かぶとむし
　　雨，風，雲，地震，噴火

　2．用言
　　あるく，たつ，およぐ，はなす，よむ，考える
　　きえる，うまれる，しぬ，まがる，たおれる，こわれる
　　いたむ，しびれる，うずく，にぎわう，ごったがえす
　　ちがう，ことなる，ふくむ，ひいでる

ある，いる，存在する，散在する

◇体言（物）と用言（特徴）のくみあわせとしての文

　現実の世界の出来事をいちど単語の意味のなかに分解して，その単語をくみあわせることで，現実の世界の出来事を文の意味のなかに再生してみせるのは，人間の言語活動としての文の特質である。単語のなかには，くりかえして使用するということから，ある物をさししめしたり，その物のうごきなり，状態をさししめしたりするはたらきがそなわってくる。すなわち，単語には，いちいちの言語活動である文から独立して，それ自身の意味が固定する。人びとが，かぎられたかずの，このような，社会的に承認された単語を所有していて，それをくみあわせることではなしたり，かいたりするのでなければ，現実の世界の出来事をつたえあうことはできないだろう。

　基本的には，文はふたつの部分からなりたっている。ひとつは物をさししめす部分，もうひとつは特徴をさししめす部分。文は物をあらわす単語とその物の特徴をあらわす単語とをくみあわせることで，出来事をいいあらわしてみせるのである。このような分解のし方がおこってくるのは，ひとつの物がいくつかの特徴をもっているし，ひとつの特徴はいくつかの物に共通であるからである。特徴をきりすてた物，物をきりすてた特徴，これらを既製品として用意しておく。これらをくみあわせることで人間はさまざまな出来事をえがきだすことができるのである。

　日本語の伝統的な文法論では，物をさししめす単語のことを体言とよび，その特徴をさししめす単語のことを用言とよんでいる。基本的には，この体言と用言とをくみあわせることで，文がなりたっているのである。こうして，文はそれをくみたてている構成要素があるし，構成要素をひとまとまりの文へむすびつけていく構造がある，ということになる。この構造も，あるひとつの，具体的な言語活動としての文にとっては，単語とおなじように，すでに用意された既製品である。単語と構造がストックされていて，これらを使用することで，文ができあがる。文が言語によってくみたてられているという意味はこういうことである。(奥田靖雄 1986 宮城国語部会講義プリント⑤)

規定3

　ふたつの　部分，　ふたつの　単語に　よって　くみたてられて　いる　文は，　単語で　さらに　ひろげる　ことが　できる。　この　ことに　よって　文は　いちだんと　複雑な　くみたてを　もつ　ように　なる。　文は　単語と　いう　要素と，　その　単語を　文に　まとめて　いく　文法構造とから　なりたって　いる。(86)

　斎藤は　あるきだした。
　斎藤は　ゆっくりと　あるきだした。
　のんきな　斎藤は　ゆっくりと　あるきだした。

　子供たちは　かしわもちを　たべていた。
　子供たちは　かしわもちを　いっぱい　たべていた。
　夏江の　子供たちは　かしわもちを　いっぱい　たべていた。

　市場は　にぎやかだった。

市場は　とても　にぎやかだった。
　　朝の　市場は　とても　にぎやかだった。

◇二語文の拡大、文の文法構造

　　意味的にも機能的にもことなる，ふたつの単語からなりたっている二語文は，さらに単語をつかって，ひろげることができる。連体修飾とか連用修飾とよばれている文の部分がそういうものである。しかし，文をひろげている文の部分を連体修飾と連用修飾とに限定することはできない。このことはあとでのべるとして，ここでたいせつなことは，文が単語でくみたてられて，文に構造ができあがるということである。文を単語でひろげることで，文の構造はますます複雑になるということである。この文の構造のことを，<u>文の文法的な構造</u>とよんでいる。(奥田靖雄 1986 宮城国語部会講義プリント⑥)

規定4
　　わたしたちの　いちいちの　言語活動とは　べつに，　ひとつの　言語には　既製品と　してたくさんの　単語が　たくわえられて　いる。　また　言語には　文法構造の　図式も　たくわえられて　いる。　わたしたちは　この　文法構造の　図式の　なかに　単語を　うめこんで　文をうみだして　いく。(86)

規定5
　　言語は　語いと　文法とから　なりたって　いる。　この　言語は　言語活動の　ための　手段で　あって，　これを　つかって　わたしたちは　話したり　書いたり　する。　ひとつの　言語の　単語の　すべてを　語いと　いう。　語いは　字びきの　なかに　記録されて　いる。　またある　言語に　そなわって　いる　文法構造の　すべてを　その　言語の　文法と　いう。　文法は　文の　くみたての　きまりと　いう　かたちで，　文法書の　なかに　記録されて　いる。(86)

◇語いと文法、単語の文法的なかたち

　　文法とは何かという問題にたいして，きわめて常識的に，材料の単語をつかって，文をくみたてる法則やきまりであると，人はこたえるだろう。文法が，はなし，かきの単位である文をめぐる，くみたて方の論理であることにまちがいはない。しかし，そのまえに，材料としての単語が用意されていなければならない。

　　すでにのべてあるように，単語は文のくみたてのなかにはいりこむにあたって，ほかの単語とむすびつくために，対象的な意味としてあらわれてくるできごと，物の特徴を現実とかかわらすために，みずからの文法的なかたちをさまざまにとりかえる。しかし，この文法的なかたちは，ほかの単語とむすびつくときに，現実とかかわるときに，その都度つくりだされるわけではない。セットになっている文法的なかたちのパラダイムのなかから適切なものがえらびだされて，文のなかに使用されるだけのことである。歴史的にみるなら，単語は文のなかに使用されることによって文法的なかたちをもたされたのであるが，この文法的なかたちは，いちいちの具体的な言語活動としての文にとってみれば，まえもって用意されている既製品である。たとえば，「サボる」とか「デモ

る」とかいう動詞があらたにつくられたと仮定すれば，これらの動詞が発生すると同時に，それ以前に存在している文法的なかたちをもたされるだろう。こうして，単語の文法的なかたち，そのパラダイムは，それの文のなかでの使用とは直接的な関係はなく，言語的な事実として存在しているのである。まして，文法的なかたちのパラダイムは、体系をなしていて，その体系の内部における文法的なかたちのあいだの相互関係は，独自な法則性によってつらぬかれているだろう。こうして，単語の文法的なかたちの体系性は，文法の研究の独自な領域をなしているといえる。単語の文法的なかたちが，文のくみたてに奉仕しているという事実から，このことを変更することはできない。

　さらに，文法的なかたちのパラダイムをそなえているのは，いちいちの単語ではなく，単語のクラスである。つまり，文法的なかたちは同一のクラスに所属する単語に共通であって，単語の具体性をきりすてている。こうして，文法的なかたちとの関係のなかで，単語の語彙的な意味を一般化して，クラスにまとめる必要がおこってくるだろう。たとえば，動詞をその語彙的な意味の共通性から，動作動詞，変化動詞，状態動詞などにわけるとすれば，これらの動詞は，ムードやアスペクトの観点からみて，ことなる文法的なかたちの体系をもっているからなのである。単語の文法的な性格は，語彙的な意味にまでくいこんでいて，文法論はそこまでしらべあげることが必要になる。

　単語についてこれまでのべてきた事実は，単語の文法的な性質が独特の世界をつくっていることをしめしている。したがって，文法論においては，単語の文法的な性質を研究するための，とくべつな領域を設定しなければならなくなる。この領域のことを言語学は形態論とよんでいる。単語の文法的なかたちのことを形態論的なかたちとよびかえることができるし，単語の文法的なかたちの，その意味の観点からの一般化は，形態論的なカテゴリーとよびかえてもさしつかえないだろう。形態論は単語をめぐって，その形態論的なかたち，形態論的なカテゴリー，これらとかかわるところの一般化された語彙的な意味を研究する文法の領域である。(奥田靖雄 1991「宮城国語部会講義プリント」[52]§11)

---

[52]奥田先生は，1991 年ごろから，一連の「動詞論」をあらわすのだが，このころを前後して，構文論の概説(あるいは文法概説)ふうのものもかかれている(1991 年以前にかかれていたものなのか，手もとの原稿に日付がないので，はっきりしない)。ワープロ版でのこされていて，これにも標題はなく，おそらく未発表のものである。本稿ではこれを，奥田靖雄 1991「宮城国語部会講義プリント」とかりによんでおく。《ひとえ文編》の解説として最適のものなので，各章に関連する部分を，原文の叙述の順序をかえて引用させていただく。原文は「§」でわけられ，番号がつけられているので，あとで全文を再構成できるように，その番号を引用の末尾に付しておく。[※編注；なお，奥田靖雄 1991「宮城国語部会講義プリント」は，本書公刊時点では未公刊であるが，奥田靖雄 1986「宮城国語部会講義プリント」とともに，著作集編集委員会編『奥田靖雄著作集』第6巻 補遺編に載録される予定である。]

第3章　単語

§1　単語の　語彙的な　意味

規定1
　　単語は　文を　くみたてる　ための　材料で　ある。　文の　なかに　とりこまれて，　その
部分と　して　はたらいて　いる。　単語が　文の　部分と　して　はたらく　ためには，　　現実
の　世界の　物を　名づけて　いなければ　ならない。　あるいは　その　物の　もって　いる
特徴を　名づけて　いなければ　ならない。　物を　名づけたり，　特徴を　名づけたり　する
わたしたちの　行為は，　名づけられる　物，　名づけられる　特徴に　ついての　知識を　もっ
ていなければ　なりたたない。　したがって　単語には　名づけられる　物に　ついての，　名づ
けられる　特徴に　ついての　知識が　つきまとって　いる。　この　知識の　ことを　単語の
語い的な　意味と　いう。(86)

「石」　＝　岩よりちいさく，砂よりおおきい鉱物質のかたまり。
「鉛筆」＝　筆記具のひとつ。黒鉛と粘土との粉末の混合物を高熱でやいて芯をつくり，木鞘にはめてつくる。
「米」　＝　イネのもみがらを去った果実。もみがらを去ったものを玄米，精白したものを白米または精米と
　　　　　いう。五穀のひとつとされ，日本人の主食として重要な食品。うるちは炊いて飯とし，もち米は蒸
　　　　　して餅とする。
「霜」　＝　おおく晴天無風の夜，気温が氷点以下にくだるとき，空中の水蒸気が地表や物に接触して凝結し，
　　　　　白色の細氷を形成したもの。

(『広辞苑』)

§2　単語の　意味特徴

規定3
　　物，　あるいは　特徴に　ついての　知識を　もつと　いう　ことは，　その　物，　その
特徴が　もって　いる　たいせつな　特徴を　とりだす　ことで　ある。　ひとつの　物，　ひと
つの　特徴には　いくつかの　特徴が　そなわって　いるから，　単語の　語い的な　意味は　い
くつかの　特徴から　くみたてられて　いる。　語い的な　意味を　くみたてて　いる　特徴を
単語の　意味特徴と　いう。(86)

「うつ」　＝　①ある物を他の物に瞬間的につよくあてる。②ぶつける。ぶつ。③たたいてならす。
「ぶつ」　＝　①うつ。たたく。なぐる。②（演説などを）する。
「たたく」＝　①つづけてうつ。くりかえしてうつ。②うちあわせて音をだす。③ぶつ，なぐる。
「はたく」＝　①たたく。うつ。②はらいのける。はらう。③たたいてこまかくする。④財産などをつかいは
　　　　　たす。
「なぐる」＝　横ざまに力をこめてうつ。つよくうつ。

◇単語の語彙的な意味

　材料としての単語は，現実に存在している人や物，その動作や変化や状態，その特性や関係や質を名づけている。単語は現実との関係において名づけの単位としてはたらいていて，通達の単位ではない。ひとつの民族語には，何万もの単語がたくわえられていて，その総体がひとつの言語の語彙をなしている。民族語の語彙は，時代のながれとともにたえずふるい単語がぬけおち，あたらしい単語がくわわっていくというかたちで発達するのであるが，ひとつの時代の民族語の語彙は，ほぼ完全に字びきに登録されている。

　単語の本質的な特徴についてふれよう。何よりもまず，単語は音声の連続である。この音声の連続は，現実の断片をさししめすことによって，語彙的な意味をもたされている。人は単語で現実の断片をさししめすことによって，それにそなわっているいくつかの特徴をとりだして，音声の連続にやきつけるのである。こうすることによって，単語はさまざまな物からひとつの物をとりだしてさししめすという機能を完全にはたすことができる。単語の語彙的な意味というものは，音声の連続によってさししめされる現実の断片について，人びとが知っていることである。それはさししめしが成立するために必要な，最小限の知識である。

　ところで，〈知る〉という人間の行為は，対象にそなわっているいくつかの特徴をぬきだすことである。こうして，単語の語彙的な意味というものは，さししめされる対象が所有している，きわだった特徴のセットであるということになるだろう。意味を構成している，いちいちの特徴は，〈意味特徴〉とよばれている。字びきのいちいちの項目は，単語の意味を構成している意味特徴を記述している。(奥田靖雄1991「宮城国語部会講義プリント」§8)

規定4
　単語の　語い的な　意味は　意味特徴の　セットで　あるが，　この　セットは　いくつかの特徴を　ひとつに　まとめて　いく　意味特徴と，　ひとつの　物，ひとつの　特徴から　区別する　意味特徴から　なりたって　いる。　単語の　意味特徴を　規定するに　あたっては，　まとめあげる　意味特徴と，　区別する　意味特徴とを　くみあわせなければ　ならない。(86)

◇《まとめあげる意味特徴》と《くべつする意味特徴》，《むすびつける意味特徴》

　いちいちの物はばらばらに孤立しているわけではなく，相互に作用しあっている。それとおなじように，いちいちの単語は他の単語からきりはなされて存在しているわけではない。同一のグループに属する，いくつかの単語があつまって，語彙の下位体系をつくっていて，その体系のなかにいちいちの単語は存在している。そうであれば，単語の意味のなかには同一のグループに所属する，いくつかの単語に共通な意味特徴が存在していることになるだろう。このようなはたらきをもっている意味特徴は，《まとめあげる意味特徴》とよばれる。と同時に，ひとつの語彙グループに所属する単語を区別するための意味特徴が単語の意味のなかに存在しなければならない。たとえば，「ヨット」，「ボート」，「カッター」という単語が，同じ語彙グループのなかに所属しているとすれば，このグループのなかでこれらの単語を区別する意味特徴が，それぞれの単語のなかにふくみこまれているだろう。この種の意味特徴は《くべつする意味特徴》とよばれる。こうして，単語の意味は，まとめあげる意味特徴と，くべつする意味特徴とのセットであるということになる。

ところで，ある単語は文のなかでほかの単語とくみあわさるとき，そこには限定と選択がなされている。したがって，いちいちの単語には結合能力がそなわっていると見なければならない。この結合能力の観点からいくつかの単語は，グループにまとまっていて，このグループに共通な意味特徴をとりだすことができる。たとえば，「つける」「かける」「はる」「あてる」「ぬる」「はめる」「きる」「まとう」「はく」のような動詞のグループは，を格の名詞，に格の名詞とくみあわさる能力をもっているが，この能力はこれらの動詞の意味に共通している〈第一の対象を第二の対象に配置する〉という，意味特徴にもとづいている。この種の意味特徴を《むすびつける意味特徴》とよぶ。(奥田靖雄1991「宮城国語部会講義プリント」§9)

§3　単語の　文法的な　かたち

> **規定5**
> 　単語は　文構造の　なかに　くみこまれて，　他の　単語と　かたく　むすびつく　ために，自分の　かたちを　もって　いなければ　ならない。　この　単語の　かたちは　現実の　世界の　物や　特徴の　あいだの　さまざまな　関係を　表現して　いる。(86)

◇単語の構文論的なむすびつき

　ぼくたちは，文章をよんでいく場合，構文論的な要素としての単語のあいだのむすびつきは，現実の世界の物や現象や属性のあいだのむすびつきにおきかえながら，その意味をとっていくだろう。文の構造のなかに直接的にはいりこんでくる，いくつかの単語のあいだのむすびつきのなかには，現実の世界の物や現象や属性のあいだのむすびつきが反映しているからである。たとえば，Ryôsi-ga kuma-o korosita という文の意味を意識的に理解するためには，korosita は動作を、ryôsi-ga はその動作のし手を，kuma-o はその動作のはたらきかけをうける物をあらわすものとして，文の構成要素である単語のあいだのむすびつきを，あたかも現実における人や物のあいだの関係のごとくに，とらえていくだろう。

　単語が文の構造のなかにはいりこんで，一定の構文論的なむすびつきをつくる，この構文論的なむすびつきのなかには現実の，客観的なむすびつきがうつしだされている。構文論的なむすびつきをこのようなものとしてみるとき，それは構文・意味的である。つまり構文論的なむすびつきが現実のむすびつきの反映であるかぎり，それも意味論上のできごとなのである。構文論的な要素のあいだの構文・意味的なむすびつきも，ぼくたちはごくふつうに《文法的な意味》といっている。
(奥田靖雄1975「連用・終止・連体…」;『ことばの研究・序説』1984所収)

　ところで，単語で文をくみたてるとき，その単語は，文のなかではたす役わりにしたがって，かたちをかえる。単語は文のなかにはいりこむとき，変化するのである。たとえば，体言のあとには格助辞がくっつくだろうし，動詞のような用言は文のおしまいにあらわれて，テンス（時），ムード（法），アスペクト（体）にしたがって，かたちをかえる。そうであれば，文法論は部分としての単語の変化のし方をあつかわないわけにはいかないだろう。こうして，文法論は，単語の変化のし方をあつかう形態論と，変化した単語を文へくみたてていく，そのし方をあつかう構文論との，

ふたつの領域にわかれる。単語を文にくみたてると，くみたて方のちがいでさまざまな文がうまれてくるわけだが，構文論はさまざまな文をしらべる。(奥田靖雄1986宮城国語部会・講義プリント⑦)

規定6

　動作や　状態を　いいあらわして　いる　単語が　文の　文法構造の　なかに　とりこまれると，　その　動作，　状態は　話し手に　とって　たんに　確認される　ことで　あったり，　のぞましい　ことで　あったり，　相手に　さそいかけて　いる　ことで　あったり　する。　このように　話し手の　たちばからの　動作，状態の　ありかたを　いいあらわす　ために，　単語は　自分の　かたちを　かえる。(86)

　一郎は　本を　よんだ。　　　　　春が　きた。
　本を　よみたい。　　　　　　　春が　きて　ほしい。
　本を　よもう。
　本を　よめ。　　　　　　　　　春よ　こい。

規定7

　動作，　状態が　実際に　存在して　いて，　話し手が　それを　確認して　いる　文では，その　動作，　状態が　いつ　あったのか　時間を　しめさなければ　ならない。　そして　その　時間に　動作，　状態は　はじまって　いるのか，おわって　いるのか，　その　局面を　しめさなければ　ならない。　こうして　動作，　状態を　さしだす　単語は　時間と　局面とに　したがって　自分の　かたちを　かえる。(86)

　ご注文の　品は　あす　とどきます。
　めだかは　岸に　むかって　およぎはじめました。
　勝子は，家族の　制止を　きかず，　通りを　はしりつづけた。
　その　日の　あけがた，　彼は　やっと　論文を　かきあげた。

規定8

　単語は　文の　部分と　して　はたらく　ために　文法的な　かたちを　もたされる。　この文法的な　かたちを　あらわす　ために　単語の　語尾を　とりかえたり，　単語の　あとに　接尾辞を　つけたり，　補助的な　単語と　くみあわせたり　する。　単語は　語い的な　意味と文法的な　かたちとの　統一物で　ある。(86)

本が	よむ	よんで　いる	うつくしい
本を	よんだ	よんで　いた	うつくしかった
本で	よむだろう	よんで　いるだろう	うつくしいだろう
本に	よんだだろう	よんで　いただろう	うつくしかっただろう
本と	よもう	よんで　いよう	
本から	よめ	よんで　いろ	

174

本の	よみ		うつくしく
	よんで	よんで いて	うつくしくて

◇文法的なかたちつくり、文法的な手つづき

　おおくの言語では，そして日本語でも，単語は文の構文論的な図式のなかにはいりこんでいくとき，ほかの単語とむすびつくために，自分のかたちをかえる。ほかの単語とさまざまなむすびつき方をする，ひとつの単語はそのさまざまなむすびつき方を表現するために，みずからのかたちをさまざまにかえる。たとえば，名詞のような単語の格変化。このような単語とはちがって，むすびつき方の単調な単語はみずからのかたちをかえることはしない。こうして，単語は変化する単語と変化しない単語とにわかれる。変化する単語においては，その単語の，ほかの単語とのむすびつき方はかたちの変化によって表現されているが，変化しない単語においては，その単語とほかの単語とのむすびつき方は，配置によって表現される。たとえば，副詞のようなばあい，それがかならず動詞のまえに配置されているということによって表現される。英語のような言語では，名詞は格の変化をもたず，ほかの単語とのむすびつきは配置のし方と前置詞によって表現されている。

　ある種の単語，たとえば，動詞のような単語は述語の位置にあらわれて，動作や変化などと現実との関係を表現するために，みずからのかたちをさまざまにかえていく。ほかの単語とのむすびつき方，現実とのかかわり方を表現する単語のかたちのことを単語の文法的なかたちという。単語の文法的なかたちは，文法的な意味とその表現手段とからなりたっている。そして，いくつかの文法的なかたちは，文法的な意味の共通性にしたがって，文法的なカテゴリーに一般化することができる。たとえば，現在・未来をあらわす「する」と過去をあらわす「した」とは，それぞれがはなし手の観点から算定される時間を表現しているということで，テンスという文法的なカテゴリーに一般化することができる。「する」と「している」というふたつのかたちは，一方が動作の完成をあらわし，他方が未完成をあらわしているということで，アスペクトという文法的なカテゴリーに一般化することができる。名詞の文法的なかたち，たとえば「山が，山を，山に……」は，その文法的な意味の観点から，格のカテゴリーに一般化することができる。

　この文法的なカテゴリーは，単語のいくつかの文法的なかたちをパラダイム（変化表）にまとめあげるというはたらきをもっている。いちいちの文法的なかたちは，このパラダイムのなかで，意味領域をわけあいながら，相互に対立しているのである。さきにあげた例にみられるように，「現在・未来」と「過去」との対立，「完成」と「未完成」との対立。こうして，単語の文法的なかたちのパラダイムは，文法的なカテゴリーにおいて相互に対立しながら統一している文法的なかたちの体系であるということになるだろう。

　単語の文法的なかたちをつくるためには，日本語では接辞をくっつけたり，語尾をとりかえたりするのが，もっともありふれた手つづきである。こうすることでも表現できないばあいは，後置詞のような補助的な単語をもちいる。あるいは，助動詞をもちいる。接辞や語尾によって，単語の文法的なかたちをつくるし方は，《総合的な手つづき》といわれている。これにたいして，補助的な単語によって，単語の文法的なかたちをつくる方法は，《分析的な手つづき》といわれる。しかし，世界の言語では，このようなごくありふれた手つづきのほかに，語幹の母音をとりかえたり（たとえば，英語の sing, sang, sung），アクセントをとりかえたりする手つづきもみられる。（奥田靖雄 1991「宮城国語部会講義プリント」§10）

§5 品詞

規定9
　単語は　語い的な　意味の　性質，　文法的な　かたち，　文の　なかでの　はたらきに　したがって，　名詞，　動詞，　形容詞，　副詞に　わけられる。　この　ような　単語の　種類の　ことを　品詞と　いう。(86)

規定１０
　単語の　なかには　物や　現象を　名づけては　おらず，　もっぱら　文法的に　はたらいて　いる　ものが　ある。　この　ような　単語は　完全な　単語に　つきそって　文法的な　意味を　表現して　いる。(後置詞，　補助動詞，　終助詞，　接続詞，　陳述副詞，　形式名詞)
　したがって，　品詞には　それ　自身で　文の　部分と　して　はたらく　ことの　できる　自立語と，　その　自立語(あるいは　自立語の　くみあわせ)に　つきまとって　文法的な　関係を　表現する　付属語とに　わけられる。(86)

《後置詞》　　（に）ついて　関して　したがって　（の）あいだに　うえに
《補助動詞》　（して）いる　おく　くる　いく　しまう
《終助詞》　　ね　さ　よ　な　か　ぞ　ぜ
《接続詞》　　そして　それで　しかし　だが　けれども
《陳述副詞》　おそらく　どうやら　たぶん　きっと　かならず　ぜひ　どうか
《形式名詞》　ことだ　ものだ　はずだ　わけだ

◇機能・意味・形式

　〈…〉要素は，全体の体系のなかである機能をしょわされているとすれば，その機能にふさわしく，その機能を遂行するのにいちばんぴったりした，物質的な形態をとるのは必然である。人間がつくる時計などは，要素の物質的な内容と形態が，まさしく機能と直接むすびついてあたえられている。生物の器官，たとえば目とか胃とか脳とかは，その機能によってその物質的な内容と形態があたえられている。ここから，物の物質的な構造と機能的な構造のあいだには矛盾がなく，統一されているといえそうである。そしてまた，物質的な構造と機能的な構造とがつねに一対一的な対応をもっているなら，両者を区別する必要はないのかもしれない。このことは文の構造についてもいえそうである。

　〈…〉意味と機能の相互関係について，まず第一に考えられることは，要素＝単語の機能がその文法的な意味，あるいは文法的な意味の体系を規定してかかるという事実である。たとえば，動詞の連体形には命令形とか意志形がかけている。したがって，動詞の終止形にそなわるムードの体系が連体形にはかけているだろう。また，テンスの体系は連体形にもそなわっているとしても，文法的な意味では，かならずしも終止形のそれと一致しているわけではない。

　このことは，〈はげた，やせた，ふとった，まがった〉のような動詞のかたちについていえることだが，このばあい，語彙的な意味が動作性から状態性のものへと移行している。つまり，

機能がカテゴリカルな意味の変更をももたらしているのである。述語になる名詞のカテゴリカルな意味は，機能がカテゴリカルな意味を規定してかかるよい例である。

　さらにすすんで，機能が語彙的な意味までかえてしまうことも考えられるだろう。たとえば、〈よくはなす，きれいにわすれる，とんでいく，きわめておおい〉のようなくみあわせのなかでの連用修飾。

　このような事実から機能と意味とのきりはなしがたい統一性はうたがうことができないだろう。さらにこのことを文法的な手つづきがささえている。というのは，要素の文法的な意味と文法的な機能とは，おなじひとつの文法形式のなかに同時に表現をうけているからである。たとえば，を格の名詞は動詞との関係においては，機能的には述語動詞へのおぎないであり，意味的には動詞がさしだす動作のうけ手であることを同時に表現している。古代日本語における連体形は，動詞が連体修飾であることをしめすばかりではなく，同時にテンス・ムードの体系をもしめしている。ロシア語の形容詞のばあいのように，機能だけをさしだす文法的な形式は，むしろめずらしいのであって，ふつうは文法的な手段は文法的な意味と文法的な機能とを同時に表現している。(奥田靖雄 1975「意味と機能」;『ことばの研究序説』1984 所収 p. 167〜168)

第4章　　ひとえ文の　くみたて[53]

§1　文の　対象的な　内容

規定1

　文は　ひとつの　単語で，　あるいは　いくつかの　単語を　くみあわせる　ことで，　現実の
世界の　できごとと　ものの　特徴とを　とらえて　つたえて　いる。　文の　意味的な　内容の
なかに　あらわれて　くる　できごと，　ものの　特徴は　文の　対象的な　内容と　いう。
　できごとと　いうのは，　ものの　動き，　状態，　存在で　あって，　それらは　さだめられ
た　具体的な　時間帯の　なかに　おこって　いる。　ものの　特徴には　質的な　あるいは　量
的な　特徴，　外面的な　あるいは　内面的な　特徴，　関係など　さまざま　あるが，　これら
は　具体的な　時間に　しばられる　こと　なく，　時間の　そとで，　あるいは　不特定な　時
間の　なかで　ものに　そなわって　いる。(86)

《できごとを　いいあらわす　文》
　　東の　空を　飛行機が　飛んで　いく。
　　今日，　ぼくは　学校から　家まで　歩いた。
　　町は　しずかだった。
　　ひとりぼっちで　さびしい。
　　つくえの　うえに　本が　ある。
　　茶店には　お客が　いる。

《ものの　特徴を　いいあらわす　文》
　　ダイヤモンドは　鉄より　固い。
　　みよちゃんは　やさしい　女の子です。
　　クジラは　動物の　なかで　いちばん　大きい。
　　ラグビーの　ボールは　だ円形だ。
　　みちおは　お母さんに　そっくりだ。
　　権太は　みよちゃんの　にいさんです。
　　クジラは　捕乳動物だ。
　　水は　水素と　酸素から　できて　いる。

◇文の対象的な内容としての《できごと》と《物の特徴》
　文は単語という材料によってくみたてられている。おおくの文において，単語をくみあわせることによって，文の対象的な意味と文の陳述的な意味が成立しているのである。したがって，ひとつ

---

[53] 第4章の規定は，1986年12月の教科研国語部会(瀬波)に報告され，87年3月刊の『教育国語』88号に掲載されたものである。

あるいはいくつかの単語でくみたてられているということは，文のもうひとつの基本的な特徴である。そして，単語をくみあわせて文をくみたてるにあたっては，特定の言語にそなわっている法則ときまりにしたがわなければならない。たとえば，動作のし手をあらわす単語と，し手の動作をあらわす単語とをくみあわせることによって，できごとをえがきだす文をくみたてる。物をあらわす単語と，その物の特徴をあらわす単語とをくみあわせることによって，物の特徴をえがきだす文をくみたてる。このような文のくみたて方の法則は，いちいちの単語の意味の具体性をきりすてながら，文の構文論的な図式に一般化することをゆるすだろう。したがって，文をくみたてるということは，文の構文論的な図式に単語をうめこんでいくことにほかならないだろう。はなし手は，よみかきという実際の言語活動のそとに存在している単語，構文論的な図式をつかって，具体的な言語活動としての文をくみたてていくのである。（奥田靖雄1991構文論講義プリント§5）

§2　主語と　述語

規定2
　いくつかの　単語を　くみあわせて　文を　つくる　ばあい，　すくなくとも　はたらきの　ことなる　ふたつの　部分が　必要で　ある。　ひとつは　ものを　さしだして　いる　部分，　もう　ひとつは　その　ものの　動きや　状態や　存在，　特徴を　のべて　いる　部分で　ある。前の　部分を　主語と　いい，　後の　部分を　述語と　いう。
　主語は　述語に　よって　説明を　うける　ものごとを　さしだして　いる。　述語は　その　ものを　めぐって　動作や　状態，　特徴を　のべて　いる。　この　ことに　よって，　文は　全体として　できごとや　ものの　特徴を　えがきだす　ことが　できる。　したがって，　主語と　述語とは，　文の　くみたての　土台で　ある。(86)

　　キツネが　うさぎを　おいかける。
　　いのししが　飛び出した。

　　汽車が　尾道の　海へ　さしかかると，　すすけた　ちいさい　町の　屋根が　ちょうちんの　ように　ひろがって　くる。　赤い　千光寺の　塔が　見える。　山は　さわやかな　若葉だ。

◇主語・述語の意味的な役わりと通達的な機能

　ひとつの単語でなりたっている文も，わずかではあるが，ないわけではない。たとえば，「雨だ！」「火事だ！」「けんかだ！」のような文では，ひとつの現象名詞がイントネーションにともなわれて，文としてはたらいている。しかし，文は，ひとつは主語として，もうひとつは述語としてはたらく，すくなくともふたつの単語でくみたてられているのがふつうである。そして，このくみあわせのなかでは，主語は，述語にさしだされるところの動作や変化や状態のにない手，特性や関係や質のもち主をさしだしている。それに対して，述語は，主語にさしだされるところの人やものの動作や変化や状態，特性や関係や質をさしだしている。こうすることで，文は，いちいちの具体的なできごと，物に恒常的にそなわっている特徴をえがきだす。したがって，主語と述語は文の成

立にとってかかすことのできない構成要素としてあらわれてくる。文のぎりぎりの対象的な意味と陳述的な意味とが，このくみあわせによって実現しているのである。

　ところで，主語は動作や状態のにない手，特性や関係のもち主をあらわすと同時に，その人や物をめぐって，はなしがくりひろげられていくところの，文のテーマとしてはたらいている。これに対して，述語は，主語にさしだされる人や物をめぐって，のべたてるというはたらきをもたされている。したがって，述語には，動作や状態や特性などをさしだすというはたらきのほかに，文の陳述性を成立させて，文の使命を完結させるという重大な役わりがあたえられている。こうして，主語と述語とのくみあわせは陳述的であって，文の土台をなしている。(奥田靖雄 1991 宮城国語部会講義プリント§6)

規定3

　文が　つたえる　できごとは，　ものの　動きで　あったり，　状態で　あったり　する。　動きは　具体的な　時間の　なかに　あらわれて，　その　時間の　なかで　変化する。　変化して局面に　わかれる。　この　動きを　いいあらわすのは　動詞で　ある。　したがって，　述語の位置に　あらわれて　くる　動詞は，　テンス・アスペクトの　体系の　なかの　ひとつの　かたちを　とらされる。(86)

　女の　生徒たちは　音楽室で　歌を　うたって　います。
　男の　生徒たちは　校庭で　遊んで　います。

　きのうは　ぼくたちは　裏山に　登った。
　その　ころ，　彼らは　校庭を　走って　いた。

　彼女たちは　あしたは　町へ　いく。
　ぼくは　あすの　午後は　家で　原稿を　かいて　いる。

規定4

　状態も　具体的な　時間の　なかに　あらわれて　いるが，　その　時間の　なかで　変化しない。　動きは　動的で　あるが，　状態は　静的で　ある。　動きは　し手の　意志に　したがうことで　あるが，　状態は　もち主の　意志に　したがわない。　その　状態は，
　おもに　形容詞，　あるいは　動詞に　よって　いいあらわされて　いる。　さらに，　状態のなかには，　動きの　結果　生ずる　ものが　ある。　この　種の　状態は，　動詞の　アスペクトの　かたち　「して　いる」に　よって　いいあらわされて　いる。(86)

　夕やけ空が　まっかだ。
　教室が　さわがしい。
　胸が　うずいた。
　手が　いたむ。
　奥の　間に　父が　すわって　いた。

180

桜の　木が　たおれて　いる。

規定5
　ものの　特徴は　具体的な　時間の　わくに　はめられては　おらず，　恒常的で　ある。　このような　ものの　特徴は，　主として　述語の　位置に　あらわれて　くる　形容詞，　あるいは　名詞に　よって　いいあらわされる。　時間から　とりだされて　動詞で　いいあらわすことも　ある。(86)

日でりの　年の　すいかは　あまみが　<u>つよい</u>。
北陸の　冬は　雪が　多くて，　寒さが　<u>きびしい</u>。

カイロは　エジプトの　<u>首都だ</u>。
七五調は　日本人に　好まれる　<u>リズムだ</u>。

白鳥や　鶴の　ような　渡り鳥は　春に　なれば，　北の　シベリアへ　<u>帰る</u>。
鮭は　秋に　なれば，　産卵の　ために　海から　川へ　<u>のぼる</u>。

規定6
　主語の　位置に　あらわれて　くる　単語は，　ふつうは　名詞である。　この　名詞は，　名詞が　述語に　なって　いる　ばあいは，　「－は」の　かたちを　とる。　動詞が　述語に　なる　ときには，　主語の　名詞は　「－が」の　かたちを　とる。　動詞が　述語の　ばあいでも，　ものの　特徴　あるいは　一般的な　事実を　さしだして　いる　ときには，　名詞述語文の　ばあいと　おなじように，　主語の　名詞は　「－は」の　かたちを　とる。　形容詞が　述語に　なって，　ものの　特徴を　いいあらわして　いる　ときには，　主語の　名詞は　「－は」の　かたちを　とるが，　できごとを　いいあらわして　いる　ときには、「－が」の　かたちを　とる。(86)

<u>新潟は</u>　雪国で　ある。
<u>おとうさんは</u>　百姓です。
<u>地球は</u>　太陽の　惑星だ。
<u>人間は</u>　感情の　動物で　ある。

今，<u>汽車が</u>　ついた。
通学の　<u>学生たちが</u>　ぞろぞろ　おりて　くる。
一面の　雪の　なかに　ぽつんと　小さな　<u>家が</u>　一軒　たって　いた。　家の　うしろには　赤い　赤い　<u>夕焼けが</u>　空いっぱいに　広がって　いた。

<u>地球は</u>　太陽の　まわりを　まわる。
<u>鳥は</u>　卵を　うむ。

181

せっかちな　人は　損を　する。

柿は　あかい。
柿が　あかい。

規定7

　はなしの　展開の　なかで，　主語に　さしだされる　ものは　既知で　あったり，　未知で
あったり　する。　主語に　さしだされる　ものが　すでに　文脈に　あたえられて　いれば，そ
れは　既知で　ある。　反対に，　文脈の　なかに　あたえられて　いなければ　未知で　ある。
　述語に　ついても　おなじ　ことが　おこって　いる。　おおくの　文では，　主語が　既知を
さしだして　いれば，　述語は　未知を　さしだして　いる。　反対に，　主語が　未知を　さし
だして　いれば，　述語は　既知を　さしだして　いる。　こうして　文は　未知の　部分と　既
知の　部分とに　わけられる。　あたえられた　文に　とって，　つたえなければ　ならない　こ
とは　未知の　部分に　こめられて　いる。　既知の　部分は，　その　ための　よりどころを
つとめて　いる。
　主語が　既知の　ことを　さしだして　いれば，　その　主語の　位置に　くる　名詞は，
「－は」の　かたちを　とる。　反対に　未知の　ことを　さしだして　いれば，　「－が」の
かたちを　とる。　文の　なかには，　全体が　未知で　あって，　既知と　未知とに　わける
ことが　できない　ものが　ある。　この　ときには，　「－は」と　「－が」の　つかいわけ
は，　文の　構造的な　特徴（規定6参照）に　したがう。(86)

「太郎が　いないね。　どうしたの？」
「太郎は　外で　遊んで　います。」

むかし　むかし，　おじいさんと　おばあさんが　おりました。
おじいさんは　山へ　しばかりに，　おばあさんは　川へ　せんたくに　いきました。

「今日は　だれが　当番？」
「太郎が　当番です。」

§2　補語

規定8

　ふつう，　述語の　位置に　あらわれる　単語は，　動き，　状態，　存在，　特徴を　さしし
めす　動詞　あるいは　形容詞で　あるが，　この　動詞　あるいは　形容詞は，　しばしば　も
のを　さししめす　名詞に　よって　おぎなわれて　いる。　この　ような　述語を　おぎなう
文の　部分の　ことを　補語と　いう。
　補語は，　動き，　状態が　成立するのに　必要な　対象を　さししめして　いる。　この　対
象の　なかでも，　動きの　はたらきかけを　直接に　うけて　いる　ものは　直接対象と　い

う。 直接対象に 対する し手の はたらきかけに くわわって いる その他の 対象は 間
接対象と いう。
　ふつう, 直接対象は を格の かたちの 名詞で いいあらわされて いるし, 間接対象は
に格, で格などの 名詞で いいあらわされて いる。 述語に なる 動詞が 存在を あら
わす ときには, 補語は ものの ありかを さしだして いる。 それが 移動動詞で ある
ときには, 補語は 移動の 場所, 行く先, 出発点, 通過点などを さしだして いる。
(86)

《直接対象》
　　おおきな なべで いもを きった。
　　のこぎりで えだを きった。
　　かべに ポスターを はった。
　　玄関に 荷物を はこんで いる。
　　屋根に かわらを あげて いる。
　　道ばたでは 百姓が すいかを うって いる。
　　絵かきが あぜ道で とおくの 山を カンバスに かいて いる。
　　あの 人は 中学校で 英語を おしえて いる。

《間接対象－相手－》
　　花子は みよちゃんに ぼたもちを あげた。
　　駅弁売りの おじさんが お客に べんとうを 売って いる。
　　太郎は 花子に 手紙を かいた。
　　弟は ともだちに 電話を かけて いる。
　　みよちゃんは 一郎君から 手紙を もらった。
　　おとうさんは 銀行から お金を かりた。
　　太郎は いつも みよちゃんと 遊んで いる。
　　日本は かつて アメリカと 戦争した。

《間接対象－手段－》
　　かみそりで ひげを そった。
　　ハレーすい星を 望遠鏡で 見た。
　　なっとうで ごはんを 食べた。
　　きょうは 電車で 帰る。
　　お母さんが 毛糸で セーターを あんで いる。
　　仙台みそは 大豆で つくる。

《ありか》
　　峠に 茶屋が ある。
　　となりの 家に おじいさんと おばあさんが すんで いる。

183

空に 星が かがやいて いる。
あの 山の がけぷちに 泉が わいて いる。

《移動動作の 行く先, でどころ、場所》
大阪に 行く。
学校から 帰る。
あぜ道を あるく。
とんびが 空を とんで いる。

§4 連体修飾語

規定9
　名詞が 文の 部分に なって いて, おなじ 種類の ものの うちの どれを さししめして いるか, はっきり させる 必要が ある ときには, その 名詞に 連体修飾語がつけくわえられる。 連体修飾語は, おなじ 種類に 属する ものの なかから ある ひとつの ものを 区別する ユニークな 特徴を とりだして, これを 名詞の 意味に つけくわえる。 こう する ことで, 名詞が 具体的に 何を さししめして いるか, きめつけるのである。 この ような 連体修飾語の 位置に あらわれて くるのは, 形容詞と 動詞で ある。 名詞が 連体修飾語に なる ときには, その 名詞に 用言化の 現象が おこって くる。(86)

　みよちゃんは 赤い バラを 胸に かざって いるが, 花ちゃんは 白い バラを 髪に さして いる。
　おとうさんは かために たいた ご飯が 好きだが, おかあさんは やわらかく たいた ご飯が 好きです。
　日本では 山形の サクランボが 有名です。
　会社員の 父は 毎日 かえりが おそい。

§5 連用修飾語

規定１０
　動詞や 形容詞が 述語に なって いて, おなじ 動きや 状態, 特徴で あっても, それらの し方や ようすや 程度を いっそう くわしく 説明する 必要の ある ときには, その 述語に 連用修飾語を つけくわえる。 修飾される 動詞や 形容詞の 意味には, あたらしい 意味特徴が つけたされて, ある ひとつの 動作・状態が おなじ 種類の ものから 区別される。 この ような 連用修飾語の 位置に あらわれて くるのは, 主と して 副詞で ある。 動詞の 連用形, で格の 名詞が, この 位置に あらわれる ことも ある。(86)

昼ごろから　雨が　<u>ザアザア</u>　ふって　きた。
ごはんを　<u>たくさん</u>　食べた。
きょうは　<u>とても</u>　寒い。
あの　町は　<u>たいへん</u>　なつかしい。

芳男も　<u>歩いて</u>　家に　帰った。
三郎は　<u>だまって</u>　土間へ　おりて　しまった。

見物人は　<u>大声で</u>　笑った。
地震が　きたので，　びっくり　して，　<u>はだしで</u>　外へ　とびだした。

§6　状況語

規定１１
　文の　部分には，　主語，　述語，　補語，　修飾語に　直接　むすびつかないで，　これらの　くみあわせを　外側から　とりまいて　いる　ものが　ある。　この　ような　文の　部分の　ことを　状況語と　いう。　状況語は，　主語や　述語などの　くみあわせが　さしだして　いる　できごとと　ものの　特徴が，　その　なかで　成立し，　存在する　さまざまな　状況を　さしだして　いる。
　この　状況語には，　空間を　あらわす　もの，　時間を　あらわす　もの，　場面を　あらわす　もの，　原因を　あらわす　もの，　目的を　あらわす　ものが　ある。(86)

《空間の　状況語》
　<u>川原で</u>　魚を　焼いて　食べた。
　<u>横浜で</u>　中国料理を　食べた。

《時間の　状況語》
　じいちゃんは　<u>夜</u>　こたつに　はいって　テレビを　見て　いる。
　<u>春には</u>　野原に　いろんな　草花が　咲く。
　<u>去年まで</u>　土橋でした。

《場面の　状況語》
　<u>ふぶきの　なかを</u>　船は　出て　いく。
　号外売りの　おじさんが　リンを　ならしながら，　<u>人ごみの　なかを</u>　ぬって　歩いた。

《原因の　状況語》
　<u>台風で</u>　家が　ふきとばされた。
　じいちゃんは　<u>かぜで</u>　寝込んで　いる。

《目的の　状況語》
　　先生は　授業が　終わると，　川へ　あゆつりに　行く。
　　買い物の　ため，　お母さんは　新宿へ　でかけた。

§7　独立語 [54]

規定１２
　　文の　部分には，　独立語と　いわれて　いる　ものが　ある。　この　独立語は　主語や　述語などの　くみあわせが　つくりだして　いる，　対象的な　内容の　なかには　はいりこんでいかない。　この　対象的な　内容に　対する　話し手の　態度を　表現して　いる。
　　ある　あたえられた　文に　さしだされる　できごとや　特徴が，　他の　文に　さしだされるできごとや　特徴と　どのように　かかわって　いるか，　その　かかわり方を　さししめしている。
　　あたえられた　文に　さしだされて　いる　できごとや　ものの　特徴に　対する，　話し手である　《私》の　態度を　あらわして　いる。　あるいは，　あたえられた　文の　さしだしている　できごとや　ものの　特徴が　かかわって　いる　べつの　できごとを　さしだして　いる。　この　べつの　できごとを　めぐって，　文は　展開して　いく。(86)

《話し手の　感情的な　態度を　あらわす　独立語》
　　残念ながら，　きょう　予定して　いた　サッカーの　試合は　中止に　なりました。
　　うれしいことに，　きょうの　おかずは　まぐろの　さしみです。

《対象的な　内容に　対する　話し手の　確信度を　あらわす　独立語》
　　おそらく，　彼は　偉大な　人物に　なるでしょう。
　　たぶん，　あしたは　晴れでしょう。
　　彼は　ぜったいに　金持ちには　なれません。
　　父の　傘は　きっと　駅に　あるはずだ。

《対象的な　内容を　論理的に　順序づけて　いる　独立語》
　　まず　だいいちに，　その　話は　うわさに　すぎないのです。
　　おしまいに，　次の　ことを　つけくわえて　おきます。

《文の　対象的な　内容を　他の　対象的な　内容に　関係づけて　いる　独立語》
　　危機は　まぢかに　せまって　いた。　しかし，　彼は　けっして　とりみだす　ことは　なかった。
　　十分に　左右の　安全を　たしかめた。　それから，　道路を　わたった。

---

[54] 1993 版(本書第1部第3章,P.41)では，「挿入語」とよんでいる。

◇二次的な文の部分

　おおくの文においては，この主語と述語のくみあわせは，補語，連体修飾語、連用修飾語，状況語のような二次的な構成要素によってひろげられている。主として，動詞のような単語が，述語としてあらわれてくるばあい，動作の対象，あい手，手段などのポジションが予定されていて，そのポジションを名詞のような単語がうめている。このようなポジションをうめる単語は，補語とよばれる。移動動作をさししめす動詞が述語の位置にあらわれてくるとき，行く先やでどころをあらわす名詞が補語の位置にあらわれてくるだろう。

　名詞が，主語や述語や補語の位置にあらわれてくるとき，しばしば連体修飾語をともなう。この連体修飾語は，修飾される名詞の語彙的な意味に，あたらしく意味特徴をつけくわえるというはたらきをもっている。こうすることで，名詞がさしだす人や物は特定のものにきめつけられるのである。この連体修飾語には，《きめつける》というはたらきのほかに，《かざりたてる》というはたらきもある。

　述語の位置にあらわれてくる単語は動作や変化や状態，特性や関係をさしだしているわけだが，副詞のような単語はこれらの動作や変化や状態，特性や関係がもっているところの特徴をさしだしている。ひとくちでいえば，特徴の特徴をさしだしているのである。こうすることで，動作や変化や状態，特性や関係に，それらのし方，あり方，程度をつけくわえる。このようなはたらきをする単語は連用修飾語とよばれる。

　文の部分には，主語，述語，補語，修飾語などに直接むすびつかないで，これらのくみあわせを外がわからとりまいているものがある。このような文の部分のことを状況語という。状況語は，主語や述語などがえがきだすできごとと関係して，空間をあらわすもの，場面をあらわすもの，時間をあらわすものがある。この種の状況語は，できごとに局所限定をあたえている。また，状況語のなかには，原因をあらわすもの，目的をあらわすものがある。

　いわゆる陳述副詞とよばれている単語は，文の構造のなかにさしこまれて，対象的な意味にたいする，はなし手自身の確認のたしかさを表現している。あるいは，決心や期待のつよさ，命令や依頼の絶対性を表現している。陳述副詞には，文にさしだされているできごとにたいして，はなし手自身の感情＝評価的な態度を表現しているものもある。さらに，接続詞のような単語は，文の冒頭に配置されて，先行する文にさしだされているできごととの事実的な関係，論理的な関係を表現している。このようにはたらいている単語は独立語とよばれている。(奥田靖雄 1991 宮城国語部会講義プリント§7)

【おぎない】〈奥田靖雄 1991「宮城国語部会講義プリント」は，最後に連語とあわせ文の概説を配置し，文法論の分野として「形態論」「連語論」「ひとえ文の構文論」「あわせ文の構文論」が成立することをのべてしめくくっている。〉

　ふたつ，あるいはそれ以上の数の単語をくみあわせても，陳述（はなし手のたちばからの，対象的な意味と現実とのかかわり）が実現しなければ，文は成立しない。しかし，《連語》とよばれる単語のくみあわせは成立する。この《連語》は，《かざり》としてはたらく単語と《かざられ》としてはたらく単語とのくみあわせになっている。そして，《かざり》と《かざられ》とのあいだには，一定の文法的なむすびつきができあがっていて，これをあきらかにすることが文法の研究のだ

いじな課題になってくるだろう。しかも,《連語》における文法的なむすびつきは,《連語》のなか
にはいってくる単語の,主として《かざられ》としてはたらく単語の結合能力によってつくりださ
れていて,この結合能力の観点から単語をクラスに分類することができる。こうして,《連語》の
研究は,《連語》に参加する単語の語彙的な意味を結合能力とのかかわりのなかで一般化しなけれ
ばならない。たとえば,つぎの連語では,対象によってひきおこされる心理的な状態が,ふたつの
単語によってさししめされているのだが,このようなむすびつきをつくる能力をもつものとして,
《かざられ》の位置にあらわれてくる動詞をクラスにまとめることができるだろう。

　　星にあこがれる,北極の寒さにおびえる,太郎の乱暴にあきれる,大学の試験にこまる,読書にしたしむ,
　彼女の言葉にききほれる,彼女にほれる,肉体にこだわる,花子に感謝する,ごちそうに満足する,彼女に
　同情する

　この種の《連語》は,原因と結果としての状態とをさししめす《連語》にきわめてちかい,派生
的な関係にあるだろう。たとえば,「雨にぬれる,風にゆれる,寒さにふるえる,旅につかれる,
嫉妬にくるう」のような《連語》。このような事実をみていくなら,《連語》におけるいちいちの文
法的なむすびつきは,相互にむすびついていて,孤立した,偶発的な現象ではないことがわかって
くる。連語における文法的なむすびつきも,歴史的な発展の過程のなかでくみたてられた体系をな
している。《連語》の研究が文法論にとって必要なことがあきらかになる。
　単語のくみあわせが,陳述を実現して,文が成立するとすれば,文の文法的なかたちは,陳述的
な意味である。したがって,文の文法的な性質の研究は,なによりもまず,この陳述的な意味の研
究でなければならないだろう。ところで,文の陳述的な意味が,どのような手段によって表現され
ているかあきらかにしなければ,この陳述的な意味を的確にとらえることはできない。こうして,
文のくみたて方が文法論の重要な課題になってくる。主語と述語とのむすびつき,述語の位置にあ
らわれてくる単語のテンス・ムードのかたち,イントネーションなどの研究が,主要な課題として
うかびあがってくる。
　ところで,《あわせ文》といわれる文のタイプでは,おおくのばあいふたつの《ひとえ文》が構
成要素としてあらわれて,ひとまとまりの文をなしている。この種の《あわせ文》では,それを構
成する《ひとえ文》がそれぞれ陳述性をもっているので,多陳述的な性格をおびている。したがっ
て,《あわせ文》の研究は,それぞれが陳述性をもっている,ふたつの《ひとえ文》のあいだのむ
すびつき方が課題になってくる。(奥田靖雄 1991「宮城国語部会講義プリント」§12)

　こうして,文法論は,単語の文法的な性質の研究のほかに,1. 連語,2. ひとえ文,3. あわせ文の
研究の領域が成立する。そして,これらの文法的な単位の研究は構文論にまとめられて,形態論か
らくべつされている。したがって,文法論は,形態論と構文論とのふたつの領域からなりたってい
る。
　さて,文法論の研究の対象を全体としてながめてみることで,文法が,一方では単語の文法的な
性質をめぐって,他方では文の文法的な性質をめぐって,ふたつの領域をつくりながら進行してい
ることがあきらかになる。連語は文の成立までにいたらない,文を準備する単語のくみあわせで
あって,単語と文との中間的な性質をもっている。あわせ文は,文のバリエーションである。こう

して，文法論は，単語を研究する形態論の領域と，文を研究する構文論の領域におおきくふたつにわけられるだろう。

　形態論が文をくみたてる材料としての単語を研究するのであれば，構文論は形態論をしたがえている。歴史的にみるなら，形態論的な事実は，文の構文論的な構造のなかで，単語にあたえられる意味的な，機能的な役わりの固定化である。したがって，単語の文法的なかたちは，形態論的な現象でもあるし，構文論的な現象でもあるだろう。それは，文の構文論的な構造のなかにあらわれてくるかぎり，構文論の対象でもある。(同§13)

（第5章　文の　さまざまⅠ　文の　構造的な　タイプ[55]）

第6章　文の　さまざまⅡ　文の　通達的な　タイプ[56]

　話し手で　ある　わたしは，　とりまく　世界の　できごとを　文の　意味の　なかに　えがき
だして　いる。　あるいは，　とりまく　世界の　できごとを　土台に　しながら，　これから
おこる　あたらしい　できごと，　その　実現を　のぞましく　おもう　できごとをも　えがきだ
す。　したがって，　文の　意味に　えがきだされた　できごとは，　話し手で　ある　わたしが，
事実と　して　みとめて　いる　できごとでも　あるし，　わたしが　その　実現を　のぞましく
おもう　できごとでも　あるし，　わたしが　その　実行を　相手から　ひきだそうと　する　で
きごとでも　ある。　また，　できごとに　ついて　わたしの　しらない　ことを　たずねて　い
る　文も　ある。

　したがって，　文の　なかに　えがきだされて　いる　できごとは，　話し手で　ある　わたし
の　立場から，　さまざまな　あり方の　なかに　さしだされて　いる。　そして，　この　こと
は　単語を　文に　くみたてて　いく　しかたの　なかに　いいあらわされて　いる。　文の　な
かに　えがきだされて　いる　できごとの　あり方に　したがって（それを　いいあらわして　い
る　文の　くみたて方に　したがって），　文は　さまざまな　タイプに　わかれる。(84)

§1　ものがたり文

> **規定1**
> 　おおくの　文では，　話し手が　現実の　世界の　できごとを　その　意味の　なかに　えがき
> だして　つたえて　いる。　この　ような　文を　ものがたり文という。(84)

　海が見えた。海が見える。五年ぶりに見る尾道の海はなつかしい。汽車が尾道の海へさしかかると，すす
けた小さい町の屋根がちょうちんのようにひろがってくる。赤い千光寺の塔が見える。山はさわやかな若葉
だ。緑色の海むこうにドックの赤い船が，帆柱を空につきさしている。私は涙があふれていた。（放浪記）

---

[55] 第5章でとりあげる文の構造的なタイプのうち，「うけみ文」と「使役文」については，1986年12月の教科研国語部会に
テキスト案と指導例が報告され，1987年3月刊の『教育国語』88号に掲載された（村上三寿「うけみ構造の文の指導」，佐
藤里美「使役構造の文の指導」参照）。本書では，『教育国語』版をやや簡略化し，構文論的な側面にかかわる規定もふく
めて，「第一部　形態論」編におさめた。5章では，ほかに，提題文，はしょり文，倒置文，可能態・再帰態・相互態の文など
がとりあげられる。文法的な意味・機能の表現手段として，構文論的に特殊な構造もちいられる文を対象とする。この章
の原稿はのこされて　いないが，「ヴォイス」や「使役」（形態論編）とともに「構造的なタイプ」（ひとえ文編）を項だてした奥田
の意図を重視し，章のタイトルはあえてのこした。単語と文という，対象とする言語単位のちがいにもとづく形態論と構文論
の「すみわけ」の問題は，形態論編におさめた「連用形」「接続形」「連体形」の項目と，「あわせ文編」におさめた各種の「つ
きそいあわせ文」の項目との関係にもある。
[56] 第6章の規定は，1984年6月の教科研国語部会に報告され，1984年9月刊の『教育国語』78号に掲載された。

道がつづらおりになって，いよいよ天城峠に近づいたと思うころ，雨あしが杉の密林を白くそめながら，すさまじいはやさでふもとから私を追ってきた。私は二十歳，高等学校の制帽をかぶり，紺がすりの着物にはかまをはき，学生カバンを肩にかけていた。ひとり伊豆の旅に出てから四日目のことだった。修善寺温泉に一夜とまり，そしてほお歯の高げたで天城を登ってきたのだった。かさなりあった山々や原生林や深い渓谷の秋に見とれながらも，私はひとつの期待に胸をときめかして道を急いでいるのだった。そのうちに大つぶの雨が私を打ちはじめた。おれまがった急な坂道をかけ登った。ようやく峠の北口の茶屋にたどりついてほっとすると同時に，私はその入口で立ちすくんでしまった。あまりに期待がみごとに的中したからである。そこで旅芸人の一行が休んでいたのだ。(伊豆の踊り子)

§2　まちのぞみ文

規定2
　話し手が　自分自身の　意欲とか　決心を　いいあらわして　いる　文が　ある。　また，　なにかが　おこる　ことへの　わたしの　期待，　願望などを　いいあらわして　いる　文が　ある。　この　ように　話し手が　自分の　欲求を　いいあらわして　いる　文の　ことを　まちのぞみ文と　いう。(84)

　ああ，水が　のみたい。
　わたし，いくらでも　ねむりたいのよ。

　みんな　でかけた。　<u>ようし，　おれも　でかけよう。</u>
　あれを　人質と　して　ここへ　おいて　いこう。

　そんな　ことよりも，　きみの　ほんとうの　きもちを　きかせて　ほしいね。
　早く　春が　きて　ほしい。

　早く　若芽が　グングン　もえて　くると　いい。
　はやく　おとうさんが　元気に　なって　くれると　いい。

§3　さそいかけ文

規定3
　話し手が　相手から　動作を　ひきだす　ために，　相手に　はたらきかけて　いる　文が　ある。　この　ような　文は，　さそいかけ文と　いう。
　相手への　はたらきかけには，　ゆるやかな　おねがいから　はじまって　きびしい　命令に　いたるまで　さまざま　ある。(84)

　ユタカ，　はやく　手を　つなげ。
　三日目には　日没までに　かえって　こい。

おうちで　心配するから　はやく　かえりなさい。
外で　遊びなさい。

あの　ぬのを　おって　くれ。
これで　あすの　法事に　花でも　買って　そなえて　ください。
ちょっと　待ってて。

もっと　食べたら。
もう　少し　勉強すれば?

ここでなら　ドラムを　たたいても　いいよ。
桃や　なしや　すいかなどを　たくさん　食べては　いけない。

一郎君,　いっしょに　弁当を　食べよう。
みんなで　歌を　うたいましょう。

§4　たずねる　文

規定4
　自分の　しらない　ことを　たずねる　ときには,　たずね文を　つかう。　たずねる文は,
たずね方に　よって,　したがって　もとめられる　こたえ方に　よって,　いくつかの　型に
わける　ことが　できる。(84)

みんな　まだ　ねて　いますか。
おじさん,　また　かえって　くる?
あれから　何か　なさいましたか。

その　大きい　子と　いうのは　だれだったと　思いますか。
つう,　つう,　つうは　どこへ　いった?
あなたの　家は　東京の　どこに　あります?
たこは　なぜ　あがるのか。

◇モーダルな意味にもとづく文のタイプ
　「現実の世界での,　想像の世界でのできごと,　つまり物の動作や変化や状態をつたえるために,
人は文をつかってはなしたり,　かいたりする。また,　物にそなわっている特性や関係や質をつたえ
るために,　人は文をつかってはなしたり,　かいたりする。したがって,　文はその対象的な意味のな
かに,　現実の世界でおこるさまざまなできごとを,　物に恒常的にそなわっているさまざまな特徴を
えがきだしているのである。

ところで，この対象的な意味は，文において，はなし手である《私》の確認であったり，欲求や決心や期待であったり，命令や勧誘や依頼であったりする。つまり，文においては，現実にたいして積極的にはたらきかけていく，はなし手の態度が表現されていて，その対象的な意味はその積極的な態度のなかにさしだされているのである。この教科書では，はなし手の積極的な態度のことを《モーダルな意味》とよんでおく。対象的な意味とモーダルな意味とは，文の成立にとってかかすことのできない，もっとも基本的な特徴である。

　文のなかにさしだされる対象的な意味は，現実と積極的にかかわるはなし手によってつくりだされたものであって，それは，モーダルな意味につつまれている。このモーダルな意味のなかには，《私》の現実に対する態度がうつしだされている。文が基本的にはそういうものであれば，このモーダルな意味にしたがって，文はさまざまなタイプにわけられる。

　　　Ⅰ．つたえる文　　　1．ものがたり文（平叙文）
　　　　　　　　　　　　　2．まちのぞみ文（希求文）
　　　　　　　　　　　　　3．さそいかけ文（命令文）
　　　Ⅱ．たずねる文

1．ものがたり文
　現実の世界での，想像の世界での出来事，ものの特徴を，私自身が直接的な経験によって，あるいは判断によって確認している文。
　　　　動作をえがいているもの
　　　　変化をえがいているもの
　　　　状態をえがいているもの
　　　　特性をあらわしているもの
　　　　関係をあらわしているもの
　　　　質をあらわしているもの
2．まちのぞみ文
　はなし手自身の欲求や決心や期待などをつたえている文
　　　　欲求をつたえている文［編注；例 ～したい］
　　　　決心をつたえている文［編注；例 ～しよう］
　　　　期待をつたえている文［編注；例 ～すれば　いい］
3．さそいかけ文
　あい手にたいする，はなし手自身の命令，依頼，勧誘，許可，禁止をつたえている文
　　　　命令をつたえている文
　　　　依頼をつたえている文
　　　　勧誘をつたえている文
　　　　許可をつたえている文
　　　　禁止をつたえている文
4．たずねる文
　未知のことについてあい手にたずねている文

疑問詞のつかないもの（全体的なたずねる文）
　　疑問詞のついたもの（部分的なたずねる文）」

（奥田靖雄1991「宮城国語部会講義プリント」§1）

第7章 ものがたり文の 特徴[57]

　ものがたり文は, 現実の 世界の できごとを えがきだして いるが, この ことと かかわって この 種の 文には, ほかの タイプの 文には そなわって いない いくつかの 特徴が ある。

　たとえば, ものがたり文には みとめ方, 時間, 人称, とらえ方・たしかさ, のべ方が つきまとって いて, これらの 点で ことなる いくつかの 文を とりだす ことが できる。

§1 みとめ方

規定1

　文の なかに えがきだされて いる できごとと いうのは, 人や 物が 存在して いたり, いなかったり, その 人や 物に 動作や 状態が 生じたり, 生じなかったり する ことで ある。 したがって ものがたり文は 「ある」と いう ことを みとめて いる 文と, 「ない」と いう ことを みとめて いる 文とに わかれる。(84)

　見覚えの ある ふたつきの 木箱が ある。
　私は ひとりで 電車道を 歩いた。
　夜, 街は 静かだった。

　職員室へ 行ったが, 先生は いなかった。
　床に めがねを おとしたけど, こわれなかった。
　この 小説は おもしろくなかった。

§2 時間

規定2

　現実の 世界の できごとは, かならず 時間の ながれの なかに 存在して いる。 したがって できごとを えがきだして いる ものがたり文は 時間を もって いる。 話し手

---

[57] 7章の規定のうち,「§1 みとめ方, §2 時間, §3 人称」の規定は, 1984年6月の教科研国語部会に報告され, 1984年9月刊の『教育国語』78号に掲載されたもの,「§4 いいきりとおしはかり」の規定は, 1985年6月の教科研国語部会に報告され, 1985年9月刊の『教育国語』82号に掲載されたもの,「§5 記述と説明」の規定は, 1985年6月の教科研国語部会に報告されたものである。

《それ 以前に おこった できごと》
　きのう くまが 人里に あらわれた。
　仙台には 市電が はしって いました。
　むかしは 村の はずれに 川が ありました。

《その ときに おこって いる こと》
　小さな 魚が およいで います。
　池には コイが います。
　むこうの 田んぼに かえるの なき声が 聞こえる。

《それ 以後に おこる こと》
　あした ぼくたちは 遠足に 行く。
　まもなく 夏休みが はじまります。
　今度の 夏休みに ぼくたちは 海水浴に 行きます。

◇テンポラルな意味

　現実の世界の出来事も，物の特徴も，時間の流れのなかに存在しているかぎり，これらを対象的な意味のなかにえがきだしている文は，時間につきまとわれている。時間にとらわれていない文は存在していない。このことは，いちいちの具体的なできごとを確認している《ものがたり文》においては，あからさまにかたちのなかにあらわれてきて，この種の文の基本的な特徴をなしている。《まちのぞみ文》や《さそいかけ文》においては，できごとの時間は，これからおこってくることとして，モーダルな意味の背後にかくれている。

　意味的な内容として文にそなわっている時間は《テンポラルな意味》とよぶことにする。このテンポラルな意味も文にとってかかすことのできない基本的な特徴のひとつである。

　　ａ．はなし手のはなすモメントからみて，過去の出来事，過去の特徴をつたえている文
　　ｂ．はなし手のはなすモメントからみて，現在の出来事，現在の特徴をつたえている文
　　ｃ．はなし手のはなすモメントからみて，未来の出来事，未来の特徴をつたえている文」

（奥田靖雄 1991「宮城国語部会講義プリント§2」）

《いちいちの　具体的な　できごと》
　山の　頂きに　電波塔が　光った。
　けさは　あさりの　みそ汁を　食べた。
　洞の　内部は　まっくらだった。

《習慣的　反復的な　できごと》
　善太と　兵介は　汗と　泥で　顔を　真っ黒に　して　毎日　あそんで　いた。
　彼は　祖父から　毎月　五万円ずつ　もらった。
　本を　読んで　寝る　ときに，　これを　ひっぱって　消すのよ。

《一般的な　できごと》
　アメリカ人は　英語を　話す。
　ここら　あたりは　山家だけに，　もみじの　あるのに　雪が　降る。

§3　人称

規定4
　話し手の　観点からの　動作の　し手，　状態の　もち主の　ことを　人称と　いう。　ものが
たり文では，　この　人称が　特定で　あったり，　不特定で　あったり　する　ことが　ある。
　人称が　特定で　ある　ものがたり文は，　一人称で　あったり，　二人称で　あったり，　三
人称で　あったり　する。(84)

《一人称》
　私は　宿命的に　放浪者で　ある。
　ぼくは　学校の　登り棒の　半分まで　登れるんだよ。
　われわれは　来年　ヒマヤラに　登る。

《二人称》
　君は　能弁だ。　だいいち，　単語を　たくさん　知って　いる。
　あなたは　人の　きもちが　ちっとも　わからない。
　ふん，　君は　たいへん　くわしく　調べて　いるね。

《三人称》
　母は　九州の　桜島の　温泉宿の　娘で　ある。
　彼は　もう　路地を　ぬけて　走って　いた。
　勘三は　大の　字に　なった。

《不特定人称》
　智に　はたらけば　角が　立つ。　情に　さおさせば　流される。　意地を　とおせば　きゅうくつだ。
　石橋を　たたいて　わたる。
　死人に　口なし。

◇人称性

　文ははなし手があい手に何かをつたえたり，何かをたずねたりしているものであれば、文の成立
にとって，はなし手ときき手との存在はかかすことができないものであって，そのはなし手ときき
手とは文の意味的な内容のなかに見えかくれしている。なかんずく命令文のなかでは，それらの存
在はあからさまである。

　他方では，文の対象的な意味としてあらわれてくる動作や変化や状態のにない手（主体）は，は
なし手であったり，きき手であったり，第三者であったりして，文ははなし手のたちばから人称性
をもたされることになる。この人称の観点から，文は《一人称文》,《二人称文》,《三人称文》にわ
かれるが，そこには，動作や変化や状態のにない手にたいする，はなし手の態度が表現されている。

　　a．一人称文　動作や変化や状態のにない手がはなし手自身である文
　　b．二人称文　動作や変化や状態のにない手がきき手（あい手）である文
　　c．三人称文　動作や変化や状態のにない手がはなし手でもきき手でもない第三者である文

　はなし手は，はなし手自身，きき手，第三者にたいする，一定の態度を文のなかに表現している。
文の意味的な内容にあらわれてくるこのような態度のことを，ここでは《パーソナルな意味》とよ
んでおこう。日本語のばあいでは，パーソナルな意味は敬語性のなかにはっきりしたすがたであら
われてくる。そして，さそいかけ文やまちのぞみ文のなかでは，このパーソナルな意味はあからさ
まにあらわれてきて，この種の文を特徴づけている。

　さらに，動作や変化のにない手が特定であったり，不特定であったり，一般的であったりする。
この観点からも文は分類される。

　　a．主体が不特定である文
　　　　あの　市場では　りんごを　うって　いる。
　　　　大根は　葉っぱを　切ります。
　　b．人称が一般化されている文
　　　　いそがば　まわれ。
　　　　やすらかに　おやすみ　ください。　あやまちは　二度と　くりかえしません。
　　　　酒は　米から　つくります。
　　c．人称のない文
　　　　きょうは　寒いねえ。
　　　　晴れて　いるね。
　　　　くもって　いるね。

（奥田靖雄 1991「宮城国語部会講義プリント」§3）

◇陳述性

　モーダルな意味，テンポラルな意味，パーソナルな意味の，みっつは，それぞれがはなし手のたちばからとりむすばれる，文の対象的な意味と現実とのかかわり方を表現していて，文の陳述性のカテゴリーを構成している。この文の陳述性は，文の対象的な意味の，現実にたいする関係のし方であって，それははなし手の視点からきめられる。したがって，そこには，はなし手をとりかこむ場面や状況のなかでの，はなし手のたちばがうつしだされている。陳述性は，これなくしては文が成立し，存在することのできない，文の基本的な本質的な特徴であって，それが単語や連語のような言語の他の単位から文を通達の単位としてとりたてる。

　陳述性のカテゴリーのなかに統一されるモーダルな意味，テンポラルな意味，パーソナルな意味は，相互に作用しあっていて，決してばらばらに存在しているわけではない。それぞれの意味は現実との関係のし方のひとつの側面をとらえている。

　つぎにあげる文のうちの，前のふたつでは，文の時間と人称が未来の出来事を確認する文のモーダルな意味にはたらきかけて，それに修正をくわえている。

```
ぼくは　あした　学校に　行く。　　　　（意志的）
きみは　あした　学校に　行くのだ。　　（命令的）
かれは　あした　学校に　行く。　　　　（単純な確認）
```

　つぎの例では，動作のし手の人称性とかかわって，その動作にたいする《私》の態度の性格がちがってくる。

```
a．「この　酒　のむよ。」
　　「うん　のんでも　いいよ。」　　　（許可）
b．「この　酒　のみませんか。」
　　「うん　のんでも　いいよ。」　　　（自己許可）
c．「あの　人が　酒を　のんで　しまうよ。」
　　「うん，のんでも　いいよ。」　　　（放任）
```

　しかし，これらの例にみられるごとく，文の陳述性のカテゴリーにおいては，モーダルな意味が支配的であって，文の時間性と人称性とをひとつの側面としてみずからのなかにまきこんでいるだろう。

　はなしたり，かいたりする言語活動の単位としての文は，何よりもまず，現実にはたらきかけて，それをつくりかえていく人間活動の主体によって創造されるものである。そこでは，できごとが客観的に存在するものとして，あるいは実現されるべきものとして，あるいは目的のなかにはたらきかけの結果として生ずるものとしてとらえられている。一般的にいえば，文の対象的な意味としてのできごとはモーダルな意味のそとには存在していない。そのできごとは，文の文法的なかたちとしての，モーダルな意味の対象的な内容として存在している。したがって，モーダルな意味にしたがうところの文の分類は，文の研究にあたって基本的であり，出発点である。

§４ いいきりと おしはかり, たしかさ, らしさ[58]

《いいきりと おしはかり》

規定5

　できごとを とらえて つたえて いる ものがたり文は, いいきりの 文で あったり, おしはかりの 文で あったり する。

　話し手が 経験に よって 直接的に とらえた できごと, あるいは すでに 証明ずみの できごとは いいきりの 文で いいあらわす。

　これに たいして, 想像したり, 考えたり して, 間接的に とらえた できごとは, おしはかりの 文で いいあらわす。(85)

- 黒沢山では かっこうが ないて いた。
- 蔵王の 小僧さんは 子どもたちに 水あそびの 季節, 山あるきの 季節の 到来を つげて いるのです。
- 春に なると, 南の 国では つばめが やって きます。
- 丑松は 蓮華寺の 山門を 出た。
- くるった ように ほえ, 全身の 毛を 逆立てて 反抗する さまは みごとだった。 もし 動物を まったく 知らない 人が 前に 立たねば ならぬと したら, その あまりの ものすごさに 圧倒され, 心臓麻痺か なにかで 死んで しまうだろう。
- 長男の 顔は 赤く 焼けて はれ, 指も 焼けただれて 死んで おりました。 私の つく 寸前に 息を ひきとったのでしょう。 ほおを 流れた 涙が, まだ かわいてなくて, 朝日に きらりと 光って いました。
- おやじは がんこだけれども, そんな えこひいきは せぬ 男だ。 しかし, 清の 目から 見ると, そう 見えるのだろう。

規定6

　話し手は 経験に よって とらえた できごと, あるいは すでに 証明されて いる できごとを 根拠に して, そこから べつの できごとを おしはかる。

　この ように して とらえた できごとは, おしはかりの 文の なかに えがかれる。

(85)

- ひろ子の いる ところでさえ, 八月に なれば, 山々の 色が 変化した。 網走には, もう 秋の 霧が きて いるだろう。

---

[58] 奥田靖雄 1984・1985「おしはかり」(1)(2)(『日本語学』12月号・1月号, 明治書院)参照。

- それに，少年とは いいながら，この 子の 前途に 何が くるか あきらかで あった。　<u>あと 二，三年の うちには たぶん 盲目に なるだろう。</u>
- この 人も この 病院へ きてから もう 四年に なる。　<u>その うち 論文を 提出して 学位を とるだろう。</u>

規定7
　おしはかりには，たしかさが つきまとって いる。　話し手の 立場から みて，その おしはかりが たしかな もので ある ときには，「だろう」の かわりに 「…に ちがい ない」を つかう。　ぎゃくに 不たしかな もので ある ときには，「…かも しれない」 を つかう。(85)

《…に ちがいない》
　　彼は 結婚話で 夢中に なって いるに ちがいない。
　　みんな 極楽では 満足して いるに ちがいないよ。
　　なにか，ダンスと いう 未知の ものに 彼女らを 魅する ものが あったに ちがいない。

《…かも しれない》
- プラットフォームの 上へ 出た とき，車に 乗りこんだ おれの 顔を じっと 見て，「<u>も う お別れに なるかもしれません。</u>　ずいぶん ごきげんよう。」と ちいさな 声で 言った。
- 父は 六歳で 父親を 失いました。　なによりも 心残りと して いたのは，父親と ともに くらした 日々の 記憶の 少ない ことでした。　その 父が 親に なった とき，自分に かな えられなかった ことを 子に 与えようと したのでは ないでしょうか。　<u>父親と 相撲を とって みたいとの 望みを，子と 相撲を とる ことに より 満たして いたのかも しれません。</u>

規定8
　できごとの けはい，まえぶれ，きざしを とらえて，そこから できごとを おしはか る ことが ある。　この ときには，「だろう」の かわりに 「…らしい」,「…ようだ」を つかう ことが できる。(85)

《らしい》
- おかみさんたちの 長崎弁の 声が とんで あるく。　<u>ああ，下りの 汽車が ついた らしい。</u> 人力車が 通って いく。
- うすぐらい 谷底を 半町ばかり のぼった ところに，ぼんやりと 白い ものが うごいて い る。　<u>手まねきを して いる らしい。</u>
- ふと，耳に 潺々，水の 流れる 音が した。　そっと 頭を もたげ，息を のんで 耳を すました。　<u>すぐ 足もとで 水が 流れて いる らしい。</u>

《ようだ》

しばらく　見て　いると，　　黒い　クモが　いっぴき，　　葉の　先端まで　上り，　　しりを　上げて　糸を　出しはじめた。　　糸は　風向きに　つれて　流れる　方向が　変わる。　　クモは　しきりに　動く。　糸の　流れる　方向に　正しく　しりを　向けようと　して　いる　ようだ。

§5　記述と　説明[59]

規定9
　ものがたり文には，　述語に　「…のだ」，　　「…のです」，　　「…で　ある」を　ともなって　いる　ものが　ある。　この　ような　文の　ことを　説明の　文と　いう。　ともなって　いない　文は　　記述の　文で　ある。
　説明の　文は，　先行する　記述の　文に　さしだされて　いる　できごとに，　あるいは　場面に　さしだされて　いる　できごとに　説明を　くわえて　いる。(85)

　①本堂の前から門の外まで，ひろい石だたみがつづいている。　　②その石のうえには，いま手にたいまつをもった，三郎の手の者がおしあっている。　　③また，石だたみの両側には，境内にすんでいるかぎりの僧侶が，ほとんどひとりものこらずむらがっている。　　④これは討手の群れが門外でさわいだとき，内陣からも，庫裡からも，なにごとがおこったのかと，あやしんできたのである。

　①の文　この場の情景を記述している。
　②の文　三郎の手の者の行動を記述している。　　　　　①　　②　　③　←　④
②　の文　僧侶の行動を記述している。
③　の文　僧侶の行動について，その理由を説明している。

規定１０
　説明の　文は，　ある　できごとを　理解する　ために　べつの　できごとを　さしだす　ことに　よって，　その　原因・理由・動機，　根拠・前提，　本質的な　特徴，　内面，　意味を　あきらかに　する。　また，　ある　できごとを　べつの　できごとで　精密化・具体化したり，　いいかえたり，　くりかえしたり　する。(85)

(1) 原因・理由・動機
・　夜の九時だった。風見院長はまだ晩飯がすんでいなかった。出産がふたりつづいたのだ。
・　春日町の市場へいって，一升の米袋をかってくる。階下までおりるのがめんどうくさいので，三階の窓でそっとたたいた。石屋のおかみさんは，商売物の石材のように，なかなかやかましくて，あさ，ひる，ばんを，アパートを寄宿舎のようにみまわっているのだ。

_____

[59] 奥田靖雄 1990「説明(その1)─のだ・のである・のです─」『ことばの科学』4集），　奥田靖雄 1992「説明(その2)─わけだ─」『ことばの科学』5集），　奥田靖雄 1993「説明(その3)─はずだ─」『ことばの科学』6集)を参照。

・　帳簿や書類をかたづけてから，春子はほんの一瞬間かべの鏡の前にたった。<u>自分のすがたに安心しなければ，患者に対したときに，自信をもてないのだ。</u>

(2) 根拠・前提
　　お君さんの養母やお君さんの子どもや，なんだかごたごたしたその家庭は，めんどくさがりやの私にはちょいと分かりかねる。お君さんもそんなことはだまってべつに話しもしない。（私も聞きたくない）<u>私もそんなことを聞くのは胸がいたくなるのだ。</u>

(3) 精密化・具体化
　　新しい酒のビンと酒の肴とをもってこさせて，風見はパイプに火をつけた。小柳春子は孤独なのだ。<u>あの学生に恋をこばまれて，身にしみるような孤独をあじわったにちがいないのだ。</u>

(4) 本質的な特徴
　　勤務時間が不規則で，深夜まで仕事があることもめずらしくないという理由から，ひとりだけ彼はアパート住まいをしていた。実はそれが和彦の口実であって，ほんとうは父や母の監督からのがれて，勝手な自由な生活をしたかったのだ。父はわかっていたが，だまって出してやった。<u>けだものだって，鳥だって，一人前になれば，みんな親から離れていくのだ。</u>

(5) 内面
　　青年ははずかしそうにすこしあかくなった。<u>まだすれていないのだ。</u>

(6) 意味
　　風見のもってきた皮のかばんを手わたす。娘があけてみると，おおきなオレンジが五個，冷蔵庫の氷といっしょにつつまれていた。<u>ひやしたままでもってきたのだ。</u>

(7) いいかえ・くりかえし
　　私はくやしいけれど十五円の金をもらうと，なつかしい停車場へいそいだ。<u>しおのかおりのしみた，私のふるさとへ私はかえっていくのだ。</u>

規定１１
　説明は，　説明される　できごとと，　説明する　できごとが　あって，はじめて　なりたつ。文脈の　なかに　説明する　できごとだけ　あって，　説明される　できごとが　かけて　いるときには，　読み手が　かけて　いる　部分を　想像で　復元しなければ　ならない。　それがまったく　不可能な　ときは，　説明の　文は，　ただ　単に　感情の　あらわれと　して　はたらいて　いる。(85)

・　美根子のほおがちいさな笑いにくずれた。おおきくは笑わない。横顔はすこしつんとして，つめたい感じだった。首がややふとく，しっかりして，安定感があった。なにか青い石をつらねた気がるなネックレスを

つけていた。服のえりぐりがややおおきくて，ゆたかな胸がすこしみえた。<u>胸のうつくしさに自信があるのだ。</u>

・　私は元気をだしてとびおきると，新聞にのっている本野夫人の住所をきりぬいて，麻布のそのおやしきへ出かけていってみた。夫人をたずねるための訪問着などないので，ま新しい，おり目のついたゆかたをきていくことにした。<u>おり目がついていてもゆかたはゆかたなのだ。</u>私はゆかたをきて，空想で胸をいっぱいふくらませてあるいている。

・　ざっこく屋という木賃宿から，そのころ流行のモスリンの改良服というのをきせられて，南京町ちかくの小学校へかよっていった。それをふりだしにして，佐世保，久留米，下関，門司，戸畑，折尾といった順に，四年のあいだに，七度も学校をかわって，私には新しい友達がひとりもできなかった。

「お父つぁん，俺アもう，学校さ行きとうなかバイ……」

せっぱつまった思いで，<u>私は小学校をやめてしまったのだ。</u>

規定１２

　会話では，　はなし相手の　しらない　ことを　おしえて　いる　文，　はなし相手の　といかけに　こたえて　いる　文は　説明の　文に　なる。(85)

・　光子はなんとかして影山がいいおじさんであることを，龍一に納得させようと努力しているのだった。

「龍ちゃん，おじさんはね，<u>大きな会社の重役さんなんだよ。</u>」

・　「先生はよくお勉強なさるわね。」と秋子は気らくないい方をした。

「論文はもうよほどすすみましたか？」

岡部は食事をしながら，「<u>すすまないんだ</u>，資料がたりなくてね。」といった。

規定１３

　むかしの　ことを　おもいだして　のべて　いる　ときには，　「のだった」と　いう　かたちを　つかう。(85)

　小田原で電車をおりて，ふたりは駅前のタクシーをたのんだ。<u>箱根の道は，ふかい谷ぞいのがけのうえを，しげった木々の緑をくぐっていくのだった。</u>

第8章　ものがたり文の　分類[60]

　ものがたり文では，　述語に　さしだされて　いる　動作・状態が　現実に　存在して　いる　もので　あるか，　可能な　ものと　して　存在して　いるか，　必然的に　おこる　ものと　して　存在して　いるかの　いずれかで　ある。　したがって，　ものがたり文は　現実表現の　文，　可能表現の　文，　必然表現の　文の　みっつの　型に　わかれる。

§1　可能表現の　文[61]

規定1

　この　種の　文では，　可能性と　して　あらわれて　くる　動作，　状態は　能力可能で　あったり，　条件可能で　あったり　する。

　述語が　過去の　かたちを　とった　ときは，　目的の　動作が　実現した　ことを　いいあらわす。　おなじ　過去の　かたちで　あっても，　習慣的な　反復的な　動作で　あれば，　可能を　いいあらわす。(85)

《能力可能［現在］》

　ぼくは　100メートルを　14秒で　走る　ことが　できる。

　この　消しゴムは　インクの　文字を　消す　ことが　できる。

　私は　この　年表の　記載事項を，　最近　発見した　当時の　原資料で　おぎなう　ことが　できる。

《条件可能［現在］》

　賤民の　出身でも　金持ちでさえ　あれば，　貴族の　上に　立つ　ことも　できる。

　晴天ならば，　紀ノ川，　河口平野を　一望に　おさめる　ことが　できる。

　石垣に　近く，　花園を　あゆむ　ような　小径も　あった。　<u>そこから，　谷底の　町の　一部を　見なおす　ことが　できる。</u>

《目的の　動作の　実現［過去］》

　ようやく　八回目に，　私は　春蚕の　さなぎ虫で　目的の　鯉を　つりあげる　ことが　できた。

---

[60] 「§1 可能表現の文」の規定は，1985年6月の教科研国語部会に報告された。この規定は，1986年6月刊の『教育国語』85号に掲載された佐藤里美「可能表現の文の指導」で一部補充されているが，本稿には1985.6版をのせておく。「§2 必然表現の文」の規定は，1985年6月の教科研国語部会に報告され，1985年12月刊の『教育国語』83号に掲載されたもの（大槻邦敏「必然表現の文の指導」）。「§3 現実表現の文」「§4 し手の態度を表現する文」の規定は，1984年6月の教科研国語部会に報告され，1984年9月刊の『教育国語』78号に掲載されたもの。

[61] 奥田靖雄1986「現実・可能・必然(上)」『ことばの科学』1集)，奥田靖雄1996「現実・可能・必然(中)─「していい」と「してもいい」─」『ことばの科学』7集)参照。

電車の　空いて　いる　時間で，　二人は　ならんで　腰かける　ことが　できた。

《可能〔過去〕》
　そこでは，　ゆっくり　時間を　かけて　個人的な　仕事を　する　ことが　できた。
　その　道は　実に　崎嶇と　して　いて，　なれない　人は　昼でも　つまづくだろうが，　若者は　目をつぶって　いても　松の　根や　岩を　踏みわけて　行く　ことが　できた。

規定2
　可能表現の　文は，　可能動詞に　よっても　つくる　ことが　できる。　可能動詞は，　すべての　動詞に　そなわって　いる　わけでは　ないので，　この　手つづきで　つくられる　可能表現の　文は　かぎられて　いる。　さらに，　この　手つづきで　つくられて　いる　可能表現の　文では，　主語と　なる　ことの　できるのは，　ふつう　人を　さししめす　名詞に　かぎられて　いる。(85)

《能力可能》
　青木の　方は　この　海辺に　生まれただけ　あって，　友だちよりも　よく　泳げる。
　一人だって　阿蘇ぐらい　登れるよ。

《条件可能》
　坂に　なった　道を　登れば，　神奈川台の　一角に　出られる。
　何か　食べに　出ましょうか。　今ならば　出られますわ。

規定3
　許可されて　可能で　あると　いう　ことを　いいあらわして　いる　文は，　述語に　なる　動詞が　「―しても　いい」と　いう　かたちを　とる　ことが　できる。(85)

　カメラ業界だけが　自分の　すむ　世界でも　あるまい。　北海道に　わたり，　牧畜事業に　転向しても　よいので　ある。
　休み時間は　校庭で　遊んでも　いい。

§2　必然表現の　文[62]

規定4

---

[62]　奥田靖雄1997「現実・可能・必然（下）―しなければならない―」(教科研国語部会瀬波集会講義プリント)参照。

ものがたり文の　なかには　「しなければ　ならない」と　いう　かたちを　述語に　して　いる　ものが　ある。　この　ような　文は，　次の　ような　動作を　いいあらわして　いる。
　1）課題（目的）を　達成する　ために　必要な　動作
　2）法律や　道徳や　習慣，　人間関係，　場面に　よって　強制される　動作
　3）必ず　おこる　動作　(85)

・　密閉した　容器に　気体を　入れ，　温度を　上げて　いく　とき，　まえと　おなじ　体積に　たもつ　ためには，　大きな　力で　おさえつけて　おかなければ　なりません。　この　力を　はかると，　気体　の　圧力が　温度に　よって　どの　ように　変わるかが　わかります。
・　いったい　水は　どんな　力を　もって　いるのでしょう。　また，　水の　この　力は　どの　ように　して　生じるのでしょう。　この　問題に　こたえる　ためには，　水が　どの　ように　して　できあ　がって　いるかを　考えて　みなければ　なりません。
・　患者は　医者の　支配下に　ある。　彼は　医者の　命令を　きかなければ　ならない。
・　それに　しても，　いくさが　あるたびに，　その　沿道の　民衆は　死に　さらされて，　虫けらの　あつかいを　うけた。　兵糧の　調達では，　彼らは　自分の　食べる　ものすら　差し出さなければ　な　らなかった。
・　こんどの　仕事を　しくじると，　当分　また　あぶれなければ　ならない。　なんと　しても　こんど　は　落ち度を　みないで，　つとめたい　腹で　いるんだ。

規定5
　必要な　動作を　いいあらわして　いる　文は，　つぎの　ような　特徴を　もって　いる。
　1）　文の　なかに　課題・目的を　さしだして　いる　部分が　ある。
　2）　「する　必要が　ある」と　いう　かたちの　文に　おきかえる　ことが　できる。
　3）　うちけしには　「しなくても　いい」と　いう　かたちが　ある。
　4）　強制感を　ともなわない。(85)

・　いったい，　生活を　改善するのには，　われわれの　環境を　変えなければ　ならない。
・　物事に　ついて　もっと　ふかい　全面的な　知識を　得ようと　思えば，　感覚で　得た　認識を　材　料と　して，　これを　系統だてて　分析し，　整理し，　総合し，　判断しなければ　ならない。　つま　り，　理性的認識に　よって　理論を　つくりあげなければ　ならない。
・　その　ほかに，　火薬千五百トンから　千六百トン，　労務者の　数は　のべ　五百二十六万　ないし　七百万人を　要するだろう。　冬が　こない　うちに　建設工事に　着手する　必要が　ある。
・　「おまえは　おまえ。　次郎ちゃんは　次郎ちゃんで　いい。　ひろい　芸術の　世界だもの。　みんな　が　みんな，　そう　おなじ　ような　道を　ふまなくても　いい。
・　早く　お湯を　わかそうと　するなら，　やかんの　水を　たえず　かきまわして　いなければ　なりま　せん。

規定6

強制される　動作を　いいあらわして　いる　文は，　つぎの　ような　特徴を　もって　いる。
　　1）文の　なかに　強制の　原因を　あらわす　部分が　ある。
　　2）「しない　わけには　いかない」「せざるを　えない」「せずには　いられない」と　いう
　　　　かたちの　文に　おきかえる　ことが　できる。
　　3）強制感を　ともなう。(85)

・　その　なげすてられた　ものが，　風の　ない　ときには，　底の　方が　おもく，　口ばかり　海面に
　出て　いて，　水が　その　なかに　入るから，　波の　まにまに　自然と　海岸に　漂着する。　それを
　ひろって，　だまって　持ちかえるのは　罰せられた。　だから，　こういう　ものが　流れ　ついたと
　いって，　いちいち　とどけ出なければ　ならない。
・　もう　一度　命令が　とどけば，　ほかの　どんな　行動を　選ぶ　ことも　できずに，　その　予定の，
　しかし　想像する　ことも　できぬ，　そぎたった　暗い　淵の　においの　する　未知の　コースに　で
　かけて　いかなければ　ならない。
・　しかし，　不幸に　して，　われわれは　やはり　行かない　わけには　いかなかった。　われわれは
　やがて　ルソン島　バタンガス所在の　大隊本部から　敵状偵察の　命を　うけ，　たびたび　十数名より
　なる　斥候が　組織され，　十日　あるいは　一週間，　サンホセ付近の　山中に　潜伏して　帰った。
・　北海の　孤島へ　流刑の　身で，　こんな　美しい　物語を　つくるとは，　世阿弥と　いう　人の
　天才ぶりに　降参せざるを　えない。
・　馬車を　おりて，　それから　なお　山ふかく　はいる　まえに，　三吉は　ある　休み茶屋の　炉辺で
　こごえた　からだを　あたためずには　いられなかった。

規定7
　必然的な　動作・変化を　いいあらわして　いる　文は，　つぎの　ような　特徴を　もって
　いる。
　　1）述語に　なる　動詞は，　人間の　意志とは　関係なしに　進行する　動作・状態を　さし
　　　　だして　いる。
　　2）ものがたり文の　未来形に　おきかえる　ことが　できる。
　　3）人間の　動作・状態で　ある　ばあいは，　自分の　つもりとか，　意向に　反して，　と
　　　　いう　意味を　ともなう。(85)

・　彼の　いう　ことが　真実で　あれば，　わたしは　かれの　述懐に　対して，　いくらかの　驚異を
　感じなければ　ならないで　あろう。
・　彼女は　まもなく　死去した。　それは　いつ　どういう　ふうに　どこで　死んだかも　わからない。
　ただ，　赤門寺で　死んで，　そこに　墓も　あると　いう。　これは　道聴の　ただの　はなしに　すぎ
　ないが，　名も　ない　ゆかりの　ない　人間は　この　ように　今も　昔も　死ななければ　ならなかっ
　たのだ。
・　しかし、　清水えん子は，　この　日から　かぞえて　一年くらいの　あいだに　肺で　死ななければ
　ならなかったのだ。

- かねて，　ふたつに　ひとつは　助からないかも　しれないと　思って　いたのだが，　今，　ふと　お
のれが　生きて　いる　ことと　その　意味が，　はっと　私を　はじいた。　この　ことを，　書きのこ
さねば　ならない，と　私は　心に　つぶやいた。　けれども，　その　ときは　まだ　わたしは　この
空襲の　真相を　ほとんど　知っては　いなかったので　ある。
- わたしは　こよい　殺される。　殺される　ために　走るのだ。　身がわりの　友を　すくう　ために
走るのだ。　王の　奸佞邪知を　うちやぶる　ために　走るのだ。　走らなければ　ならぬ。　そうして，
わたしは　殺される。
- 夜が　明けた　以上，　米軍の　あいだを　くぐって，　この　谷を　くだる　ことは　あきらめねば
ならぬ。　わたしは　わたしの　今　いる　地点の　外に　ありかを　求めねば　ならぬ。
- 路花の　たちばから　みれば，　ここには　不平が　なくては　ならぬ。　この　不平は　赫と　した
赤い　怒りに　なって　あらわれるか，　そうで　ないなら，　緑青の　ような　皮肉に　なって　あらわ
れねば　ならぬ。
- ロックフィル　ダムの　築造される　場所は，　まず　川の　流れを，　別に　つくった　小路に　みち
びき，　川床を　露出させて　おいて，　岩盤まで　ほりさげなくては　ならない。　その　うえに　岩を
つみ，　土を　つみ，　コンクリートを　流して，　ダムの　本体を　築きあげる。
- 竹田建設は　入札の　時間より　以前に　算定された　予算額を　知って　いなければ　ならない。　そ
れを　知らなくては　入札の　基準が　たたない。
- 医者と　いう　ものは　因果な　商売だった。　自分の　わがままは　ゆるされない。　二時間後に　出
産が　あると　予定されて　いる　ときには，　酒を　のまずに　まって　いなくては　ならない。
- 院長先生は　七時半ごろから，　自分で　車を　運転して，　いそいそと　ゴルフに　行って　しまった。
のこされた　副院長と　津雲婦長とは　一日中　留守番を　しなくては　ならなかった。
- 「そうですよ。　いま　これを　うけとったら，　わたしも　世間から　とがめられなくては　ならない。
そうでしょう。　自分の　職責を　利用したと　いう　ことに　なる。〈…〉」
- だいたい　電力建設の　ような　大きな　仕事に　たずさわる　人間が，　最後の　思い出とか，　私の
悲願とか　いう　ような　感傷の　まざった　言葉を　口に　すべき　ことでは　ないのだ。　理事の　だ
れかが　その　ことを　とりあげて，　冷笑を　くわえたり　したら，　総裁と　しては　はじいらなくて
は　ならない。

§3　現実表現の　文

規定9

> 　現実表現の　文は，　述語が　「ーする」と　いう　ふつうの　かたちで　つくられて　いて，ある　時間の　なかに　実際に　存在する　動作・状態を　いいあらわして　いる。(84)

　中根坂を　あがって，　士官学校の　うら門から　左内坂の　うえまで　きた　ころは，　日は　もう　とっぷりと　暮れた。　白地の　ゆかたが　ぞろぞろと　とおる。　たばこ屋の　まえに，　若い　細君が　出て　いる。　氷屋の　のれんが　すずしそうに　夕かぜに　なびく。(蒲団)

§4　し手の　態度を　表現する　文[63]

> 規定１０
> 　述語で　さしだされて　いる　動作に　対する　し手の　態度を　いいあらわして　いる　文が　ある。　この　種の　文では，　し手の　心がまえ，　つもり，　意欲，　もくろみを　いいあらわして　いる。(84)

　あしたは　映画を　見に　いく　つもりです。
　みよちゃんは　いつも　おかしを　食べたがる。
　捨吉は　ひとりで　自分の　部屋を　歩いて，　勝子の　名を　呼んで　みた。
　清三は　このごろ　あつめた　譜の　ついた　新しい　歌曲を　オルガンに　合わせて　ひいて　みせた。
　内供は　不足らしく　ほおを　ふくらせて，　だまって　弟子の　僧の　するなりに　まかせて　おいた。

---

[63] し手の態度を表現する文については，笠松郁子1989「『してみる』を述語にする文」(『教育国語』98号)，同1991「『してみせる』を述語にする文」(『教育国語』100号)，同1993「『しておく』を述語にする文」(『ことばの科学・6』)などを参照。

第9章　まちのぞみ文[64]

規定1

　「したい」と いう かたちを 述語に する 文は，おおくの ばあい，話し手 自身の 意欲，のぞみを いいあらわして いる。動作の し手は 一人称で ある。この ような 文を まちのぞみ文と いう。(85)

- さてさて あぶない 生肝とり，ああ 何もかも 差し上げて しまいますから，二日でも 三日でも 誰か 私を ゆっくり 眠らせて ください。私の 体から，なんでも 持って いって ください。<u>私は 泥の ように 眠りたい</u>。
- 何と いう ことも なく，私は 外国へ 行きたく なった。バナナを いっぱい 頭に のせた インド人の いる 都でも いい。<u>どこか とおくへ 行きたい</u>。女の 船乗りさんには なれない ものかな。外国船の ナース みたいな 職業と いう ものは ないかな。
- 「一生懸命 勉強してね。」
  「とうぶん 会えないのね，時ちゃんとは……。<u>私，もう 一本 のみたい</u>。」
- 「もう ここまで きたら どうしても 家元に <u>なりたい</u>。その ためには，いちばん 可能性の ある 家元の 息子を 殺したのでは ないかしら？ なんと いっても，世襲制では，息子が 継ぐ のが 正統だから。」
- 「なんだか 一人で いたくなったの……。<u>もう どう なっても いいから 一人で くらしたい</u>。」

規定2

　動作の し手が 二人称，あるいは 三人称で あって，のぞみ手が 話し手自身で ある ときには，「して もらいたい」 あるいは 「して ほしい」という かたちを つかう。(85)

《して　もらいたい》
- 「美那。」
  「なんです。」
  「<u>お父さまと 呼んで もらいたい</u>。わしの ことも 周作殿と 呼ばず，だんな様と 呼ぶ ほう が 穏当では なかろうか。」

- 「なんの ご用だ。」
  「<u>お取り次ぎして もらいたい</u>。千葉先生に 入門し たてまつりたい。小泉玄伸の たっての お ねがいで ございまする，と。」

---

[64] 奥田靖雄 1986「まちのぞみ文（上）―文のさまざま(2)―」（『教育国語』86 号），奥田靖雄 1988「文の意味的なタイプ― その対象的な内容とモーダルな意味とのからみあい―」（『教育国語』92 号）参照。第 8 章の規定は，1985 年 6 月の教科 研国語部会に報告され，1985 年 9 月刊の『教育国語』82 号に掲載された（菊田義治「まちのぞみ文の指導」）。

- 「あなたは うそが つけない お人ですよ。 そんな おとなの まねを しても だめ。 お顔に ちゃんと かいて ある。」
- 「とにかく, 猫は どこに いるのだ。 <u>猫に 安羅井人の いる 城代屋敷まで 案内して もらいたい</u>。」

《して ほしい》
- 真奈辺は, それは それで 良いが, <u>同一人物と 思った 心境を 説明して ほしい</u>, と 頼んだ。
- 「ぼくはね, そういう 女性の 心理に すごく 興味が あるんだ。 お願いだ <u>教えて ほしい</u>。」
- 「君の ところの 特攻艇だが, ご苦労だけれど, 即時待機の 態勢を 解いて もらっては 困るんだ。 <u>こちらから 指示するまで, 今の ままで 待機して ほしい</u>。 ただし, 信管は <u>抜いてほしい</u>な。」
- 「……岡田は 忠実に 任務を 遂行したので ある。 <u>諸君も 岡田と 同様, 厳正な 態度で 服務して ほしい</u>。」
- 「お母さんが 長い こと 働いて きて, 疲れとってや ことは, 充ちゃんも よう わかって くれとる。 <u>ここに いる あいだは 充ちゃんに ぞんぶん あまえて, なんでも して もろうてほしい</u>。
- 「源さんが 何年も 前から えらい 気に しとるけど……, 私が 死んだら いずれ 相続やさかい, いくらも 何も 残っとらんけど, <u>銀行の 借金や 税金 はらう ぶんだけ この 土地を 始末して, すこしでも 残ったら 浩ちゃんに やって ほしいの</u>。 史郎も 晴子も 東京に 家の ある ことやし, それでも 充分やわ。 浩ちゃんに お墓 守って もらえば, もう この 土地に 気を 兼ねながら もどって こんでも いい……。」

規定3
　また, 「すると いい」, 「すれば いい」, 「したら いい」と いう かたちを 述語に して いる 文も 話し手の 期待を あらわして いる。(85)

《すると いい》
- きょうは 風強し。 上野の 桜は 咲いたかしら……。 桜も 何年も 見ないけれど, <u>早く 若芽が グングン 萌えて くると いい</u>。
- 二人は 人を 押しわけて 電車へ 乗った。 雨が どしゃぶりだ。 いい 気味だ。 もっと 降れ, <u>もっと 降れ, 花が みんな 散って しまうと いい</u>。
- ああ あの 十四円は 九州へ とどいたかしら。 東京が いやに なった。 <u>早く お父さんが 金持ちに なって くれると いい</u>。

《すれば いい》
- 自分は どうしたら いいのであろう。 <u>いっそ 今, とっさの 間に 汽車の 発する 時間が きて しまえば よい</u>。

・　しかし，　すぐと　また，　そんな　つまらない，　狂言じみた　ことを　するまでも　ない。　死ぬ　ことさえも　今では　何だか　めんどうな　ものうい　ような　気が　する。　<u>きょうの　帰り道，　飛び乗る　電車が　衝突でも　して，　ひと思いに　死なして　くれれば　いい。</u>

規定4

　　実現する　ことの　ない　話し手　自身の　意欲，　のぞみ，　期待を　いいあらわす　ときには，　過去の　かたちを　つかう。(85)

《したかった》
　私も　学校を　出たかった。
　できれば，　父の　考えて　いる　ような　偉い　人に　なりたかった。

《して　もらいたかった》
　彼には　もっと　慎重に　行動して　もらいたかった。

《して　ほしかった》
「姉さん」と　私は　女中の　きた　ときに，　宿の　勘定の　ことを　言い出した。　<u>それは　書付に　して　ほしかった。</u>

《すると　よかった》
　女たちの　おしゃべりは　夏の　青空の　ように　ほがらかで　ある。　<u>ああ　私も　鳥か　なにかに　生まれて　くると　よかった。</u>

【おぎない】《すれば　よかった》，《したら　よかった》については項目のみで，用例の記載はない。奥田靖雄 1992「動詞論」（北京外国語学院での講義，著作集編集委員会編『奥田靖雄著作集』第 3 巻言語学編(2) 所収 p. 114）に以下の例があげてある。

　　<u>「ああ，もっと利口な女にうまれてくればよかった。私も……私も……このつぎうまれかわってきたら……」</u>
　　　（家）

規定5

　　「すると　いい」，　「すれば　いい」，　「したら　いい」の　あとに，　「のだが」，「が」が　くっついて　いる　ことが　ある。　この　ような　かたちを　述語に　する　文では，　期待とは　反対に　なると　いう　予想，　心配が　つきまとって　いる。(85)

　来週　絵画コンクールが　ある。　<u>今　手がけて　いる　絵が　早く　仕上がると　いいんだが。</u>
　今年は　二十五メートル　以上　およげる　ように　なれば　いいのだが。
　晴れて　くれれば　いいが。
　用が　なかったら，　いつまでも　家に　泊まって　いたら　いいのだが。

213

ご主人も 何か いいものが 書けたら いいが。 根気さえ あれば いいかも しれん。

規定6
  「……のに」が くっついて いる ときには， のぞましく ない 反対の 動作・状態が
ある ところで， のぞましい 動作・状態の 実現を 話し手の 私が のぞんで いる。(85)

《すると いいのに》
  「お姉さん， 私 金沢に かえるのよ。 パパからの ことづけなの。 そこは ねえ， みな 他人
なんですのよ。 だって， まだ 見ない 親類なんて， 他人より 困るわねえ。 ほんとうは かえ
りたくないのよ。」
  「そうね， こっちに いられると いいのにねえ。」

《すれば いいのに》
  せめて 電話くらい かけて よこせば いいのに。

《したら いいのに》
  「美代ちゃん， いるでしょう。 したの お部屋へ いって きたら いいのに。」
  銀座の 舗道が 河に なったら 面白いだろうと 思う。 銀座の 家並が 山に なったら いい
のに。そして その 山の うえに 雪が 光って いたら どんなに いいだろう。

規定7
  動作の し手の 意欲， のぞみ， 期待は， 「したい」「して ほしい」と いう かたち
の あとに， 「……のだ」を くっつけて いいあらわす ことが できます。(85)

《したいのだ》
  ああ 私の 頭には プロレタリアも ブルジョアも ない。 たった 一握りの 白い 握り飯が
食べたいのだ。
  浜口は なんとなく 面白くない 気持ちで それを 眺めて いた。 彼は 早く キャサリンと
映画に 行きたいのだ。

規定8
  動作の し手の 人称とは 関係なしに， 話し手 自身の 意欲， のぞみ， 期待を 表現
して いる 文は まちのぞみ文で ある。(85)

(第10章　さそいかけ文)[65]

第11章　たずねる　文[66]

§1　たずねる　文

規定1
　たずねる　文は，　はなし手が　知りたい　こと，　確かめたい　ことを　あい手に　つたえて，それに　ついての　情報を　あい手の　答えの　なかに　もとめる。
　はなし手が，　たずねる　文を　つかって，　現実の　世界の　できごとに　ついて　あい手に　情報を　もとめて　いる　とき，　はなし手の　なかに　現実の　世界の　できごとに　ついての　なんらかの　判断が　先行して　いる。(87)

「それから，どんなことが起こりました？」
「ハツ子さんが，『宏さん，すぐ金田へ帰るの？』って，声をかけました。宏がふりむきもせず，『うん』と答えましたが，すると，『じゃ，あたし，自転車のうしろへ乗せてってくれない？』って，ハツ子さんが言いました。その言葉で宏は立ち上がり，『うちへ帰るの？』とききましたが，ハツ子さんは『さあ，どうかしらね』と笑って，『乗せてってくれる？』とまたききました。そこで宏は『うん』と言ったのです。」

規定2
　たずねる　文は　つたえる　文を　さまざまな　言語手段で　つくりかえる　ことに　よって　できあがる。　この種の　言語手段には，　イントネーション，　疑問助詞，　疑問詞が　ある。(87)

〈つたえる文〉
　　太郎は　きのう　パンを　たべた。
　　太郎は　パンを　たべない。
　　太郎，　　パンを　たべよう。

---

[65] さそいかけ文については，村上三寿 1993「命令文－しろ，しなさい－」(『ことばの科学』6集)，樋口文彦 1992「勧誘文－しよう，しましょう－」(『ことばの科学』5集)，佐藤里美 1992「依頼文－してくれ，してください－」(『ことばの科学』5集)を参照。また，奥田靖雄 1992「動詞論」(北京外国語学院での講義のためのプリント §27～§30，『奥田靖雄著作集3　言語学編(2)』(2015)所収 p.83～104)に解説がある。
[66] 第10章「たずねる文」の規定は，1987年12月の教科研国語部会に報告されたもの(プリント版)である。たずねる文については，古座暁子 1984「たずねる文」(『教育国語』79号)，同 1987「本来のたずねる文」(『教育国語』91号)，同 1989「～か，のか・会話文における場合」(『教育国語』97号)，宮崎典男 1984「よみ方指導のなかでのたずねる文」(『教育国語』79号)を参照。

〈たずねる文〉

　　太郎は　きのう，　　パンを　たべた？

　　太郎は　きのう，　　パンを　たべたか。

　　だれが　きのう，　　パンを　たべたか？

　　太郎は　きのう，　　なぜ　パンを　たべたか。

　　あなたは　パンを　たべたいか。

　　太郎，　パンを　たべようか。

§2　本来の　たずねる　文

規定3
　たずねる　文の　はたらきは，　　情報を　うけとる　ために　あい手に　答えを　もとめる　ことに　ある。　　したがって，　　たずねる　文は，　　答えの　なかに　期待される　情報の　大きさに　よって，
　　（a）できごとの　全体を　たずねて　いる　文
　　（b）できごとの　部分を　たずねて　いる　文
とに　わかれる。(87)

（a）できごとの　全体を　たずねて　いる　文

　　できごとの　全体を　たずねて　いる　文は，　　文に　さしだされる　出来事の　全体が，　　はなし手に　とって　たずねたい　ことで　あって，　　その　できごとが　現実に　照応して　いるか　どうかという　ことが　問われて　いる。　　また，　　何が　おこって　いるか，　何を　して　いるか　というかたちで　場面の　なかに　おこって　くる　いくつかの　できごとの　連鎖を　答えの　なかに　もとめて　いる。　　なぜ　おこったのか，　　なぜ　したのか，という　かたちで，　　できごとの　原因や　理由の　説明を　もとめて　いる。

　　「お留守中に，大変なことがございました。」
　　「なにがあったのだ。」
　　「お昼ちかく，検事さんが数名の部下をつれておみえになり，家宅捜索をなさって行かれました。人当たりはおだやかなかたでしたが，調査はなかなか厳重でございました。」

　　森のなかでウサギの声を聞いたムジナは，すぐとんで来ました。そして，
　　「ウサギさん，ウサギさん，なにしているの。」
　と聞きました。
　　「おれは，これからだんだん寒くなるから，このかやで家をつくって入ろうと思っている。」
　　「きみは，当法廷では，刺した瞬間の記憶はない，と言ったが，検察官には，返り血を浴びないように気をつけて，左手でハツ子の身体をかかえて刺した，と詳細に述べている。おぼえがないことを，なぜこんなに細かく言えたのですか。」

216

「僕のシャツには血はほとんどついてなかったので，なぜつかなかったか，ということを話しているうちに，そんなふうになってしまったんです。よくおぼえてない，となんども言ったんですが，そんなはずはない，と言われました。」

（b）できごとの　部分を　たずねて　いる　文

　できごとの　部分を　たずねて　いる　文は，　その　文に　さしだされる　できごとの　部分が，　はなし手に　とって，　《既知の　こと》と　《未知の　こと》とに　わかれて　いる。　はなし手は，　《既知の　こと》を　土台に　して，　《未知の　こと》を　たずねて　いるのだが，　この　ばあい，　《未知の　こと》は，　人や　ものの　動作や　状態で　あったり，　特徴や　質で　あったり　する。　あるいは，　動作や　状態の　し手，　特徴や　質の　もち主で　あったり　する。　あるいは　また，　できごとの　おこった　場所や　時間で　あったり　する。

　ばあさんは意外にも自分の胸へ，自分のナイフを突き立てたまま，血だまりの中に死んでいました。
「おばあさんはどうして？」
「死んでいます」
　妙子は遠藤を見上げながら，美しい眉をひそめました。
「私，ちっとも知らなかったわ。おばあさんは遠藤さんが──あなたが殺してしまったの？」
＜中略＞
「私が殺したのじゃありません。あのばあさんを殺したのは，今夜ここへ来たアグニの神です。」

　それは耳よりな報告だった。
「それは，どんな男ですか？」
　主任は送受器を握りなおしてきいた。
「年齢が三十二，三歳ぐらいです。一見，工員ふうな男だったそうです。何のために，その亀田に来たか，目的がさっぱりつかめません。何かのご参考にと思って，それだけをお知らせしておきます。」

「ふみえさんがさっきよそへ行ったの。どこかのおじさんがきて，いっしょにいったの。」
＜中略＞
　章子はマリ子を見て，ほほえんだ。ごめんね，という気持ちが胸の中にあった。
　その夜，子供たちを寝かせて，章子が夕刊を見ているとき，ふみえが帰ってきた。
「どうもすみませんでした。いきなりやってきちゃったもんだから。」
「高橋さんがきたの？」
「そうなんですよ。」

「ほほう，あなたは　きらいなビールを買ったんですか？」
「ハツ子が店のやつを持ってきたんです。」宮内は小さな声で答えた。
「うそは言ってはいけない。ハツ子がハンドバックだけもって長後駅前でバスを降りたのを，目撃した人がいる。誰がビールを買ったんです？」
＜中略＞

217

「もうひとり客がいたんです。」

　それでも，東京にいたころは，半年に一度，ぎんは外出させてくれといって，おひるごろから家を出て，夕方帰ってくることがあった。そんなとき，兼子が「ぎん，<u>今日はどこへ行ったの？</u>」ときいても，ぎんはただ，「にぎやかなところを見てきました。」と答えるにすぎなかった。

「おふくろから電報でね。ちょっともどって来いっていうんだけれどね。」
「そう，<u>いつお帰りになるの？</u>」

規定4
　たずねる　ことに　ついて，　はなし手が　どの　程度に　知っているか，　という　ことに　応じて，　たずねる文は，
（ａ）　まったく　知らない　ことを　たずねて　いる　文
（ｂ）　うすうす　知って　いる　ことを　たずねて　いる　文
（ｃ）　ほとんど　完全に　知って　いる　ことを　たずねて　いる　文
とに　わけられる。(87)

（ａ）　まったく　知らない　ことを　たずねて　いる　文

「<u>警察としては，今後どうするんですか。</u>」
「犯人からの先ほどの電話の内容を詳しく聞き，警察の意図を，十分父親に説得していきたい。そのうえで捜査方法を検討したい。」

　そうきくと，
「おばけが出てきて，わたしを食べるのです。」
というのです。
「<u>おばけは，また，なぜ，おまえさんを食べるのだ。</u>」
　そういうと，
「この町に，何日かまえから，ふしぎなおばけがやってきて，毎晩毎晩人を食べます。それで，日がくれると，ひとびとはみんなうちの中にかくれて，火を消して，息をころしているのです。それでも，じゅんじゅんに食べられてしまい，今夜はもうわたしの番になってきました。」

　小学校の校舎は闇につつまれて音もなく，校門わきの学園事務所にわずかに灯がともっていた。坂田が事務室に入っていくと，男の先生がひとりすわっていた。
「<u>校長先生はおられますか。</u>」
「いま，評議会をやっているところですが…。」

　あそぎが心もとながる。
「あたしたち留守番をするの？　<u>おとうさんは舟へ泊りになるの？</u>」

218

「ああ，もうおまえたちもおとなだ，留守番ぐらいできなくてどうする。」

「ビールは誰が買ったんですか。」
　菊地はさりげない調子できいた。
「あたしが金を出して買ったんですよ。」

「やつはどこで事故にあったんだっけ？」
「巣鴨の駅前だそうだ。」

　新郷へのわかれみちがちかくなったころ，親子はこういう話をした。
「今度はいつ来るな，おまえ。」
「この次の土曜日には帰る。」

「あなたは，酒はたくさん飲みますか。」
「さっきも言ったように，五，六本がいいとこです。」

（b）うすうす　知って　いる　ことを　たずねて　いる　文
　　この　種の　文は，　憶測とか　推測，　確信の　なさと　うたがいを　ともないながら，　うすうす
知って　いる　ことを　確実に　知って　いる　ことに　うつしかえようと　する。

「それは惜しかった。鶴岡という町は，ぼくは見たかったんです。」
「あんなに寝込んでいちゃ，どこも見られやしないよ。」
「そんなに早く起きたんでは，腹がへってしょうがないでしょう？」
「君とはちがうよ。」

「三千代さん，どうして階下で寝るようになったの？　私が来たんで，怒っているんでしょう？…」

「そうですね。しかし，くどいようですが，あなたは，ハツ子さんがどうしても別れない，したがってお
金は取れないかもしれないとわかって，がっかりしたでしょう？」
「がっかりなんかしませんよ。」

（c）ほとんど　完全に　知って　いる　ことを　たずねて　いる　文
　　この　種の　文は，　確信を　ともないながら，　たずねて　ふたたび　確認しようと　する。

　　やがて裁判官室にのっそり姿をあらわした谷本判事が，事務官の女の子がさっそくもってきたお茶をの
みおわるのをまって，野口はたちあがり，そばへよった。
「裁判長は菊地弁護人をごぞんじのはずでしたね。」
「うん，同じ裁判所に勤務したことはないが，大学がおなじだから，学士会館のあつまりで，二，三度顔
をあわしたことがある。」

「つかぬことをうかがいますが」
と，小西は，こんどは杉浦秋子に顔をむけて，
<u>「こちらの女子事務員で，成瀬リエ子さんという方がおられましたね?」</u>
と言った。
「ええ」と，杉浦秋子は深くうなずいて，…

　…すると，周旋屋は，これに身分を書いて名刺がわりにしろといって，手帳を一枚やぶいてくれた。そうして，私がそれに本籍地青森県と書くと，
<u>「みちのくだね?　みちのく男は人間がいいからねえ」</u>と，そばから景気をつけた。

規定5
　期待される　答えの　性質に　応じて，　たずねる　文は，
（a）　答えに　「はい」　「いいえ」を　もとめて　いる　文
（b）　答えに，　話し手に　とって　あたらしい　情報を　もとめて　いる　文
とに　わかれる。(87)

（a）　答えに　「はい」　「いいえ」を　もとめて　いる　文

<u>「あなたは被害者を知っていましたか。」</u>
「ええ，子どものときから，店へあめやせんべいを買いにきましたし，そこら中はしりまわっていましたから，知っています。」

「じゃ，<u>きょうはゆっくりしていいんだね。</u>」
「いいえ，いろいろ用があるんです。すぐ失礼します。」
<u>「そんなにいそがしいの?」</u>
「はい」

　宗助は，ふところ手をして，
「昼間はあたたかいが，夜になると急に寒くなるね。<u>寄宿じゃもうスチームをとおしているかい。</u>」
ときいた。
「いえ，まだです。学校じゃよっぽど寒くならなくっちゃ，スチームなんてたきやしません。」

（b）答えに　話し手に　とって　あたらしい　情報を　もとめて　いる　文

「いいえ，とてもわかるはずがありません。ひどい状態でしたから。とにかく女だということがわかっただけで，すぐ駐在にしらせたんです。
<u>「どうして女だとわかったのです。」</u>
「服はよごれていたが，女もののワンピースなことはたしかですし，…」

220

「どうした。関君はどうしたんだ?」
「関さんは，情報室です。」私は言った。
「情報室に?　ひとりでか?　なぜいっしょに脱出しなかったんだ?」
「関さんは，死にました。」

「警察としては今後どうするんですか。」
「犯人からの先ほどの電話の内容を詳しく聞き，警察の意図を，十分父親に説得していきたい。そのうえで捜査方法を検討したい。」

「あなたは酒はたくさん飲みますか。」
「さっきも言ったように，五，六本がいいとこです。」

「坊や，おじいさんに何もらったの?」
「虫。　虫なくよ。」

「ほんとう，兄ちゃん。ほんとうに魔法使ったの。」
「そうさあ，大魔法を使ったんだ。」
「ふうん，いつ使ったの。」
「今さ。」

「やつは，どこで事故にあったんだっけ?」
「巣鴨の駅前だそうだ。」

§3　二次的な　機能の　たずねる　文

　たずねる　文の　なかには，　たずね性が　よわまって，　つたえる　文（とくに，ものがたり文，さそいかけ文）に　ちかづいて　いる　ものが　ある。　この　ような　たずねる　文では，話し手は，　かならずしも　答えは　もとめて　おらず，　つねに　感情表現を　ともないながら，何かに　ついての　情報，　あるいは　相手への　はたらきかけを　積極的に　つたえて　いる。この　種の　文は，　本来の　たずねる　文に　たいして，　二次的な　機能の　たずねる　文とよばれる。

規定6
　二次的な　機能の　たずねる　文の　なかには，　確信的な　肯定を　つたえて　いる　もの，確信的な　否定を　つたえて　いる　ものが　ある。　確信的な　肯定を　つたえて　いる　文は，　述語が　否定の　かたちを　とる　いわゆる　反語的表現で　あって，　できごとに　たいする　確信の　絶対性，　その　必然性，　合目的性，　習慣性，　法則性が　強調されて　いる。

> 　確信的な　否定を　つたえて　いる　文は，　述語が　肯定の　かたちを　とる　いわゆる　反
> 語的表現で　あって，　否定の　絶対性，　無条件性，　否定される　できごとの　不可能性，
> 不必要性が　強調されて　いる。(87)

《確信的な肯定をつたえているもの》

　「校長も，中嶋君と呼んでいるじゃないか。子どもに何の罪があるんだ。われわれだって，中嶋君と呼ぼう
やないの。」

　「美奈さん，なぜ，わしに一言いってくれんかったんです？」
老人は，あごをがくがくさせてそういうと，急につぶやくような声になって，
　「あんたとわしは，おなじ歌の道の仲間じゃありませんか。」
といった。そして，立ったままうなだれた。すると，あたりにはげしいすすり泣きのざわめきが起こった。

　その人は相当な教育を受けたおとなしい人格者であり，台湾行きに反抗したわけでもなかった。逃亡する
おそれなど少しもない。
　「刑務所の被告でさえ，外出するさいには，編笠をあたえられているではないか。」と嘆願しても，みとめ
られなかった。顔を他人にさらしながら，何日も手錠すがたで連行されていったのである。

　「もっとも，震災によって，内務省，大蔵省，横浜税関などは焼けてしまいました。しかし，外務省や東京
地方裁判所などは焼けていませんから，小樽事件前後の阿片関係の書類は，残っているはずです。また，書
類が焼失していたとしても，当時の担当者はいるのですから，調べる気になれば，可能なことではありませ
んか。」

　「当局において考慮したうえ，権限によって決定したことだ。それに，この件はすでに英国政府に回答ずみ
となっているから，いまさら変更のしようがない。あとを追うようにすぐ訂正の書類を渡したりしたら，そ
れこそ国の恥になるではないか。」

《確信的な否定をつたえているもの》

　それはいい縁だったが，こちらが在学中であり，急がなくてもいい年齢だということで，父親が不賛成
だった。すると先方は押し返して，婚約だけでもといってきた。父親はいやな顔をして，
　「育ちざかりの若い者の心を，誰が二年三年さきまで縛れるか。」
とことわった。

　「だって，仙子さんは独りだから元気でいられるのよ。こんなちいさいのがいて，どこで雇ってくれるの
よ！」

222

そのころはまだ生きていた妻のおみやは，どうせ百姓はやめてしまうのなら，よその土地へ行こう。アパートなら，東京でも横浜でも建てられるではないか，と，かきくどいた。それにたいして，喜平は答えた。「ばかやろ，そんなところは土地が高くて手がだせるか。うちの土地へ建てるから，もうかるんだ。」

　蟹が海の底に何億っているさ。仮にだ，いろいろなしたくをして，ここまででかけてくるのに，金持ちが金を出せたからとしてもいいさ。おれたちがはたらかなかったら，一匹の蟹だって，金持ちのふところに入っていくか。

規定7
　二次的な　機能の　たずねる　文の　なかには，　相手に　たいして，　動作の　遂行を　うながして　いる　ものが　ある。　ぎゃくに，　動作の　遂行を　さしとめて　いる　ものが　ある。
　この　種の　たずねる　文は，　命令，　依頼，　すすめ，　うながしなど，　さまざまな　ニュアンスの　さそいかけ性を　表現して　いる。　述語が　否定の　かたちを　採用して　いる　場合が　ふつうで　あるが，　肯定の　かたちを　とって　いる　ことも　ある。　この　場合は　ほんとうに　たずねて　いるのか，　さそいかけて　いるのか，　あいまいに　なる。
　なお，　動詞の　さそいかける　かたちに　「か」　を　つけて　つくる　二次的機能の　たずねる　文も　ある。(87)

《命令》
　　先生は笛をとってきて，善太の手に握らせた。だけど，どうしてこんなところで笛がふけよう。ただ笛をもっていた。すると，先生はまた来て，笛を善太の口にくわえさせた。
「さ，吹かないかっ。」
「もういたしませんから。」

　　やい，ちっともこわくはないぞ，村山！　出てこい，村山十吉，早くでてこんか！

《依頼》
「こういうときはしかたがない。兄にたのむよりほか道はない。」
　そう思って，兄のうちへ出かけました。そして，
「にいさん，にいさん，お茶を一升かしてくれないか？　山でタキギを買って，それを売って，お米を買って返すから…」

「すみませんけどね…」と私は寝たままで言った。「お湯をすこしわかしてくださいません？」
「飲むんですか。」
「いいえ，手や足を拭きたいの。…」

《すすめ，うながし，その他》
　　笹木は一瞬正木を強く見た。

「社へ，お電話してもいいかしら。私の人形見てくださる？」

「じゃあ，…」
「ええ」あそぎはひょいととんで，歩道より三寸たかい踏石のうえへ移って，会釈する。
「じゃ，また電話してくださる？」

「あたし，奥さんがよくなるまでしばらく大阪にいっていたいのだけれど，いかせてくださる？」

《動詞のさそいかけるかたち＋「か」→さそいかけ》
「おおきいのはこれだけだ。あとは茶だなと本だなと，机とふとん，行李がひとつ。その他小物だ。矢部君，一服しようか。」

「おお，豆さん，きょうは天気もいいし，どこかお宮まいりでもしようじゃないか。」
炭がいったのです。
「お宮まいりなら，お伊勢さんがいいな。」

規定8

二次的な 機能の たずねる 文の なかには， あい手に 目の まえの できごとに 注意 を うながして いる ものが ある。 あるいは， 過去の できごとを 思い出させる もの が ある。
この 種の 文では， たずねる 文に さしだされる できごとは， 話し手にも， 相手に も 既知の ことで ある。(87)

「おかみさん，おかみさん，ちょっとごらんよ。」
と，頭のカキをさしだしながらいいました。
「ほら，カキがうれて，ひどくおいしそうになってるだろう。ものは相談だが，このカキをとって，その代だけお酒を飲ましてくれないかね。」

「松の樹？」
「ウン，あの田園の松の樹のとこでよ。」
「ああ，あそこ。」
「ウン，あの松の樹の下にお宮があるでしょう。」

けれども，母はそれを腹にすえかねたらしい。それがあたらしく雇った女中の，ふともらしたことでわ かった。
「お嬢様のおしたくは，旦那様にはお喜びで，奥様には恨みみたいなんですね。」あそぎはすぐ父親に相談 した。
「だから，言っただろ，金に試験されるって。」

「今年の三月，あれは何だったかしら，新劇合同のパーティーがあったでしょう。上野で。…中国の演劇代表を迎えたときかしら。あのとき，青山と山岸と二人で来ていたの。仲のよさそうな様子をしてさ。」

規定9
　　二次的な　機能の　たずねる　文の　なかには，　　話し手の　情緒的な　反応を　表現して　いる　ものが　ある。　　この　種の　文は，　　事実を　情緒的に　確認したり，　評価したり　する。(87)

　　また戸があいて，戸の外の縄のれんをかしげるようにして，三味線を抱えた老婆がのぞいた。
「こんばんは。」
「おお、ばあさん，来たか，元気だね。」
と，なじみらしい客に呼ばれると，うしろを閉めてはいってきた老婆はもう七十は越して見えた。

　　「ええッ？　ちょっと，あんた，そのままで切っちゃうの。」
静子がびっくりして言うと，多美子の方はむしろ，なぜ，という表情をした。

　　ところで，それから三日めになったときのことです。おばあさんがいいました。
「なんとじょうずに，機を織る娘でしょう。わたしは，ちょっとのぞいて見てきますからね。」

　　小人たちは，弟の大力に感心し，
「なんておまえは力の強い人だろう。」
といって，ひじょうに喜びました。

規定10
　　先行する　文の　構成部分を　くりかえして　いる　たずねる　文が　ある。　　この　種の　たずねる　文は，　　おどろき，　不満，　みとめがたい　感情・評価を　表現して　いる。(87)

　　二幕目がおわると，
「ぼくは帰るよ。」こういってかれはたちあがった。
「帰る？」
　　みんなはおどろいて清三の顔を見た。じょうだんかと思ったが，その顔には笑いのかげはみとめられなかった。

　　裁判長のことばはまた，宮内にたいする直接な問いかけになっていた。宮内の顔はこわばった。
「そんなつもりはありませんでした。どうせ間にあわないと思ったし，たいしたことはないと思ったから…。
彼のことばはしどろもどろだった。
「たいしたことはないと思った？」菊地弁護人がききとがめた。

　　「ん。んでも，どうせ殺されるとわかったら，その時ァやるよ。」

225

芝浦の漁夫が，
「馬鹿！」
と，横からどなりつけた。
「<u>殺されるってわかったら？</u>　馬鹿ァ，いつだ，それァ。今殺されているんでねえか。小刻みによ。じょうずなんだ…。」

【文献一覧】

〔著書〕　　　　　　　　　　　　　　　　　　　　　　　　　　　　　　　　　（略号）

　　言語学研究会編 1983『日本語文法・連語論(資料編)』(むぎ書房)　　　　；『連』
　　奥田靖雄 1984『ことばの研究・序説』(むぎ書房)　　　　　　　　　　　；『序』
　　奥田靖雄著作集刊行委員会編 2015『奥田靖雄著作集』第 2 巻 言語学編(1)(むぎ書房)；『著 2』
　　奥田靖雄著作集刊行委員会編 2015『奥田靖雄著作集』第 3 巻 言語学編(2)(むぎ書房)；『著 3』
　　奥田靖雄著作集刊行委員会編 2015『奥田靖雄著作集』第 4 巻 言語学編(3)(むぎ書房)；『著 4』
　　奥田靖雄著作集刊行委員会編(未)『奥田靖雄著作集』第 6 巻 補遺編(むぎ書房)　；『著 6』

〔論文〕(初出 → 再録〈上記著書は略号で表記〉※本書で引用した奥田靖雄の論考)
　　1959「言語と言語活動―国語教育の構想―」(『教育』107・108 号〈国土社〉) → 1963「同」(奥田靖雄・国
　　　　分一太郎編『読み方教育の理論』〈国土社〉)→1974「同」(同)〈むぎ書房〉 → 『著 4』
　　1963「教師のための言語学」(『作文と教育』1963 年 4～8 月号, 1964 年 1～2 月号〈百合出版〉) →1968
　　　　「言語学と国語教育」(奥田靖雄著『国語科の基礎』〈むぎ書房〉) → 『著 4』
　　1967「で格の名詞と動詞とのくみあわせ」 → 『連』
　　1967「に格の名詞と動詞とのくみあわせ」 → 『連』
　　1968～1972「を格の名詞と動詞とのくみあわせ」(『教育国語』※12～28 号[※『教育国語』は教育科学研
　　　　究会(教科研)国語部会編, むぎ書房刊。以下略]) → 『連』
　　1972「語彙的なものと文法的なもの」(宮城教育大学『国語・国文』3 号) → 『序』
　　1974「単語をめぐって」(『教育国語』36 号) → 『序』
　　1975「連用, 終止, 連体…」(宮城教育大学『国語・国文』6 号) → 『序』
　　1975「意味と機能」(『教育国語』58 号) → 『序』
　　1977「構造と機能」(言語学研究会村上集会講義プリント, 未公刊)
　　1977？「形態論への序説」(未公刊) → 『著 6』(予定)
　　1978「文の構造について」(教科研国語部会講義プリント, 未公刊) → 『著 6』(予定)
　　1978「アスペクトの研究をめぐって」(『教育国語』53・54 号) → 『序』
　　1978「格助詞―渡辺実君の構文論をめぐって―」(宮城教育大学『国語・国文』9 号) → 『序』
　　1983「Modality(その 4)―現実・可能・必然をいいあらわす文―」(教科研国語部会瀬波集会講義プリント,
　　　　未公刊)→(修正後)1999「現実・可能・必然(その 4)―すればいい, するといい, したらいい―」(北京
　　　　大学・北京外国語大学合同研究会講義プリント)
　　1984「文のこと」(宮城教育大学『国語・国文』13.14 号) → 『序』
　　1985「「文のこと―文のさまざま(1)―」(『教育国語』80 号 → 『著 2』
　　1986「現実・可能・必然(上)(『ことばの科学』1 集[※『ことばの科学』は言語学研究会編, むぎ書房刊。以
　　　　下略]) → 『著 3』
　　1986「まちのぞみ文(上)―文のさまざま(2)―」(『教育国語』85 号) → 『著 2』
　　1986「条件づけを表現するつきそい・あわせ文―その体系性をめぐって―」(『教育国語』87 号) →『著 2』
　　1986「宮城国語部会講義プリント」(未公刊)→『著 6』(予定)
　　1988「文の意味的なタイプ―その対象的な内容とモーダルな意味とのからみあい―」(『教育国語』92 号)

→『著 2』
1988「時間の表現(1)(2)」(『教育国語』94・95 号) →『著 2』
1990「説明(その 1)―のだ・のである・のです―」(『ことばの科学』4 集) →『著 2』
1991「宮城国語部会講義プリント」(未公刊) →『著 6』(予定)
1991「動詞」(教科研国語部会瀬波集会講義プリント) → 1992「動詞論」→『著 3』
1992「動詞論」(北京外国語学院での講義プリント)→『著 3』
1992「説明(その 2)―わけだ―」(『ことばの科学』5 集) →『著 2』
1993「説明(その 3)―はずだ―」(『ことばの科学』6 集) →『著 2』
1993「動詞の終止形(その4)―テンス―」(教科研国語部会瀬波集会講義プリント) →『著 3』
1993〜1994「動詞の終止形(1)(2)(3)」(『教育国語』2-9,2-12,2-13 号) →『著 3』
1994「動詞論―終止形のムード―」(教科研国語部会瀬波集会講義プリント) →『著 3』
1994「北京版日本語教科書」(未公刊)
1996「現実・可能・必然(中)―「していい」と「してもいい」―」(『ことばの科学』7 集) →『著 3』
1996「文のこと―その分類をめぐって」(『教育国語』2-22 号) →『著・2』
1997「動詞―その一般的な特徴づけ―」(『教育国語』2-25, 教科研国語部会瀬波集会講義プリント)→
　　『著 3』
1997「現実・可能・必然(下)―しなければならない―」(教科研国語部会瀬波集会講義プリント) →1999
　　『ことばの科学』9 集→『著 3』
1999「現実・可能・必然(その4)―すればいい, するといい, したらいい―」」(北京大学・北京外国語大学
　　合同研究会講義プリント) → 2000「同」(北京外国語大学日語系編『日本学研究論叢』第 3 輯
　　〈2003 年出版〉) → 2000「同」(教科研国語部会瀬波集会講義プリント)→『著 3』

(2021 年 6 月現在)

1998年草稿版への編者あとがき

　本稿にとりあげた『宮城版』の規定は，そのほとんどが，比較的あたらしくかかれた版にかぎったものであって，これらの背後には，奥田先生の 15 年にわたる改訂作業の所産としての，おびただしい数にのぼる改版原稿の蓄積がある。それらの原稿をすべてひろいあげて，教科書づくりのあゆみをあとづけることは，私のとうていなしうるところではなく，後世の研究史家にゆだねるほかない。すくなくとも，このテキストは，日本語の事実をたんねんに観察し分析すること，複雑きわまりない言語現象のおくにひそむ本質をえぐりだし法則へと定式化していくこと，学習者の発達段階にあわせてわかりやすい規定に表現すること，ひとつの知識がつぎの学習に有機的につながるように章と規定を配置すること，じっさいの授業や記録をとおしてテキストの妥当性を検証することなど，時間と手間と高度な能力を要する，いくつもの困難な過程を経ている。このテキストの、簡潔なことばでまとめられたひとつひとつの規定のおくに，ひとりの言語学者がせおってきた労苦のおおきさをよみとることができる。

　教科書はその道の第一級の学者がつくるべきものだというが，このテキストは，戦後半世紀の日本の言語学のもっとも先進的な部分をになってこられた奥田先生の手になることではじめてうみだされたものである。テキストづくりをとおして，あるいは，たびたび発表されてきたテキスト案をとおして，たくさんの教師が質のたかい勉強をいっぱいさせていただいた。そのことひとつとっても，『宮城版』のもつ意義はおおきい。しかし，このテキストのかなりの部分が日の目をみずにかたすみにおかれたままでいることは，日本語をまなぶ子どもたちや若い人たちにとってはおおきな損失である。未完成とはいえ，このテキストは，社会的，歴史的に，われわれの想像をこえたひろがりをもっていくだろう。おそらくは，現在この国でのぞみうる最高レベルの文法書であって，すべての日本人に保証されるべき言語の基礎的教養をコンパクトにしめしてくれている。これが完成し，あちこちの教室で実践されれば，現行の学校文法による不正確な文法認識をのりこえ，日本語の教育と研究をはるかにたかい水準におしあげることになるだろう。『宮城版』は，そのような可能性を予感させるテキストである。

　この国に，日本語の法則をただしく反映し，よみかきにやくだつ，体系的な言語教育を根づかせる事業に，たくさんの教師，研究者が参加し，成功も失敗もふくめて実践記録をつみあげ，それを一般化しながらテキストづくりに生かしていくことがたいせつである。それをおしすすめるためにも，私たちは，現時点での日本語研究の最高の成果をもりこんだ『にっぽんご宮城版』の，それぞれの規定の理論的な学習をつみあげなくてはならない。このテキストが日の目をみるまでには，日本語の個別領域でのさらなる研究と，授業実践による検証が必要となるだろう。その意味でも，奥田先生の指導のもとに東京ですすめられている『小学生のためのにっぽんご』の教科書づくりに，私たちはおおきな期待をよせるものである。『にっぽんご』シリーズが世にでてからでさえ 30 年，さかのぼれば，『正しい日本文の書き方』（春秋社）は 1953 年の出版であって，ほぼ半世紀ものあいだ奥田先生はテキストづくりにかかわってきたことになる。そして，いまなお理想のテキストをもとめてやまない。『宮城版』の継承・発展は私たちに課せられたおおきな課題である。あるべき言語教育の構築のために，それぞれのもち場で，いまできるところから行動をおこすこと，そうすることが，ことばの教育をとおして子どもの未来にかかわる国語教師ひとりひとりに課せられた責

任であることを，奥田先生は，みずからの行動をとおしてかたりかけているように思われる(1998年8月1日 長崎・島原国語講座にて)

＊　　　　＊　　　　＊

　この資料はことし夏の長崎・島原国語講座用に準備したものである。『宮城版』最終稿のすべてを記録することには資料のうえで限界があり，どこかで妥協しなくてはならない。私自身の当面の課題は，これを学生用の文法概論テキストとして生かしていくことである。はじめて文法をまなぶ学生が奥田先生の言語学にちかづくみちすじをつけるために，『にっぽんご宮城版』は最適の教材なのだが，授業につかうとなれば，それぞれの規定にふさわしい解説がほしくなる。引用のかたちでできるだけ奥田先生ご自身に解説していただき，規定・用例とあわせてひととおりよめば，概論のねらいがじゅうぶんにはたせるような，そんな教材にしたいと考えたわけである。文献の引用部分をとおして，部分的にせよ，奥田先生の文体や論理に直接ふれることで，言語学の用語法にも習熟し，やがては先生のそれぞれの論文・著書に本格的に学びながら，日本語の表現手段のゆたかさを知り，その意識的なにない手になっていくだろう，そんな期待とみとおしをもっている。緒についたばかりで，課題は山積している。たくさんの方にご指導いただきながら，よりよい教材にしあげていきたいと考えている（1998年12月27日　教育科学研究会国語部会瀬波集会にて）

編者　佐藤里美

2021年版への編者あとがき

　本書は、1978年から1993年にかけて，奥田靖雄（1919〜2002、以下、個人名敬称略）の指導のもと，教育科学研究会宮城国語部会の教師たちによって作成された日本語文法教科書案，通称『にっぽんご宮城版』[67]（以下，『宮城版』と略称）がもとになっている。この教科書案の多数の改訂版のなかから各章ごと最新のものをあつめ，おもに奥田自身の論文からの抜粋を解説部に付した草稿版が，1998年の長崎・島原国語講座，同年の教育科学研究会国語部会瀬波集会に報告された（「あたらしい日本語文法の基礎―「にっぽんご宮城版」をもとに―」[68]，以下「1998年草稿版」と略称）。本書はこの報告を一部修正して活字化し，あらたに巻頭言とあとがきをそえて，一冊としたものである。

---

[67] 1978年, 研究会たちあげ。1979〜93年, 教科書づくりと授業研究。教科書案と指導事例の一部は『教育国語』誌上に随時発表された。『宮城版』の歴史的経緯の詳細は, 高瀬匡雄2014『奥田靖雄の国語教育論』(むぎ書房)p.178〜188を参照。本書p.6「1998年草稿版への編者序文」も参照。
[68] 「1998年草稿版」の編者・報告者は, 1979年12月から1993年まで『宮城版』教科書づくりの研究会に参加した佐藤里美。『宮城版』の著者は宮城国語部会, 監修・協力は奥田靖雄。『宮城版』の解説書である本書の著者は奥田靖雄, 編者は教育科学研究会国語部会である。

奥田靖雄は，ヨーロッパの伝統的な言語学の方法と，哲学，心理学，文学等，隣接領域の該博な知識とを背景に，大量の用例データの緻密な分析にもとづいて，日本語の諸単位に内在する文法体系をあきらかにし，20 世紀後半の日本の言語学，とりわけ日本語文法研究の発展につくした[69]。緻密な論理と実証性をそなえたおおくの論考をあらわし，その貢献は形態論，連語論，文論，さらには運用論など，ひろい範囲におよぶ。2002 年 3 月 22 日，奥田は 82 年の生涯をとじるも，奥田の理論，そして，奥田の主要な活動の場であった言語学研究会の理論は，日本語学界にひろくうけいれられ，国際的にもますますひろがりをみせつつある。

　奥田はまた，教育科学研究会国語部会の理論的指導者として，「子どもたちをすぐれた日本語のにない手に」の目標をかかげ，言語と言語活動の指導に，言語学ならびに関連諸科学の成果をとりこみ，それらの知見にもとづく国語教育の創造に生涯をささげた[70]。その一環として，戦後まもない時期から最晩年まで，さまざまな層の読者にむけた日本語教科書の編さんに継続的にとりくんだ。奥田の指導のもと，教師・研究者との協同による『にっぽんご』シリーズは，日本語を母語とする小学生のための本格的な言語教育の教科書として，おおくの人びとに支持された。なかでも，明星学園国語部 1968『にっぽんご・4 の上』（むぎ書房、以下『4 の上』）は，単語における語彙的な側面と文法的な側面との統一性，それらの相互作用を重視する伝統的な言語学のながれをうけついだ，体系的な文法教科書として注目をあつめ，これにもとづく授業が全国各地で展開された。奥田が作成にたずさわった日本語教科書には，『4 の上』のほかに，『にっぽんご 1 もじのほん』(1964)，『同 2』(1964)，『同 3』(1965，のちに『同 3 の上』(1973) に改称)，『同 7 漢字』(1969)、『一年生のにっぽんご（上）（下）』(1987)，『二年生のにっぽんご』(1990)（いずれもむぎ書房刊）などがある。奥田は，これらの教科書群をとおして，従来の経験主義的な指導に抗して，科学的，体系的な文字指導・文法指導を提唱した。いっぽうで，検討・修正をかさね，あとひといきというところまでこぎつけながら，公刊にいたらなかった教科書案もいくつかある。本書におさめた『宮城版』も，そのような試作段階の文法教科書のひとつである。

　『4 の上』の解説書として出版された鈴木重幸 1972『日本語文法・形態論』（むぎ書房刊，以下『形態論』）は，言語学研究会の文法理論を代表する文法書である。「日本語における形態論的な現象の全体を，ほぼあますことなく，体系的にとらえた[71]」名著であり，出版から半世紀ちかくたつ今なお，おおくの教師・研究者のたちもどるべき原点とも，目ざすべき目標ともなっている。奥田は，『形態論』の学説史上の意義と教育実践上の価値のおおきさをみとめつつ，いっぽうで，この文法書がかかえる理論上の問題点も，出版直後からいくつかの論文で指摘している。「言語における形式」(1973)，「単語をめぐって」(1974)，「連用、終止、連体……」(1975)，「アスペクトの研究をめぐって」(1977，1978)，「意味と機能」(1979) など，のちに『ことばの研究・序説』(1984 むぎ書房）におさめられる主要な論文は，『形態論』の課題の克服の方向を提示するものでもあっ

[69] 奥田靖雄の言語学上の業績については，言語学研究会編 1983『日本語文法連語論・資料編』，奥田靖雄 1984『ことばの研究・序説』，著作集編集委員会編 2015『奥田靖雄著作集』第 2〜4 巻「言語学編(1)〜(3)」（いずれもむぎ書房刊）を参照。

[70] 奥田靖雄の国語教育の面での業績については，著作集編集委員会編 2011『奥田靖雄著作集』第 1 巻 文学教育編，同 2017『同』第 5 巻 国語教育編（むぎ書房)を参照。

[71] 「『ことばの科学』第4集の発行にあたって」（言語学研究会編 1990『ことばの科学』第4集 p.11 むぎ書房)

た。『形態論』がかかえる問題は『4の上』の問題でもある。これらの論文をかきすすめる過程で，『4の上』以後をになう，あたらしい文法教科書の基本的な構想が，奥田自身のなかにすでにできあがっていたのだろう。鈴木重幸も奥田の批判をうけとめ，『形態論』では未解決の理論上の課題を教師にうったえるとともに，後年，テンス・アスペクト，ヴォイス，品詞，活用表などをめぐって，さらにふみこんだ，独自の考察を展開している[72]。

『形態論』の出版から5年後，1977年8月11日～14日の茨城県大子での教育科学研究会国語部会・文法講座において「わが文法指導への反省」をテーマにシンポジウムがひらかれる。席上，鈴木は「『日本語文法・形態論』の問題点」と題して，高橋太郎は「たちばのとらえ方」と題して講演している。鈴木は，『形態論』においては，《文法的な意味》と《文法的な機能》の区別と相互関係についての認識が欠けていたことを指摘するとともに，アスペクトを例に，文法的なカテゴリーのとらえ方やカテゴリカルな意味についての理解が不十分であったとの認識をしめした。高橋は，ヴォイスを例に，形態論的なカテゴリーのとらえ方の問題点を指摘している。また，須田清は対象語の授業をとおして，高木一彦は連語論の授業のばあいとの比較をとおして，いずれも国語教師のたちばから，『4の上』の羅列主義的傾向を指摘し，改善の方向を提案している[73]。

このころ，仙台の奥田の宿舎をたずねた宮城国語部会員，春日辰夫から，年間35時間程度で文法の初歩的な知識がひととおりまなべるテキストをつくってはどうか，との提案がもちかけられる。それが『宮城版』作成のきっかけとなった[74]。『4の上』の文法理論上の，教授学上の課題を克服した，あたらしい文法教科書をつくる必要を感じていた奥田と，子どもたちにほんものの文法をおしえたいとの教師たちの熱意とがうまくかみあって，15年にわたる『宮城版』の研究会があゆみだしたといえる。

奥田の構想に共鳴して，ともに教科書づくりにたずさわった人びとのおおくは，奥田の，1971年からの勤務先であった宮城教育大学での授業や，現職教員対象の講義を聴講したり，それ以前から民間の教育研究集会等で奥田の理論にふれたりした，小中高校の教師たちであり，奥田のかつての教え子たちであった。教科書づくりの場が宮城であったことから，ほかの教科書群と区別するために，この教科書の諸版全体は，いつしか"宮城版"（あるいは"宮城案"）とよばれることになる。

1979年6月，白石でおこなわれた教科研国語部会夏の合宿研究会で，『宮城版』初版による最初の授業案と実践報告が，仙台サークルによって発表される[75]。授業の担当者・実践報告者は以下のとおりである（かっこ内は担当した授業の主題名）。橋浦義治（文），大槻邦敏（文の種類），後藤浩子（単語），門真隆（主語・述語），斎藤章夫（補語），佐々木礼子（状況語），佐伯孝雄（修飾語），三文字孝司（品詞）。東京から協力者として高木一彦，内藤哲彦の両氏が参加している。あわせて報告された，『宮城版』作成の「経緯と解説」によれば，1978年1月に授業案の検討，3月4日から教科書づくりと指導案づくりがはじまった，とある。同年6月24～25日に白石市小原でひらかれた「宮城のサークルの会合」で，奥田から「文法学習にはじめてとりくむ5，6年生を対象

[72] 鈴木重幸1996『形態論・序説』(むぎ書房)所収の各論文を参照。
[73] 鈴木重幸・たかはし たろう・高木一彦・須田清1977「文法指導をめぐる提案」(『教育国語』51号 p.20)
[74] 春日辰夫2003「奥田先生と仙台」(追悼文集刊行委員会編『追悼 奥田靖雄』(むぎ書房) p.131)
[75] 宮城国語部会1979「79年夏の合宿研究会報告」(『教育国語』59号 p.119-134 文責;大槻邦敏)

にした，年間 30 時間程度の内容をもった文法教科書」のもくじ案が具体的に提示され，動詞中心の構成とすること，序論に「文と単語」「文の部分」「品詞」をとりあげること，動詞の章のあとに「付属語」「あわせ文」の章がつづくこと等が確認された。これ以降，月1〜2回のペースで規定づくり，用例さがし，教案づくりがおこなわれている。1979 年1月，4月 21 日〜，5月 19 日〜，6月2日〜の会で，規定の修正がおこなわれ，6月 23〜24 日の国語部会での報告にいたる。いずれの実践も質のたかい，すぐれたものであって，『宮城版』のこのあとにつづく諸版は，この報告の基本的な構想をひきついでいる。

　奥田は基本的に，文と単語についての必要最小限の初歩的な知識をあたえる教科書をつくることを優先した。そのような教科書さえあれば，教室のじっさいの場では，子どもの実態や教師の力量におうじて，指導内容をふくらませていくこともできる。1979 年のこの『宮城版』初版テキストは，こうした考えにそうものであった。ところが，その後，規定の見なおしのたびに，文法研究の最新の成果をふくむ高度な内容がもりこまれ，（初学者むけという条件のもとでえらびとられる指導内容には，おのずと制約があるにせよ）『宮城版』は，中・高校生はもとより，大学生むけとしても通用するものへと変容していった。奥田としては，日本の現行の制度のなかで可能な，現実的な文法教育を模索するいっぽうで，将来をみすえ，本来なされるべき文法教育をおしすすめていったばあい，どのような指導体系がありうるのか，ひとまず提示する必要があったのだろう。初等教育であつかわれる最小限の文法の知識の内容は，中等教育以降もみすえた文法教育全体の目標や体系との関係にも規定される。

　指導内容と対象学年のひろがりの背景には，『宮城版』編集のための研究会の参加者側の事情もある。研究会は，1984 年の奥田の宮城教育大学退官をはさんで，1993 年までつづくが，15 年のあいだに参加者の一部は交替し，その職域も小学校から高校までさまざまであった。参加者の要求にこたえるべく，想定される学習者の範囲もひろがっていった。結果的に，初歩的なものから高度なものまで，難易度にはばのある内容が混在することになるのだが，その反面，活用しだいでは，どの段階にある学習者にとっても，日本語文法の基礎的な知識と文法現象の分析の方法とを，体系的かつ包括的にまなぶことのできる教科書へと進化した，ともいえる。

　本書に採録した，『宮城版』の各テキストの来歴は，「1998 年草稿版への編者序文」(本書 p. 6)にしるしたとおりであるが，特筆すべきは，《理論と実践との統一》の理念がテキストづくりの底流にあることである。言語学の成果は国民のために生かされなくてはならず，その実現は学校での言語教育の充実によるとの信念のもと，奥田は，テキストにもりこまれた規定の内容と表現，配置の妥当性をはかるものさしとして，授業実践をとりわけ重視した。それは必然的に，言語と言語教育についての，教師と研究者との共同研究を要求する。教師は言語教育をおしすすめる過程でさまざまな問題にぶつかるが，その実践上の問題のおおくは，ふかいところで理論上の問題とかかわっている。教師は研究者に課題を提起し，研究者はその課題にこたえるべくみずからの研究をふかめ，解決策を提示する。授業実践は，理論の妥当性と限界とをみきわめる指標となり，理論のさらなる深化をうながす。奥田はそう考えていたのだろう。『宮城版』にもこの基本的な姿勢がつらぬかれている。

『教育国語』誌上に掲載された一部のテキスト案をふくむ，すべての版のなかから，各節のもっともあたらしい版が選定され，1998 年 8 月の長崎・島原国語講座に，また同年 12 月の教科研国語部会・瀬波集会に報告された[76]。報告にあたり，テキストの理解に必要とおもわれる文献から，各規定の内容に関連する箇所を抜粋し，適宜付した（本書では「◇」で表示）。文献は可能なかぎり奥田の著作によったが，少数ながら，奥田以外の執筆者の文献も引用した。もちろん，文献を付さず，規定のみですませた箇所もある。こうしてできた講義レジュメ「1998 年草稿版」が，本書のもとになっている。改訂がくりかえされるなかで最新版のテキストを採録するわけだから，より高度な内容をもりこむようになった後期の版が優先されることになる。「1998 年草稿版」は，部分的には小学校高学年でもつかえる箇所があるとしても，全体としてはやはり中高校生むけといわざるをえない。

　1993 年ごろから，奥田は教科書づくりの拠点を宮城から東京にうつし，小学生むけの文法教科書『一年生のにっぽんご』，『二年生のにっぽんご』，『小学生のためのにっぽんご』の編集・発行にちからをそそぐ。1994 年から最晩年までに『小学生のためのにっぽんご』の改訂稿は 19 種におよぶも[77]，奥田は 2002 年 3 月 22 日，みちなかばで 82 年の生涯をとじる。『小学生のためのにっぽんご』も『宮城版』も，奥田の生前には，単行本として出版されることなく，『教育国語』に部分的に掲載されたほかは，草稿（ワープロ原稿版）のままのこされた。

　2006 年，笠松郁子のよびかけで教科書編集委員会が組織され，『小学生のためのにっぽんご』はさらにいくたびかの厳密な検討をかさねたのち，2014 年，『あたらしいにっぽんご』（教育科学研究会・国語部会編　むぎ書房刊）として出版された。編集にあたって，基本的に奥田の原案を踏襲する方針が維持された。『4 の上』や『形態論』以後の文法研究の成果をとりこみつつも，内容を精選し，文との関係をつねに意識しながら，単語の意味・機能・形式について徐々に認識をふかめることで，一見ばらばらにみえる文法現象の本質を統合的に理解できるよう，周到に教材が配置されている。小学生が段階をふんで，無理なく体系的に文法をまなぶための手立てを，極限まで追究した教科書である。

　『宮城版』は，『あたらしいにっぽんご』に先行する試作版であり，いわば前史である。『宮城版』なしには，『小学生のためのにっぽんご』も，その構想をひきついだ『あたらしいにっぽんご』もありえなかったであろう。編者は「1998 年草稿版あとがき」に「『宮城版』の継承・発展は，私たちに課せられたおおきな課題である」とかいたが，この「課題」へのとりくみは，『あたらしいにっぽんご』の出版と，『教育国語』誌上でのその解説と実践例の公開というかたちで，あるいは，『宮城版』や，『宮城版』を下地にした各地の国語部会の自作文法教科書にもとづく教育実践の蓄積というかたちで具体化されつつある。『宮城版』のもうひとつの発展形としての"中高生のための日本語文法"（仮題）も，いずれ，奥田の遺志をつぐわかい人たちの手で公刊されるだろうが，それがいつになるか，今は見とおせない。当面は，本書をとおして日本語の形態論上の，構文論上の文法体系の基本をまなび，参考文献によって研究をふかめていただきたい。

---

[76] 本書 p.6〜11 参照。

[77] 笠松郁子 2006「あたらしい『にっぽんご』シリーズのつづきを刊行しよう」（教育科学研究会国語部会小原集会・資料集）参照。

本書をまっさきに活用してほしいのは，小・中・高校の国語教師である。本書の規定や解説のいたるところに，よみ・かきの力をたかめるためのいとぐちをみいだすことができる。子どもたちの実態にあわせてわかりやすい説明と用例でおぎないながら，日々の授業のなかに（よみ・かきの指導のなかに，あるいはとりたてておこなう文法指導のなかに）とりいれていただきたい。ひとりひとりの教師のちいさな実践のつみかさねが，つぎの教科書づくりに生かされていく。教師と研究者とが相たずさえて，そのような循環をつくりだすことは，言語学と教授学の知見にもとづく文法教育の確立に生涯をささげた，奥田靖雄の遺志をつぐことでもある。

　言語学者としての，教師としての，奥田靖雄の卓越した能力，指導力はもとより，奥田のもとに結集し，研究と教育に継続してとりくんだ教師たちの献身的な努力があったおかげで，大量のテキスト原本や資料が蓄積され，それらを材料にした本書の編集・公刊が可能になった。15 年におよぶ『宮城版』テキストづくりの研究会において，資料の準備，指導案の作成，授業実践とその報告，機関誌への記録掲載などにたずさわり，研究会の運営をささえてくださった，宮城国語部会をはじめとする教科研国語部会の方々に，そして，編集にあたって，文献の引用元，用例の提供元としてご協力をいただいたおおくの方々に，あらためて感謝と敬意を表する。

　「1998 年草稿版」を編んだ当時，これをもちいた授業をおおくの現場でためしてもらいたいと思いつつも，未公刊のまま 23 年が経過した。この教科書の価値をよくしる国語部会事務局長，高瀬匡雄氏から何度も出版のおさそいをいただきながら，果たせずにいたが，根気づよくあとおししていただいたおかげで，なんとか出版にこぎつけることができた。公刊にあたって，『宮城版』による文法の授業のすぐれた実践者である村上三寿氏に，この教科書の意義と本質にふれた巻頭言をよせていただいた。むぎ書房社長の片貝茂之氏には，出版にむけてたいへんなご苦労をおかけしたにもかかわらず，終始あたたかいご支援をいただいた。これらの方々のお力ぞえにあらためて心より感謝もうしあげる。

　没後 19 年，あらためて奥田靖雄先生の学恩に感謝しつつ，心よりご冥福をお祈りもうしあげる。

　　2021 年 7 月 23 日

教育科学研究会国語部会

（文責　佐藤 里美）

著者略歴

　1919 年 10 月 19 日，富山県富山市愛宕町にうまれる。本名布村政雄。1941 年，日露協会立専門学校ハルピン学院卒業。同年，満州国立建国大学研究院助手（ツングース民族学）。1951 年ごろから，民主主義科学者協会言語科学部会を拠点に活動。1956 年，教育科学研究会運営世話人。同年、言語学研究会の創立を主導。1963 年，明星学園国語部等の教師との協力のもと，『にっぽんご』シリーズの編集を開始。1963 年〜1972 年，日教組高教組全国教研集会講師（第 12 次〜20 次）。1971 年，宮城教育大学教育学部教授就任。1984 年，同大学退官。2000 年，宮城教育大学名誉教授。2001 年 4 月 8 日，脳梗塞を発症。2002 年 3 月 22 日，逝去（82 歳）。

〔出典；『追悼・奥田靖雄』（2003 年 むぎ書房）〕

主要業績
〔著書〕
　『正しい日本文の書き方』（1953 年 春秋社）
　『国語科の基礎』（1970 年 むぎ書房）
　『ことばの研究・序説』（1985 年 むぎ書房）
　『奥田靖雄著作集』（奥田靖雄著作集刊行委員会編 むぎ書房）（※）
　　　第 1 巻　文学教育編（2011 年）
　　　第 2〜4 巻　言語学編(1)〜(3)（2015 年）
　　　第 5 巻　国語教育編（2017 年）
〔編著書〕
　『読み方教育の理論』（1963 年 国土社、1974 年よりむぎ書房）
　『国語教育の理論』（1964 年 むぎ書房）
　『続国語教育の理論』（1966 年 むぎ書房）

　※『日本語文法・連語論（資料編）』（言語学研究会編 1983 年 むぎ書房刊）所収の論考 4 編，および『ことばの研究序説』（1984 年 むぎ書房刊）所収の論考 18 編は，著作集にはおさめられていない。

現代日本語文法の基礎

定価　　3,000 円（税別）

発行日　2021 年 7 月 23 日

発行所　むぎ書房

　　　　〒158 -0094
　　　　東京都世田谷区玉川 1-3-19
　　　　アネックス小柳 302

TEL 03-6411-7577

FAX 03-6411-7578

URL：http://mugi.world.coocan.jp

E-mail：mugishobo@nifty.com

印刷・製本　穂積

ISBN：978-4-8384-0089-8